建物できるまで図鑑

Picture book for the secret of Wooden House

木造住宅

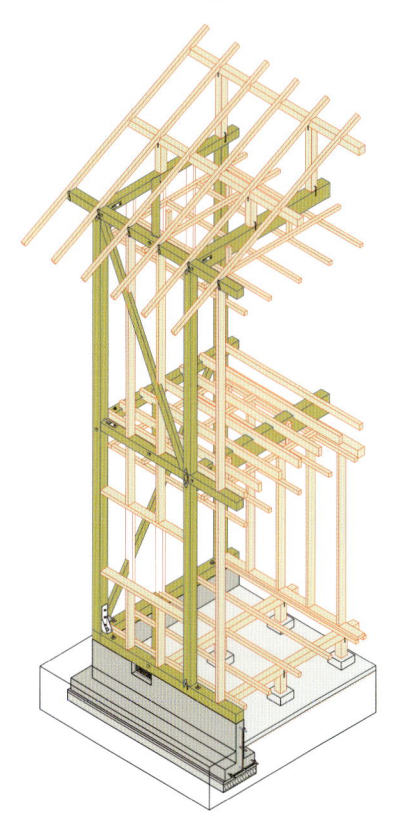

は　じ　め　に

この本の想定読者（想定外も大歓迎）
◉ 住まいの購入・リフォームを考えている人
◉ 今の住まいの造り・仕組みが気になる人
◉ これから建築を勉強しようとしている人
◉ その他、本書の中身が気になる人

　幼い頃に図鑑を手にして、食い入るように見た経験は誰にもあると思います。蝶々の羽根の文様が美しく描かれた昆虫図鑑、葉脈まで精緻に描かれた植物図鑑など、子供の好奇心をくすぐるのが図鑑でした。図鑑は絵解きです。絵で形や仕組みなどを解き明かしてくれます。直接的に有り様を伝える写真に比べ、絵は書き手が伝えたいところを強調して表現することができます。

　『建物できるまで図鑑』は文字通り、家の骨組みやつくり方を絵で解き明かすものです。私たちの身近にある木造住宅のつくり方のプロセスを、アニメーションのコマ送りのように表現しています。建築の専門用語がたくさん出てきますが、絵を見ながらそれらを習得してください。そして、住まいのつくり方に興味をもってくだされば、絵解きの担当者としてもうれしい限りです。

絵担当／瀬川康秀

　"衣食住"すなわち衣服と食物と住居は、生活の基礎条件といわれます。身にまとう衣服や朝昼晩の食物については、多くの人が日常的に関心を持っています。では、住居についてはどうでしょうか？

　日本人は欧米人に比べ、総じて建築について関心が低いといわれていますが、近年は世界文化遺産に指定された、京都・奈良の文化財、あるいは白川郷・五箇山の合掌造りなどを通じて、建築について興味を持つ人が多くなってきたようです。しかし、自分の住まいについてはどうでしょうか？

　今の住まいが木造かRC造（鉄筋コンクリート造）かの区別はついても、天井の中や壁の中がどうなっているか、分かっている人は少ないと思います。

　ここでは木造の住まいの造り・仕組みについて、図や写真を用いて見ていきます。住まいの造りは多種多様ですから、皆さんの住まい、そっくりそのままというわけにはいきませんが、現代の標準的な造り方を一通り示しますので、自分の住まいに当てはめ、天井や壁の中がどうなっているか考えてみてください。

文担当／大野隆司

木造住宅をつくる材料 実物大 写真

土台や柱から、鉄筋、金物、フローリングまで、
在来軸組工法で木造住宅をつくるときの一般的な材料を実物大で紹介します
（一部、枠組壁工法の材料も紹介しています）。

撮影協力：田中工務店（東京都江戸川区）　　木材提供：山長商店　　金物提供：カネシン

1 在来軸組工法の部材

土台　120×120㎜　▶▶28頁

軸組全体を受けて基礎に荷重を伝える重
要な部材で、ヒノキ、ヒバといった耐久性
の高い樹種や防腐防蟻処理された木材を
用います。断面寸法は120×120㎜程度
が多いです（写真は人工乾燥材）。

柱

^{おおびき}大引

柱の仕口

土台

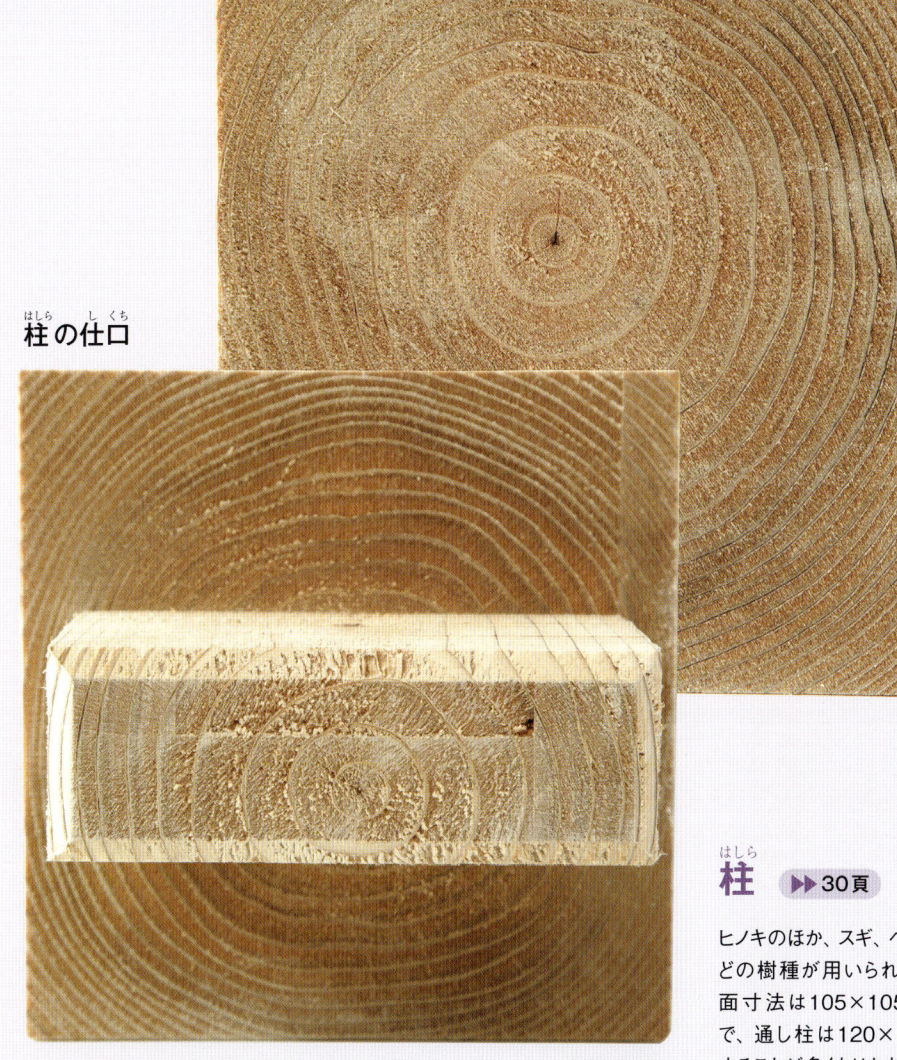

柱の断面
105×105mm

柱の仕口

柱 ▶▶30頁

ヒノキのほか、スギ、ベイツガなどの樹種が用いられます。断面寸法は105×105mm以上で、通し柱は120×120mmとすることが多くなります。

実物の約85%

<ruby>梁<rt>はり</rt></ruby> ▶▶32頁

柱から柱へ掛け渡される材で、その間隔（スパンという）が大きくなるに従って大きなサイズの断面が必要となります。樹種はアカマツ、ベイマツなどが多く、寸法は幅が105mmか120mm、丈がスパンにより120〜300mmです（写真は人工乾燥材）。

<ruby>梁<rt>はり</rt></ruby>の<ruby>断面<rt>だんめん</rt></ruby>　120×240mm

<ruby>梁<rt>はり</rt></ruby>の<ruby>仕口<rt>しくち</rt></ruby>
（プレカットによる加工例）

梁の継手（プレカットによる加工例）

根太の断面
45×45㎜

根太 ▶▶42頁

床組の最上部にあり、床下地板を支えます。寸法は、1階で支えとなる大引や土台の間隔が90㎝程度の場合は45×60㎜、2階で床梁や胴差の間隔が180㎝程度の場合は45×105㎜が標準的です。

間柱 ▶▶38頁

柱と柱の間にあり、壁下地板を受けます。寸法は、柱を見せない大壁造では105×30㎜か45㎜程度で、柱を見せる真壁造では45×60㎜や45㎜などとなります。

間柱の断面
30×105㎜

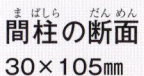

実物の約85%

7

2 各種接合金物

釘 ▶▶111頁

在来軸組工法では鉄丸釘（N釘）が広く用いられ、補強金物を取り付けるときには亜鉛メッキ太め釘（ZN釘）を使用します。ZN釘にはZN40、ZN65、ZN90があり、呼称の数値はいずれも長さの概数を示しています。また、打ち込んだ後で釘の仕様を確認しやすいように、長さ別にカラーリングが施され、頭部に釘長が刻印されたデジN釘も使用されます。写真はデジN釘のN50、N90の例です。

N50
50㎜

N90
90㎜

かすがい ▶▶37頁

大引と床束、小屋梁と小屋束のほか、引張力が働いていない柱と土台や胴差の緊結など、補助的に用います。

かど金物（山形プレート） ▶▶31頁

かど金物は土台と柱の接合などに用いて、柱が抜けることを防止します。一般的には柱に引張力が働く接合部に使用します。同様のものに山形プレートがあります。

筋かいプレート
▶▶35頁

筋かいと柱および土台や梁などの横架材との接合部に用いて、三者を釘やボルト、ナットで緊結する接合金物です。メーカーによりさまざまな形状があります。

※平成12年建設省告示第1460号に規定されたものと同等に認定された金物例です

ホールダウン金物 ▶▶31頁

土台を介しての柱と基礎の緊結、あるいは胴差を介しての上下階の柱の緊結などに使用されます。「引き寄せ金物」とも呼ばれる接合金物です。

短冊金物 ▶▶33頁

羽子板ボルト ▶▶33頁

アンカーボルト ▶▶28頁

基礎コンクリートに埋め込んでおき、土台を緊結する接合金物です。ホールダウン金物と一体となって使用する場合もあります。

10

胴差を挟んで上下階の管柱を緊結する、あるいは通し柱を挟んで左右の
胴差に緊結する、などに用いる接合金物です。

軒桁と柱、梁と柱、胴差と通し柱などの接合部に用いて、相互に緊結する
接合金物です。

ひねり金物 ▶▶ 37頁

垂木と軒桁や母屋の接合部に用
いて、垂木の風による吹上・離散
に抵抗します。

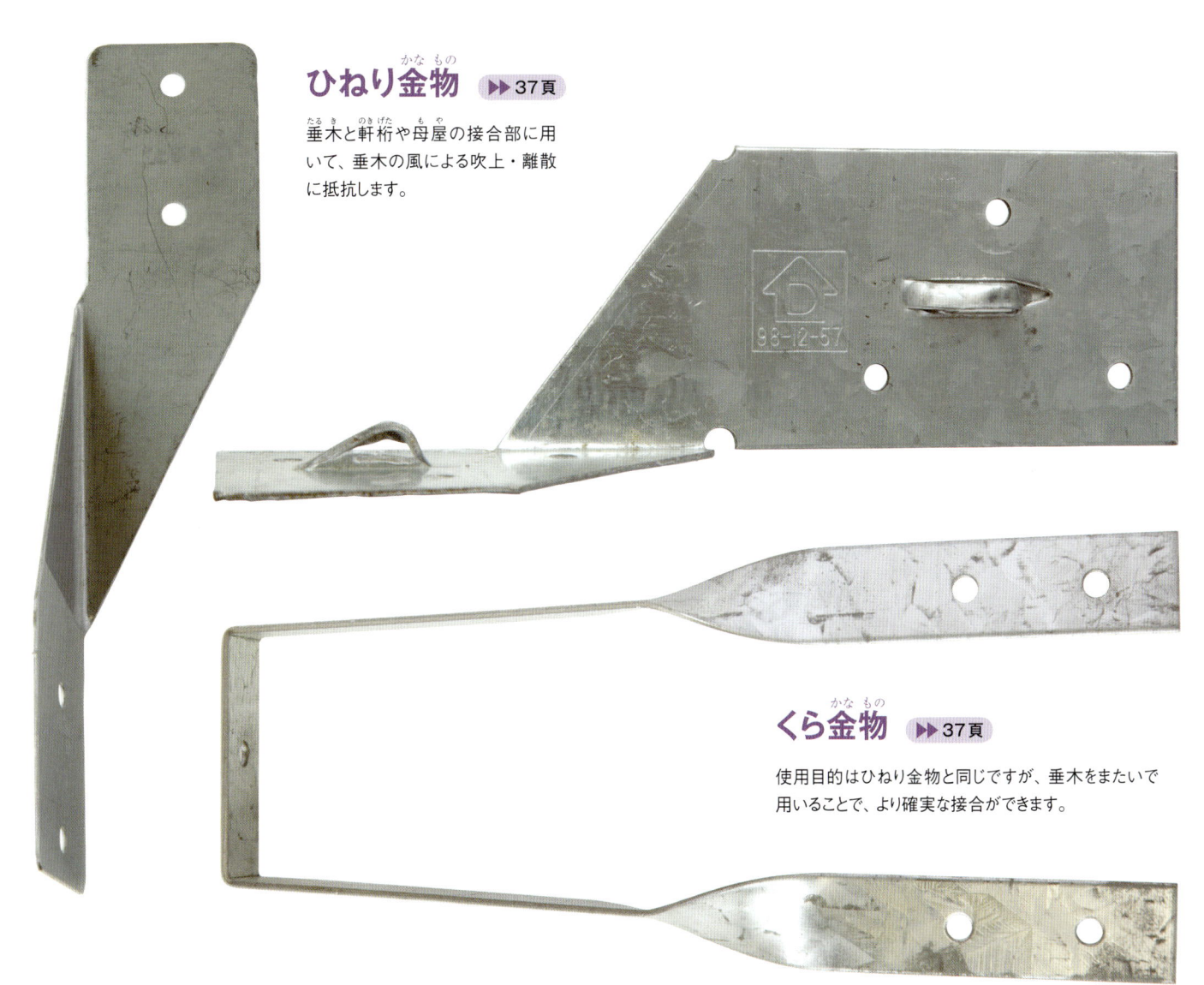

くら金物 ▶▶ 37頁

使用目的はひねり金物と同じですが、垂木をまたいで
用いることで、より確実な接合ができます。

※平成12年建設省告示第1460号に規定されたものと同等に認定された金物例です

3 基礎廻り資材

鋼製床束 ▶▶43頁

溶融亜鉛メッキを施した鋼材による床束で、胴体部分を回すことで高さの調整が可能です。防湿コンクリートやベタ基礎の上に用います。

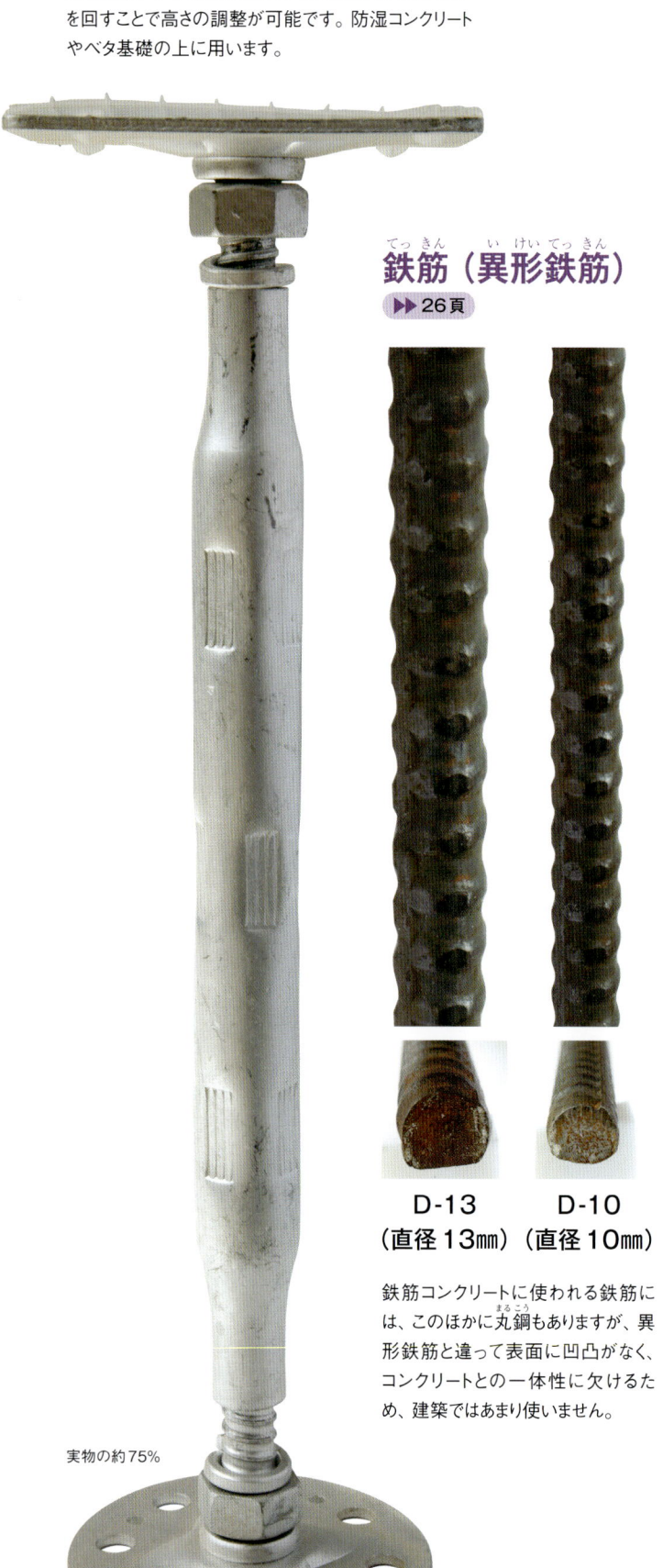

実物の約75%

鉄筋（異形鉄筋）
▶▶26頁

実物の約85%

D-13
（直径13mm）

D-10
（直径10mm）

鉄筋コンクリートに使われる鉄筋には、このほかに丸鋼もありますが、異形鉄筋と違って表面に凹凸がなく、コンクリートとの一体性に欠けるため、建築ではあまり使いません。

ネコ土台 ▶▶29頁

基礎と土台の間に置いて隙間を設けます。基礎からの湿気防止や床下換気のために入れるスペーサーです。伝統的に木材や石などが使われてきましたが、近年は基礎パッキンなどと呼ばれる合成樹脂製のものが増えています。

透湿防水シート ▶▶40頁

雨水は防ぐが、湿気は通す素材です。外壁下地などに用いて、通気構法などにより軸組内に湿気が滞留し、結露が生じるのを防ぐ働きをします。

4 内外装資材

構造用合板 ▶▶43頁

合板のうち、強度や剛性（曲がりにくさ）などの構造性能が規定以上と保証されたものです。90cm程度の間隔で配置した大引や床梁に根太なしで直接張ることが可能な、厚さ24、28mmの合板もあります。

エッジが凸凹の形に加工されている

構造用合板の断面

ラス網 ▶▶62頁

モルタルの剥落を防ぐために下地として張る金網状のワイヤラスのほか、薄板に切れ目を入れて引き延ばし、網状にしたメタルラスなどがあります。

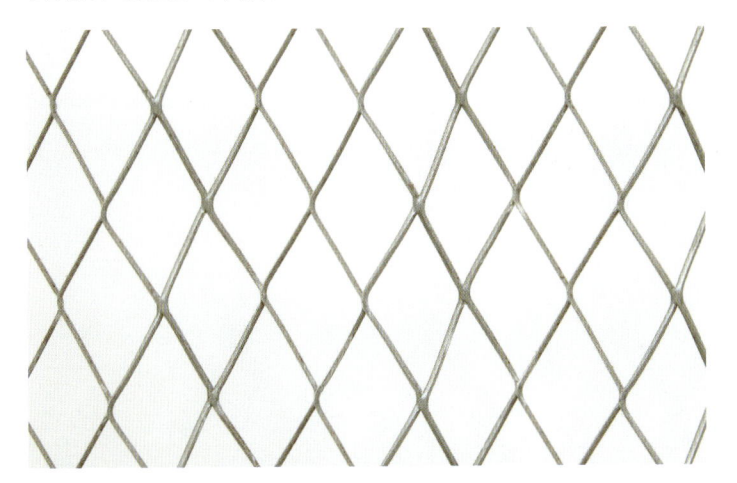

石膏ボード ▶▶46頁

石膏を特殊な原紙で挟んで板状に成形したボードで、防耐火性、遮音性に優れます。適度な重量感もあることから、内装の下地として広く使われています。

ラスボード
▶▶71頁

各種左官材の下塗りとなる石膏プラスターの付着をよくするために、石膏ボードに凹部をたくさんつけたものです。正式名称を「石膏ラスボード」といいます。

窯業系サイディング ▶▶64頁

サイディングとは、下見板あるいは下見板張りのことですが、近年は外壁の板張り・ボード張り全般の呼称となっています。窯業系サイディングは、セメント質の材料をベースに木質系や合成樹脂系の繊維を使用して補強したもので、多くは表面にタイルや石模様、木調をつけたボード状の不燃材です。

「AT-WALL15」（旭トステム外装）

金属系サイディング ▶▶66頁

ボード状のガルバリウム（溶融アルミ・亜鉛合金メッキ）鋼板やアルミ合金板などに断熱材を裏打ちしたものです。

「ガルスパン® NEO-J フッ素」（アイジー工業）

繊維系断熱材 ▶▶46頁

ガラスや石を主原料とするグラスウールやロックウールによる断熱材で、防火性、防蟻性に優れます。比較的安価ですが、発泡系に比べ断熱性は劣ります。

発泡系断熱材 ▶▶68頁

断熱性が高く、比較的安価なポリスチレン、現場での発泡が可能な硬質ウレタン、展炎性の低いフェノールなど、さまざまな種類があります。

畳 ▶▶82頁

本畳 い草を編んでつくる畳表と、稲わらを並べて糸絞めしてつくる畳床からなる、伝統的製法による畳です。

化学畳 畳床に稲わら以外のポリスチレンや繊維板などを使ったものです。この畳は、畳表が和紙でできています。

フローリング材
▶▶80頁

木の床仕上げを一般的にフローリングといいます。フローリングボードは9×100cm程度の材で、写真のように木端と木口の両方に本実加工が施されています。近年は、合板の表面に薄い天然板を張りつけた、30×180cmなどのボード状の製品である複合フローリングが主流となっています。

目次

第3章　枠組壁工法の住宅ができるまで 92

カバー・表紙デザイン　大杉晋也
本文デザイン・DTP　鈴木一男、キャデック
編集協力　キャデック
巻頭写真撮影　西山輝彦

※本書は建築知識創刊60周年を記念し、ご好評いただいたエクスナレッジムック「世界で一番楽しい 建物できるまで図鑑 木造住宅」（2012年8月刊）を復刊したものです。

1章・3章の構成

1章は在来軸組工法、3章は枠組壁工法（ツーバイフォー）の住宅について、着工から竣工までを、段階ごとに見開きで解説しています。各章の最後には工法の骨組の一覧を示しています。

基本ページ構成

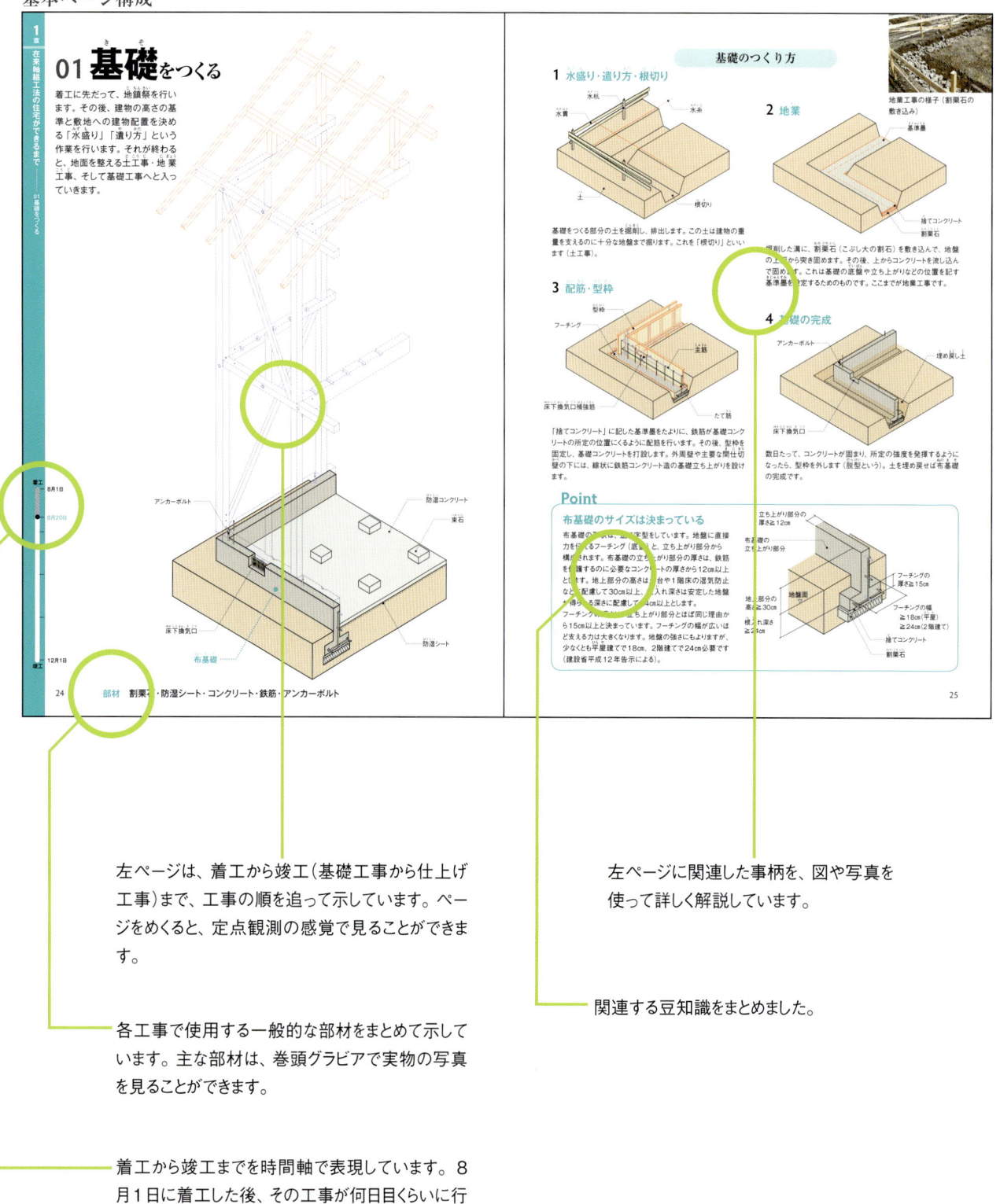

左ページは、着工から竣工（基礎工事から仕上げ工事）まで、工事の順を追って示しています。ページをめくると、定点観測の感覚で見ることができます。

各工事で使用する一般的な部材をまとめて示しています。主な部材は、巻頭グラビアで実物の写真を見ることができます。

着工から竣工までを時間軸で表現しています。8月1日に着工した後、その工事が何日目くらいに行われるかの目安としてご覧ください（1章のみ）。

左ページに関連した事柄を、図や写真を使って詳しく解説しています。

関連する豆知識をまとめました。

2章の構成

2章は在来軸組工法の屋根、壁、床などの各部（専門用語で部位といいます）について、つくり方を見開きで詳しく解説しています。各部位の仕上材は、一般に使われている材料をできるだけ多く取り上げています。

基本ページ構成

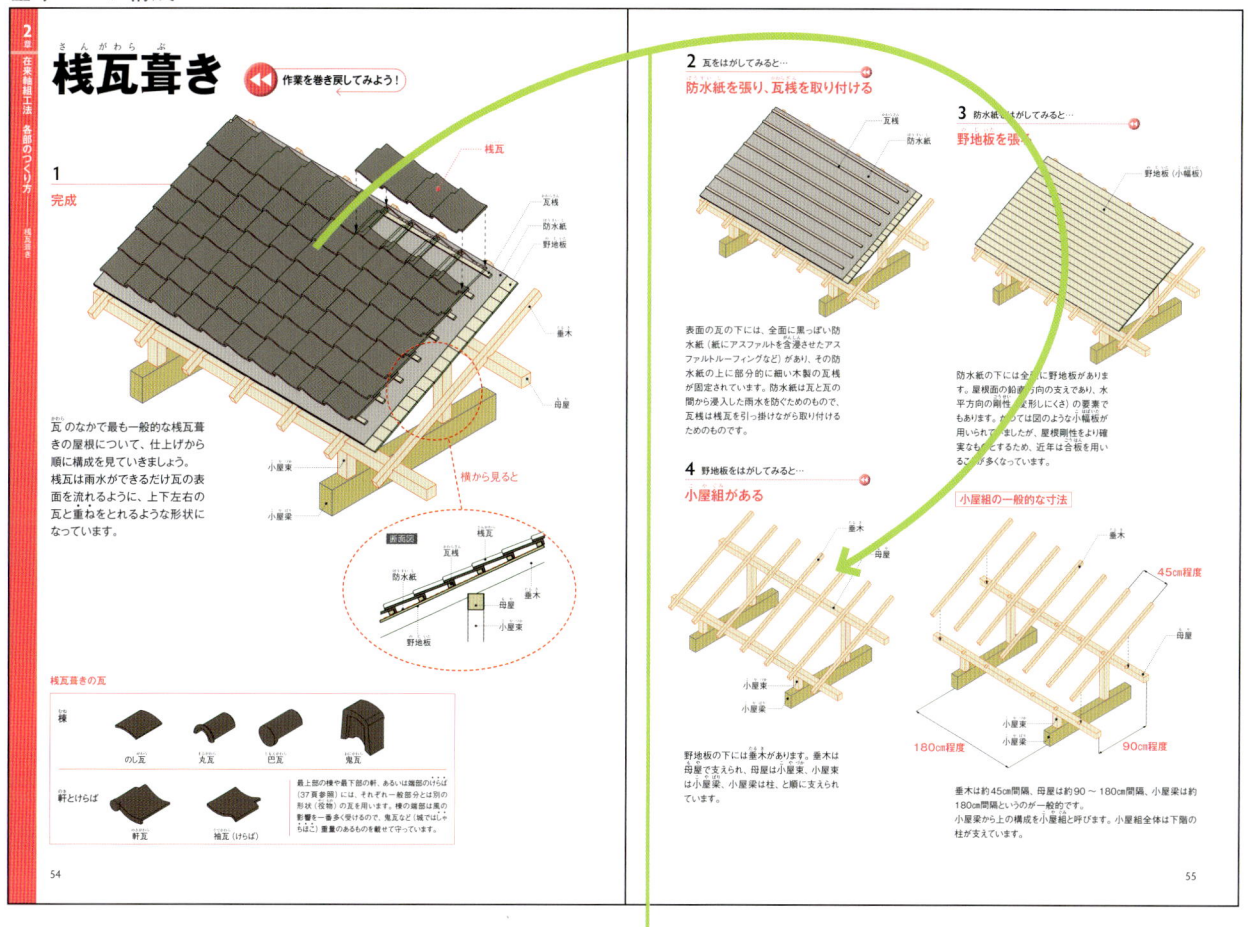

2章では、1・3章とは逆に、完成した状態から部材を順々にはがしていきます。
いつも目にする建物の表面から、その下にある見えない骨組が逆回しで見えてきます。

巻頭グラビア　木造住宅をつくる材料　実物大写真　1・3章の左ページ下に記した部材の一部をまとめて紹介しています

在来軸組工法と枠組壁工法
（ざいらいじくぐみこうほう　わくぐみかべこうほう）

この図鑑では、1章は在来軸組工法、3章は枠組壁工法の住宅について、着工から竣工までのつくり方を段階的に図解しています。完成した建物の外観からは、在来軸組工法によるものか、枠組壁工法によるものか、プロでも判別しがたいものがあります。見た目は同じようですが、両者は生い立ちからして大きく違います。ここでは本編の理解を助ける意味で、両者の特徴をかいつまんで説明します。

在来軸組工法は「線」、枠組壁工法は「面」

在来軸組工法は、民家などの伝統的な建物に見られる、柱や梁が基本となる造り方で、現代の日本における木造住宅に最も広く使われているものです。在来、すなわち「在り来たり」と呼ばれるゆえんです。在来軸組工法の骨組は、柱、梁や筋かいなどの軸組を「線」で構成するのが特徴です。

枠組壁工法はツーバイフォーとも呼ばれ、北米に起源をもち、日本でも近年広く普及している造り方です。ツーバイフォーのいわれでもある、2×4インチ（製材後の実寸：約4×9cm）を枠材の基本にします。合板などの面材を張って枠組とし、床、壁、屋根を枠組「面」で構成するのが特徴です。

「筋かい」と「合板などの面材」

建物にはいろいろな力が加わります。建物自身の重量、人や家具などの重量、屋根に積もった雪の重量などによる力がありますが、忘れてならないのは、台風などの風（風圧力）や地震（地震力）による力です。

風圧力と地震力は建物を横から水平に押す力と見なすことができます。このとき、建物が大きく損傷したり倒壊したりしては困ります。在来軸組工法では、柱と梁で囲まれた部分に斜めの材「筋かい」を入れて、枠組壁工法では、枠組に合板などの「面材」を張って、変形しにくくして建物が大きく損傷したり倒壊したりするのを防ぐ仕組みとしています。

施工技術と工期

在来軸組工法の柱と梁の接合部（仕口）には、複雑な加工が必要で、これまでは現場作業に大工の熟練度が求められてきました。しかし近年は、仕口の加工にプレカットと呼ばれる工場加工された部材が普及し、現場作業では各種の機器類が採用されるなど、簡略化が進んでいます。ただし、大工の技量が重要なことは変わりません。

枠組壁工法は、規格化された構造部材を、釘や金物で接合するので高度な技術を必要としません。それだけに品質のばらつきは少なく、工期についても枠組壁工法のほうが概して短くなります。

在来軸組工法は「筋かい」

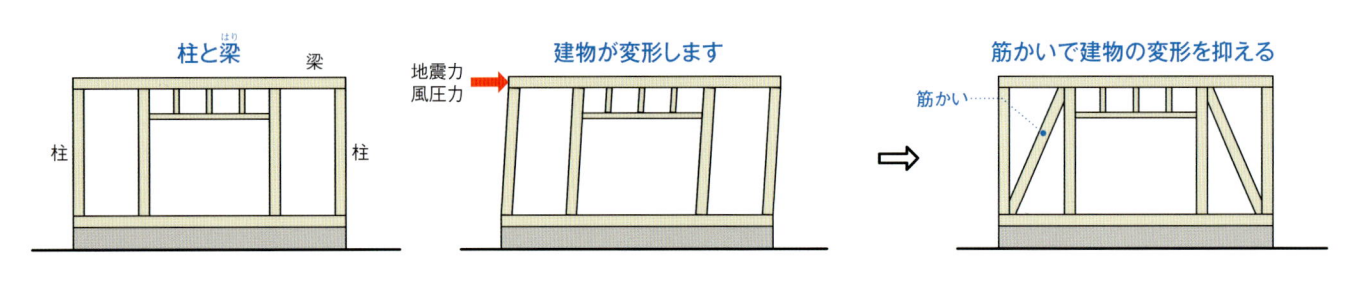

枠組壁工法は「面材」

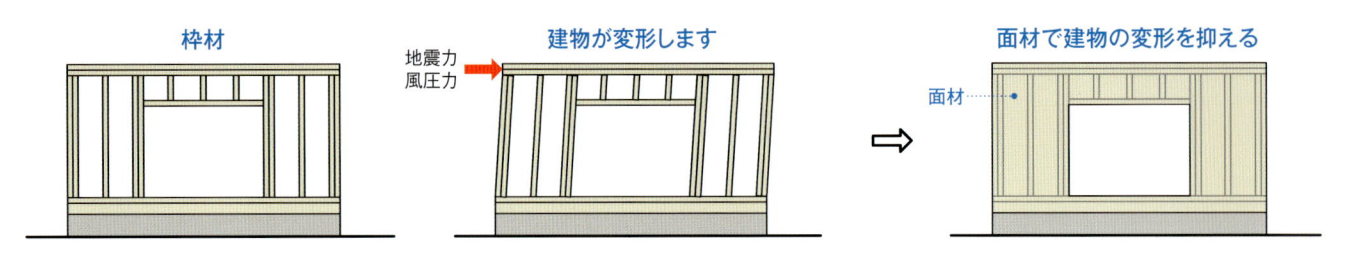

工法と特性

在来軸組工法は、骨組を組み上げる（建て方という）ときに、屋根の下地まで工事をして、屋根葺きを先行するので、工事中の雨から骨組を防いでくれます。枠組壁工法は、1階の床→壁→2階の床→壁→屋根の順に工事を進めるため、屋根ができるまで日数がかかります。その間、防水シートなどで養生しておかないと、できかけの床や壁が水浸しになります。日本は雨が多いので注意が必要です。

また、合板などの面材を張る枠組壁工法は、在来軸組工法に比べ、気密性や断熱性を確保するのは容易ですが、高温多湿な日本では、枠組内部への湿気対策が求められます。

なお、柱と梁で構成する在来軸組工法は、枠組壁工法に比べて、間取りの自由度が高く、大規模な増改築もしやすくなります。

在来軸組工法と枠組壁工法の関係

枠組壁工法の合板は、在来軸組工法における筋かいや火打の代わりと考えられます。枠組壁工法の根幹をなす水平剛性の確保の仕方や各種の補強・接合金物などの使い方は、在来軸組工法の躯体にも大きな影響を与えました。このほか、開口部廻りに張る防水テープなど、枠組壁工法が在来軸組工法に与えた影響は多岐にわたっています。

このような合理化の考え方は、同時に耐震性や耐火性、あるいは断熱性や遮音性などの性能についても、住まい手が注目するきっかけをつくりました。その後も、枠組壁、在来軸組を問わず、住宅メーカー・工務店などの供給サイドにより、家づくりのあらゆる分野でさまざまな改良の手が継続的に加えられています。

また、日本は北海道から沖縄県まで緯度にして20°以上も違います。当然、気候条件も異なります。さらに、住まいには、風土・地域性も大きく影響します。この環境や地域による違い、それに上述の改良の手法なども加えると、実際の家づくりの工法はいくつにも細分化され、細部にこだわって分類していくと、千差万別の様相を呈してきます。

ここで紹介した工法は、現在、日本で一般的かつ基礎的と思われるものです。

ご自身の住まいを形づくった工法、あるいは希望する住まいの工法との違いを探してみたり、その理由を考えてみたりするなど、この図鑑をきっかけに住まいに対する見方を新たにしていただければと思います。

在来軸組工法の骨組ができるまで

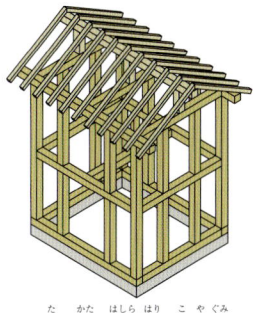

建て方／柱・梁・小屋組

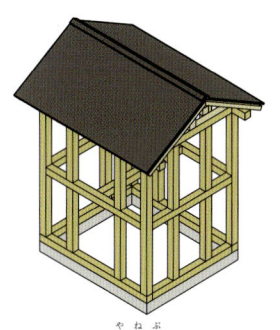

屋根葺き

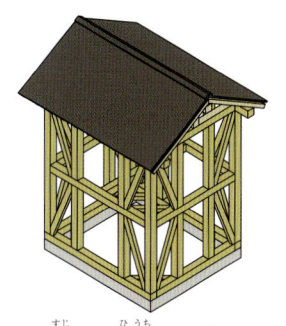

筋かい・火打の取り付け

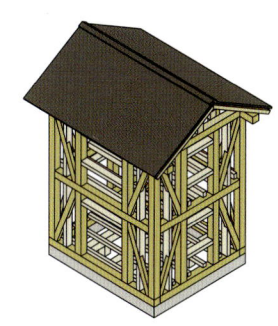

間柱・根太の取り付け

枠組壁工法の骨組ができるまで

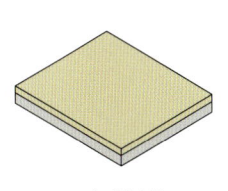

1階床枠組

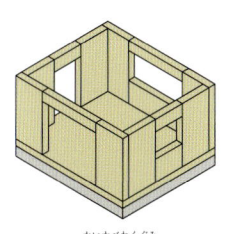

1階壁枠組

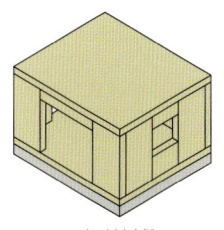

2階床枠組

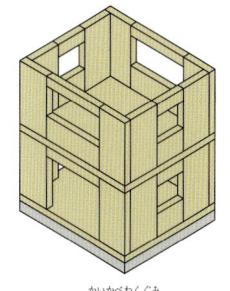

2階壁枠組

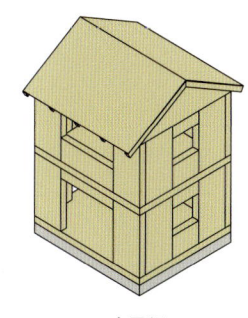

小屋組

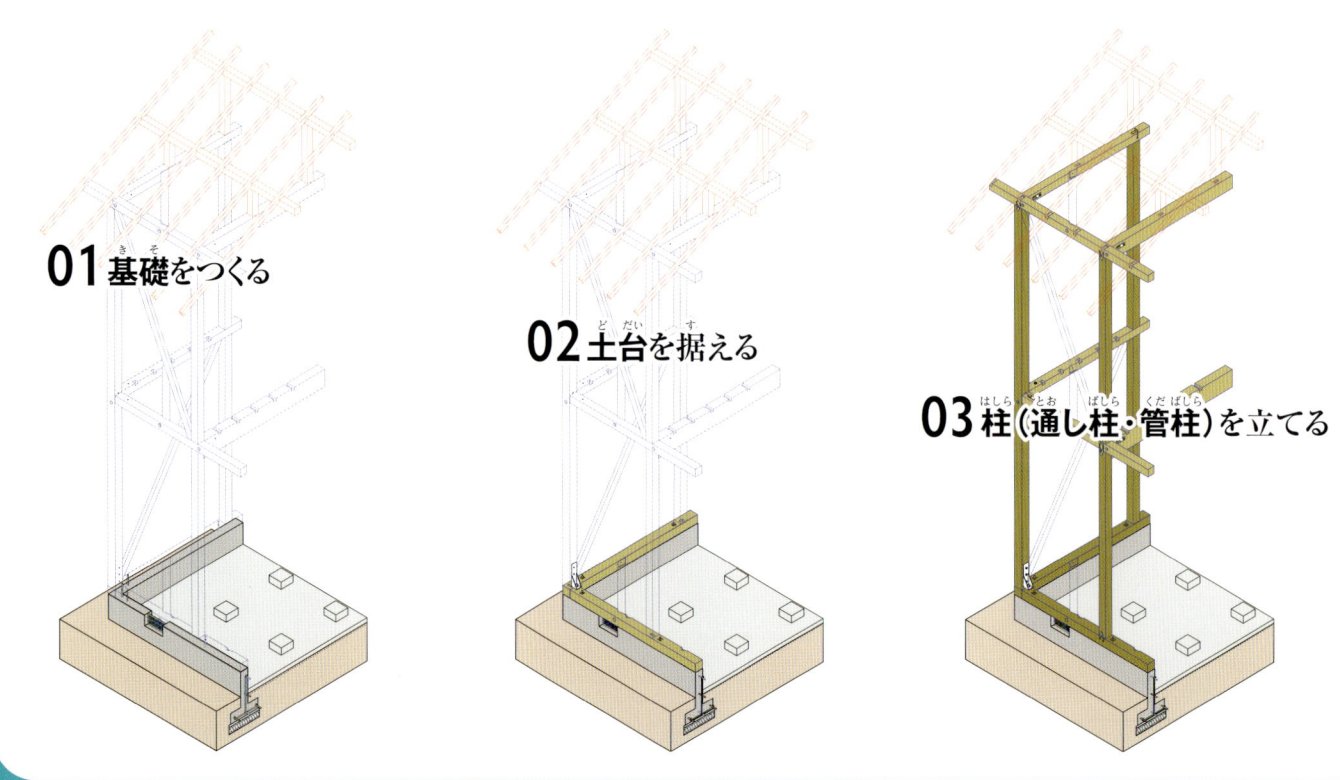

01 基礎をつくる

02 土台を据える

03 柱（通し柱・管柱）を立てる

8月1日　着工

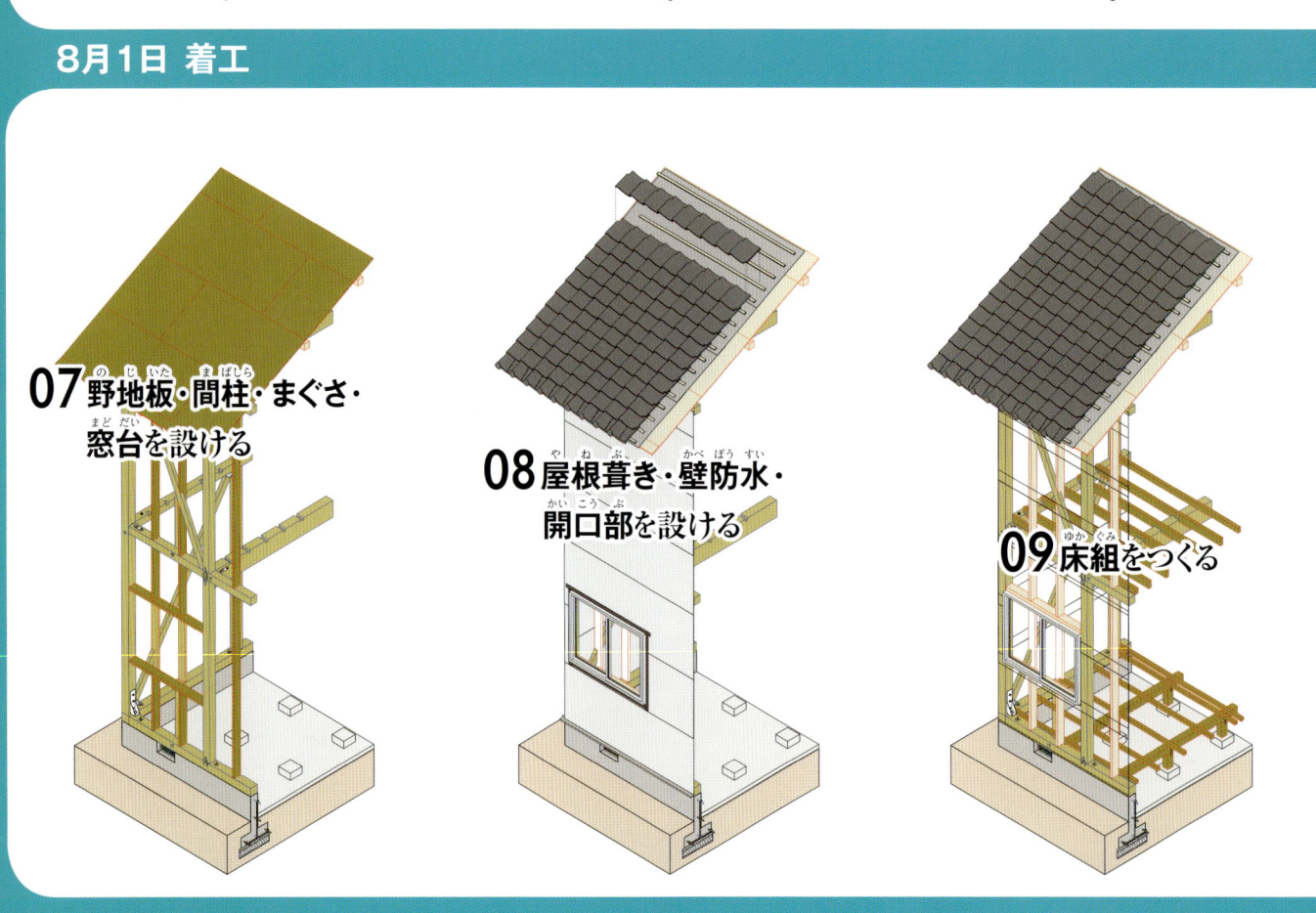

07 野地板・間柱・まぐさ・窓台を設ける

08 屋根葺き・壁防水・開口部を設ける

09 床組をつくる

10月1日　床組

日本で最も多い住宅のつくり方、在来軸組工法がどのようにつくられるか、
順を追って見てみましょう。
8月1日に着工して、新居で新年を迎える場合を想定した日程です。

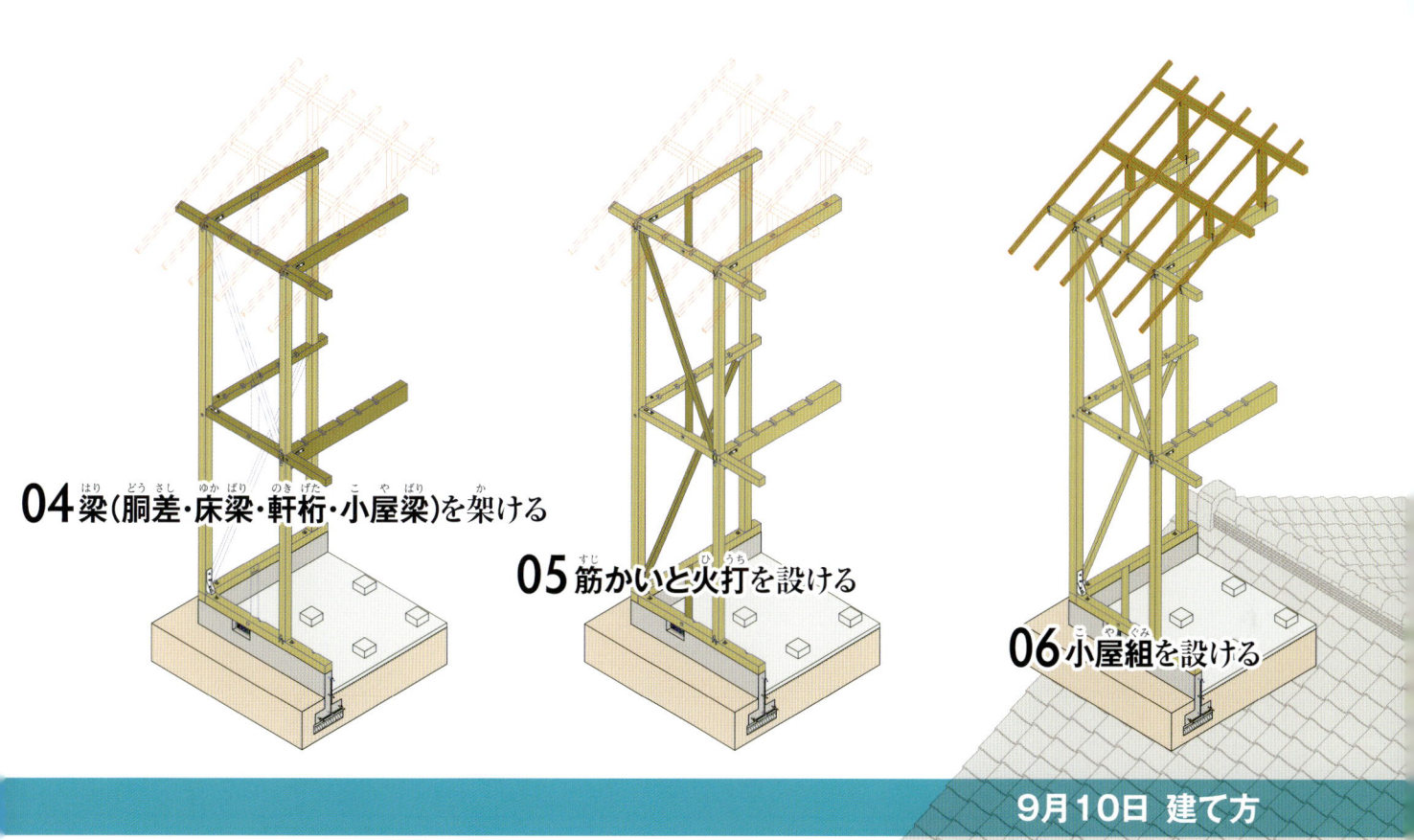

04 梁（胴差・床梁・軒桁・小屋梁）を架ける

05 筋かいと火打を設ける

06 小屋組を設ける

9月10日 建て方

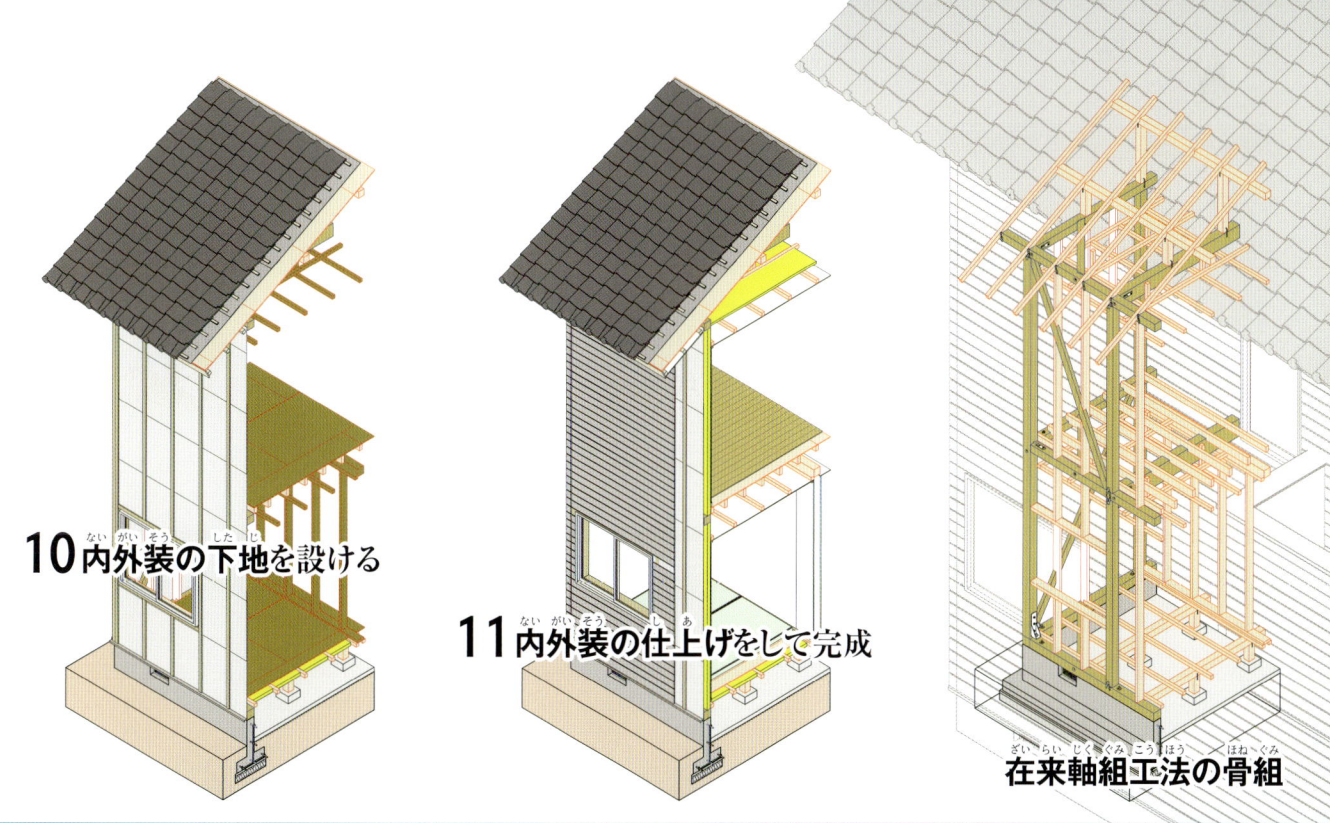

10 内外装の下地を設ける

11 内外装の仕上げをして完成

在来軸組工法の骨組

12月1日 竣工

01 基礎をつくる

着工に先だって、地鎮祭を行います。その後、建物の高さの基準と敷地への建物配置を決める「水盛り」「遣り方」という作業を行います。それが終わると、地面を整える土工事、地業工事、そして基礎工事へと入っていきます。

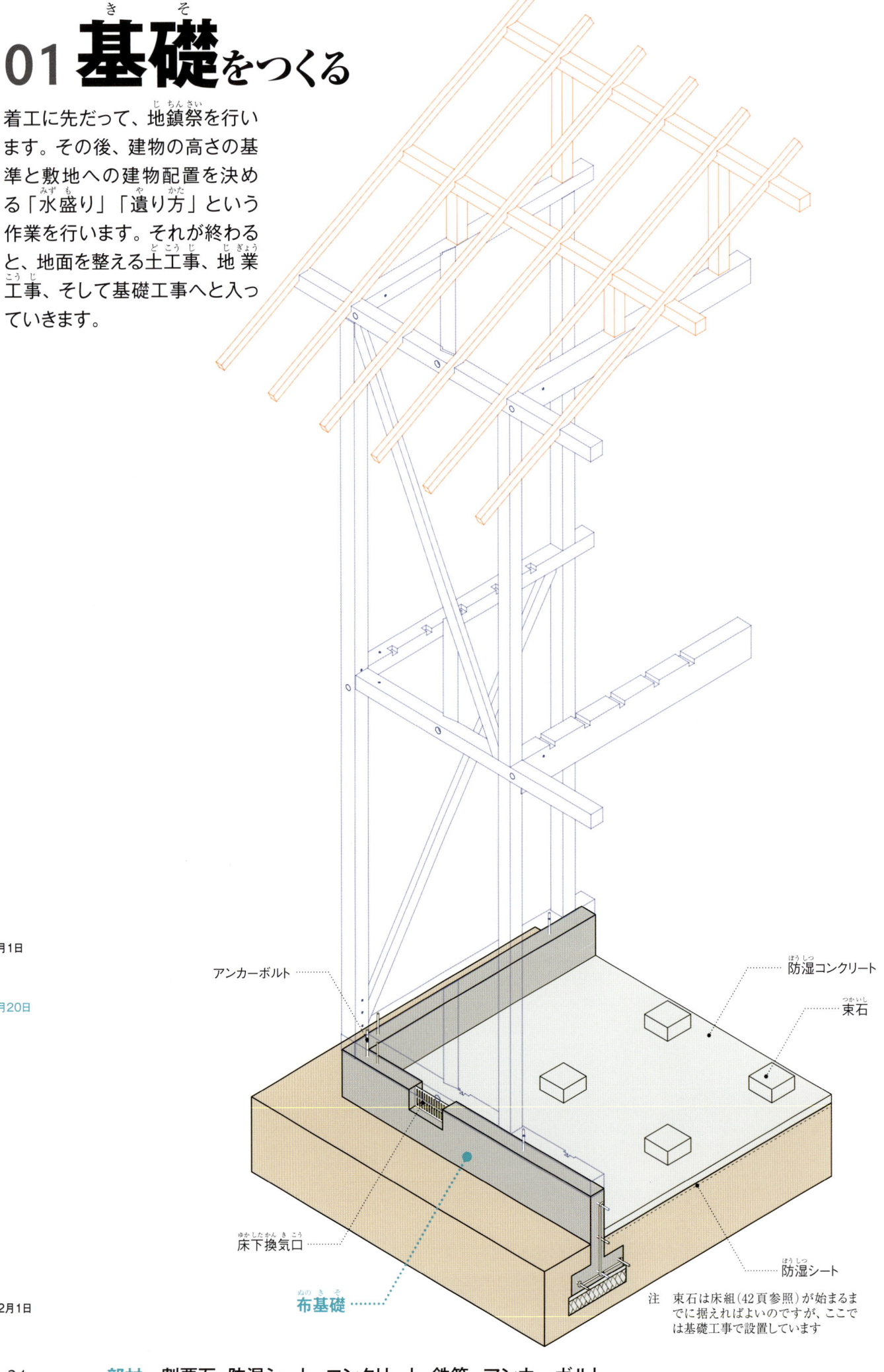

着工
8月1日

8月20日

竣工
12月1日

アンカーボルト

防湿コンクリート

束石

床下換気口

布基礎

防湿シート

注　束石は床組（42頁参照）が始まるまでに据えればよいのですが、ここでは基礎工事で設置しています

部材　割栗石・防湿シート・コンクリート・鉄筋・アンカーボルト

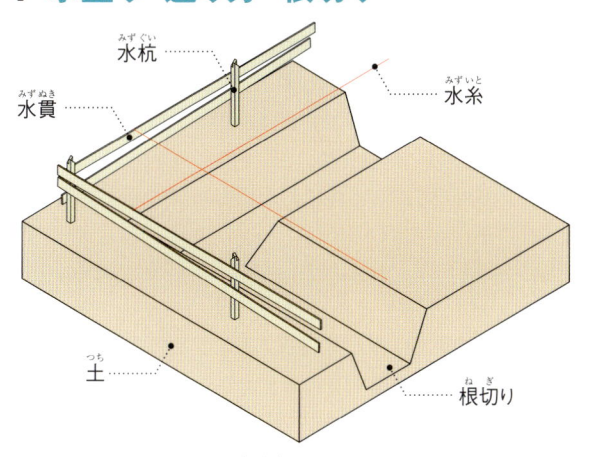

基礎のつくり方

1 水盛り・遣り方・根切り

水杭
水貫
水糸
土
根切り

基礎をつくる部分の土を掘削し、排出します。この土は建物の重量を支えるのに十分な地盤まで掘ります。これを「根切り」といいます（土工事）。

地業工事の様子（割栗石の敷き込み）

2 地業

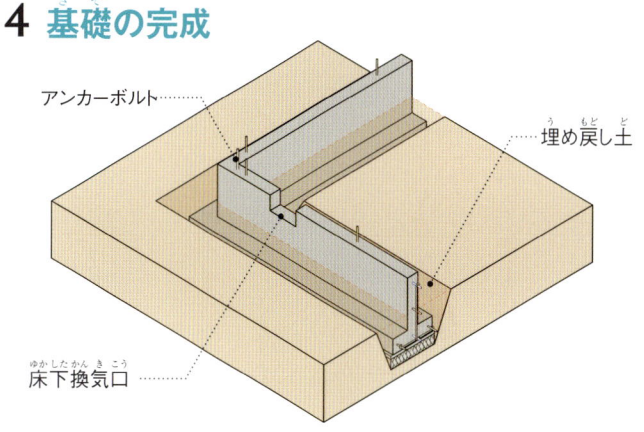

基準墨
捨てコンクリート
割栗石

掘削した溝に、割栗石（こぶし大の割石）を敷き込んで、地盤の上面から突き固めます。その後、上からコンクリートを流し込んで固めます。これは基礎の底盤や立ち上がりなどの位置を記す基準墨を設定するためのものです。ここまでが地業工事です。

3 配筋・型枠

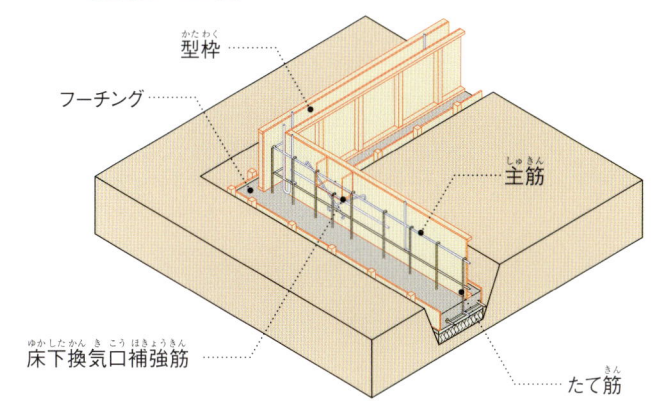

型枠
フーチング
主筋
床下換気口補強筋
たて筋

「捨てコンクリート」に記した基準墨をたよりに、鉄筋が基礎コンクリートの所定の位置にくるように配筋を行います。その後、型枠を固定し、基礎コンクリートを打設します。外周壁や主要な間仕切壁の下には、線状に鉄筋コンクリート造の基礎立ち上がりを設けます。

4 基礎の完成

アンカーボルト
埋め戻し土
床下換気口

数日たって、コンクリートが固まり、所定の強度を発揮するようになったら、型枠を外します（脱型という）。土を埋め戻せば布基礎の完成です。

Point

布基礎のサイズは決まっている

布基礎の形状は、逆T字型をしています。地盤に直接力を伝えるフーチング（底盤）と、立ち上がり部分から構成されます。布基礎の立ち上がり部分の厚さは、鉄筋を保護するのに必要なコンクリートの厚さから12cm以上とします。地上部分の高さは土台や1階床の湿気防止などに配慮して30cm以上、根入れ深さは安定した地盤が得られる深さに配慮して24cm以上とします。
フーチングの厚さは、立ち上がり部分とほぼ同じ理由から15cm以上と決まっています。フーチングの幅が広いほど支える力は大きくなります。地盤の強さにもよりますが、少なくとも平屋建てで18cm、2階建てで24cm必要です（平成12年建設省告示による）。

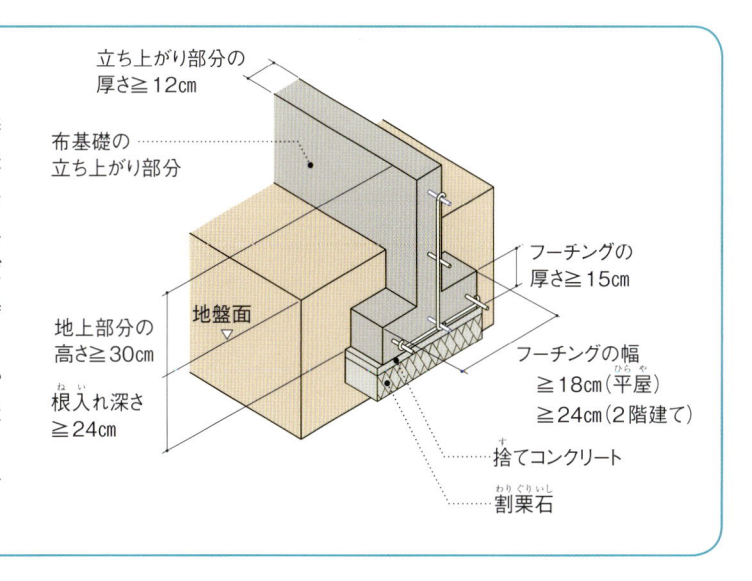

立ち上がり部分の厚さ≧12cm
布基礎の立ち上がり部分
地盤面
地上部分の高さ≧30cm
根入れ深さ≧24cm
フーチングの厚さ≧15cm
フーチングの幅 ≧18cm（平屋） ≧24cm（2階建て）
捨てコンクリート
割栗石

布基礎とベタ基礎

現在、一般に使用されている基礎は2種類あります。

通常は「布基礎」（連続基礎）と呼ばれるタイプで、土台となる木材の位置にコンクリートを立ち上げて建物を支える形式です。かつては、立ち上がりのコンクリート以外の建物下には土が露出していましたが、近年は土の部分に防湿シートを敷いて地面から湿気が上がってこない処理をすることが多くなりました。防湿シートを敷いた後は、その上にひび割れ防止用にワイヤーメッシュ（工場で格子状に溶接された金網）を配置し、厚さ数cm程度のコンクリートを打設（流し込んで固める）して「防湿コンクリート」とします。

もう一つは「ベタ基礎」と呼ばれるタイプで、主に地盤が弱いところなどで使用される基礎です。これは、布基礎で防湿コンクリートとした部分をすべて鉄筋コンクリートにする形式です。防湿コンクリートは細いワイヤーメッシュを入れるだけでしたが、こちらは太さが9mm以上の鉄筋を格子状に一重あるいは二重に配置したうえで、コンクリートを12cm以上の厚さで打設する本格的な鉄筋コンクリート造になります（費用も相当違います）。

防湿コンクリートの上、あるいはベタ基礎の上には、後日、「束石」と呼ばれる部材を格子状の交点（約90cm間隔）に設置します。束石は1階の床下地となる「大引」（42頁参照）を「床束」を介して支える重要な部材となります。

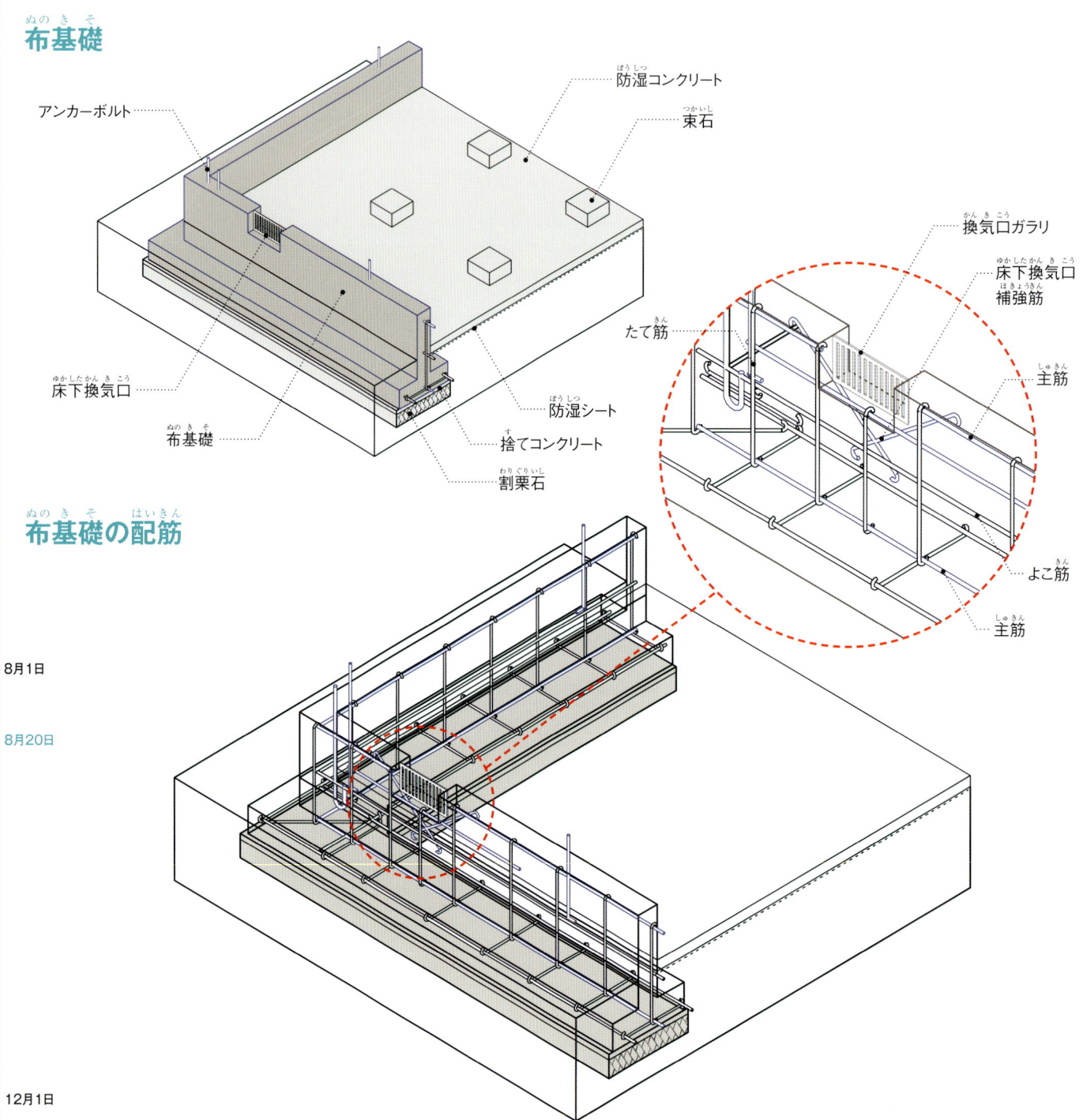

布基礎

- 防湿コンクリート
- 束石
- アンカーボルト
- 換気口ガラリ
- 床下換気口補強筋
- たて筋
- 主筋
- 床下換気口
- 防湿シート
- 布基礎
- 捨てコンクリート
- 割栗石
- よこ筋
- 主筋

布基礎の配筋

Point

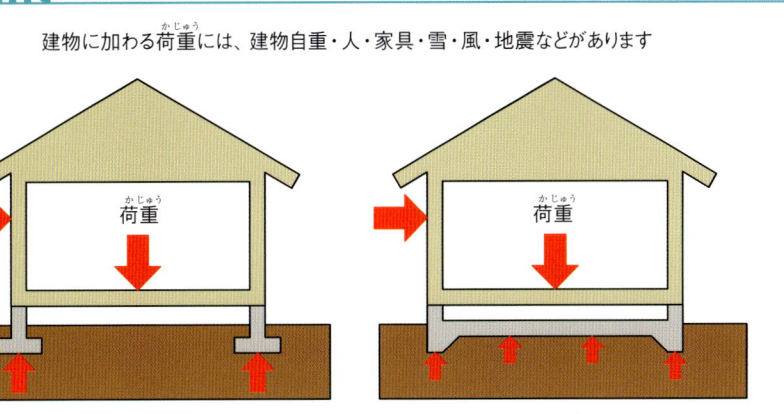

建物に加わる荷重には、建物自重・人・家具・雪・風・地震などがあります

荷重

荷重

布基礎

ベタ基礎

布基礎の「布」とは？

布基礎は布製の基礎という意味ではありません。「布」には、もともと平らや長手という意味があることから、土台の下に水平・帯状に据え付けられた基礎ということです。なお、ベタ基礎の「ベタ」は全面とか一面に広がっているという意味です。

ベタ基礎：床下換気をネコ土台（29頁参照）にする場合

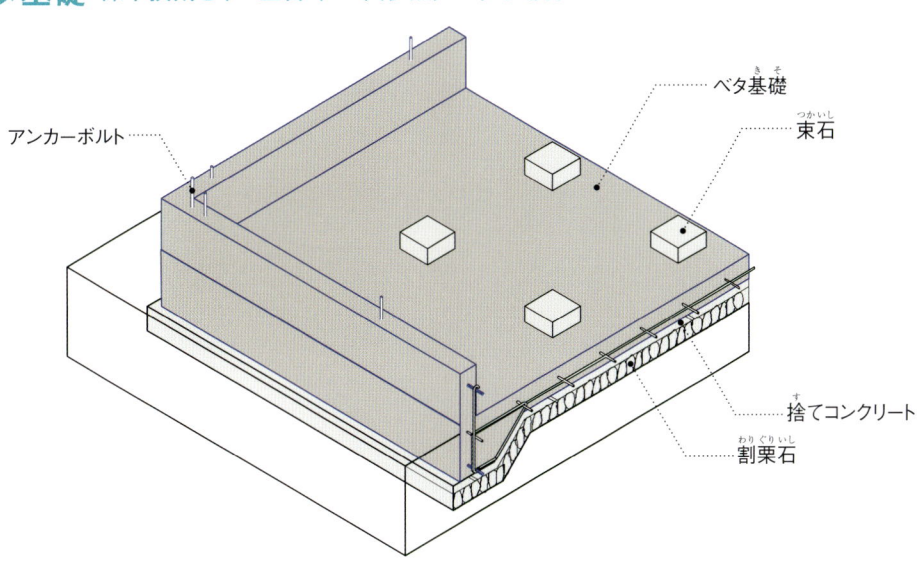

アンカーボルト

ベタ基礎

束石

捨てコンクリート

割栗石

ベタ基礎の配筋

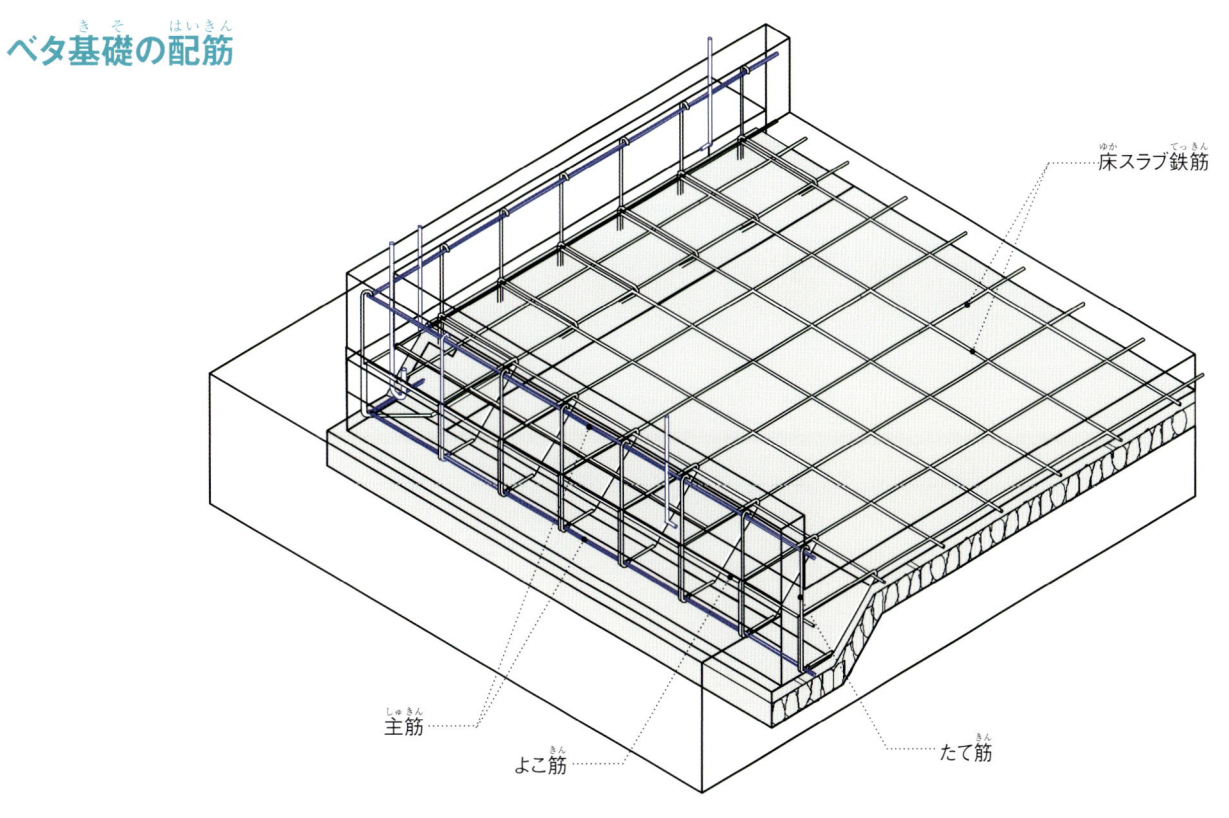

床スラブ鉄筋

主筋

よこ筋

たて筋

02 土台(どだい)を据(す)える

完成した基礎立ち上がりの上に、一辺が12cm程度の角材を据えて土台とします。この土台はあらかじめ基礎に設けられたアンカーボルトと呼ばれる金物を使って基礎と固定されます。一方、着工とほぼ同じ時期に、基礎工事などと並行して、土台・柱(はしら)・梁(はり)などの軸組(じくぐみ)と呼ばれる部材の製作が始まります。この種の部材の端部は後述するように接合のための複雑な形をしており、かつては大工さんがこれを自分で加工していました。しかし現在はプレカットといって、専門のプレカット工場で加工して現場へ運び込むことが多くなりました。

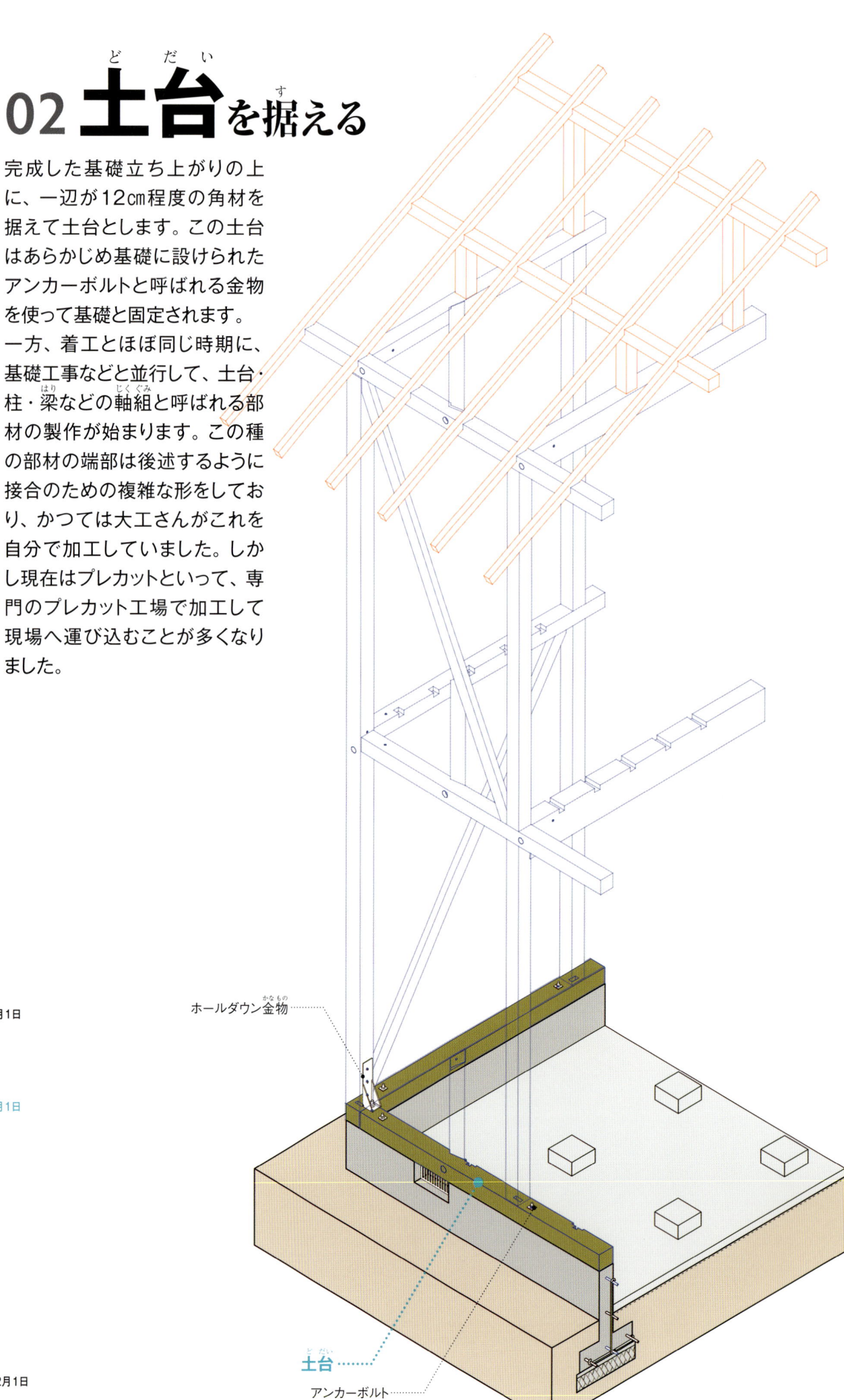

着工
8月1日

9月1日

12月1日
竣工

ホールダウン金物(かなもの)

土台(とだい)

アンカーボルト

部材　土台・アンカーボルト・ホールダウン金物

土台と床下の処理

土台は軸組の最下部にあって最も腐朽しやすい部分であり、シロアリの被害を受けやすい部分でもあります。そこで、昔からヒノキやヒバといった腐朽や虫害に強い樹種が使われてきました。現在は薬液処理をした材（右写真参照）を採用することもあります。

また、床下は湿気が滞留しやすい部分です。湿気は木を腐らせる大敵であり、シロアリの生息を促すものでもあります。湿気を排出するためには床下の換気が必須です。その方法としては、上部の建物と地盤や防湿コンクリート、ベタ基礎との間に十分な空間を設けたうえ、基礎立ち上がり部分に換気口を設けたり、土台と基礎の間にネコ土台（かつては石片を使用、現在は合成樹脂製のものを使用）を敷いて隙間を設けるなどの処理を施すのが一般的です。

基礎へ取り付けられた土台（下図参照）。黒っぽい部分が薬液処理をしたところ

床下の換気方法

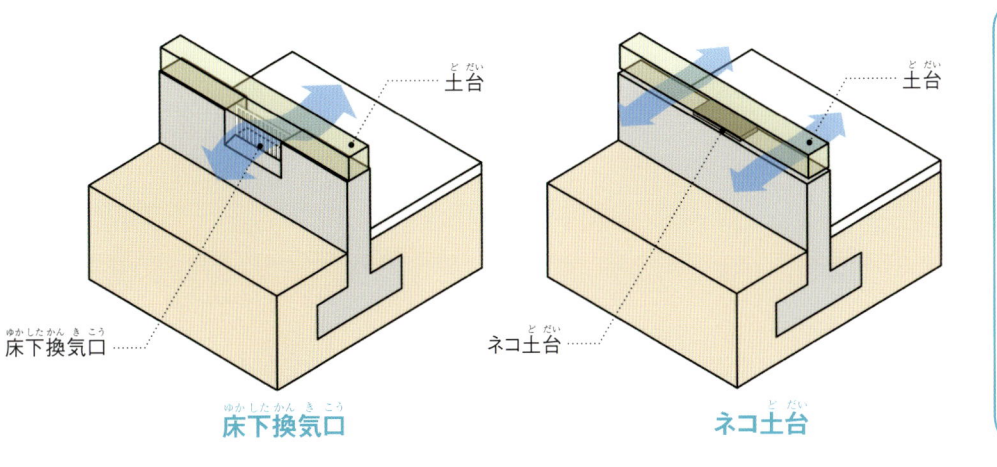

土台

床下換気口

ネコ土台

床下換気口

ネコ土台

Point

床下換気口の大きさは？

床下換気口は、面積が300㎠以上、間隔4～5m以内ごとに設置します。そのうえで、ネズミなどの侵入を防ぐためにガラリなどを取り付けます。ネコ土台の場合も、基礎と土台の間にはスクリーンを取り付けて侵入防止策とします。

ベタ基礎とネコ土台

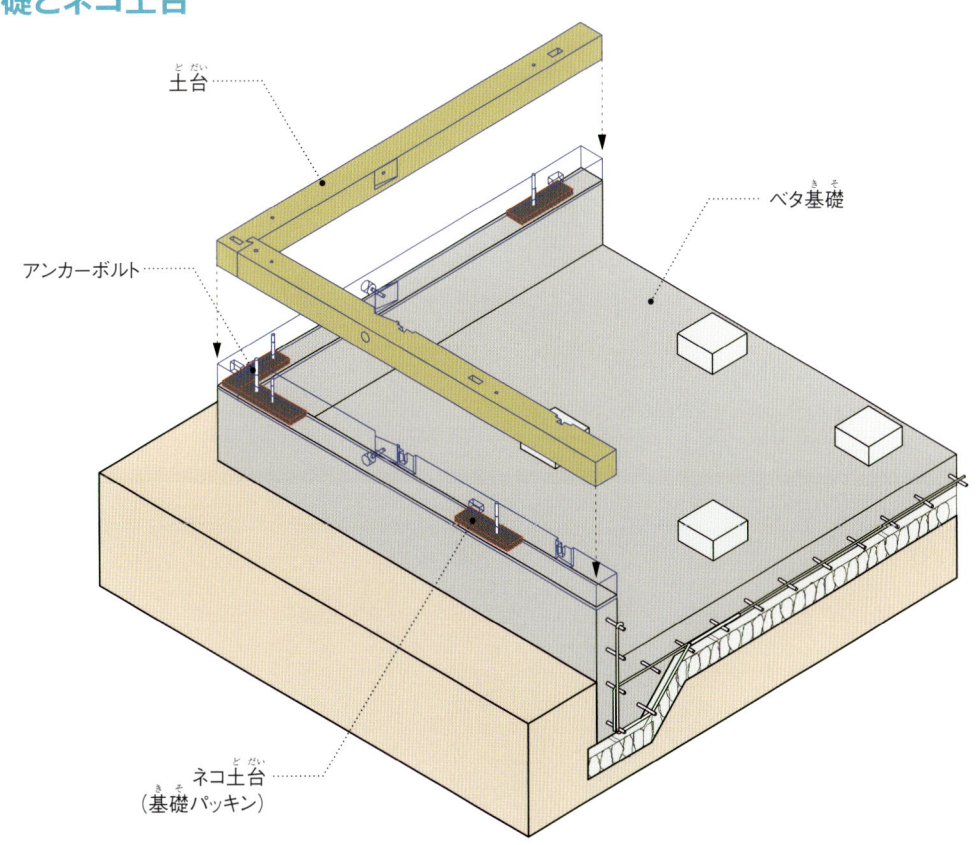

土台

アンカーボルト

ベタ基礎

ネコ土台
（基礎パッキン）

03 柱（通し柱・管柱）を立てる

土台を据えたら、柱・梁などの軸組の工事に入ります。土台を含め、軸組に使われる木材は一般的に10.5〜12cm角、もしくは短辺が約12cmの長方形断面のものを使います（主に梁材）。

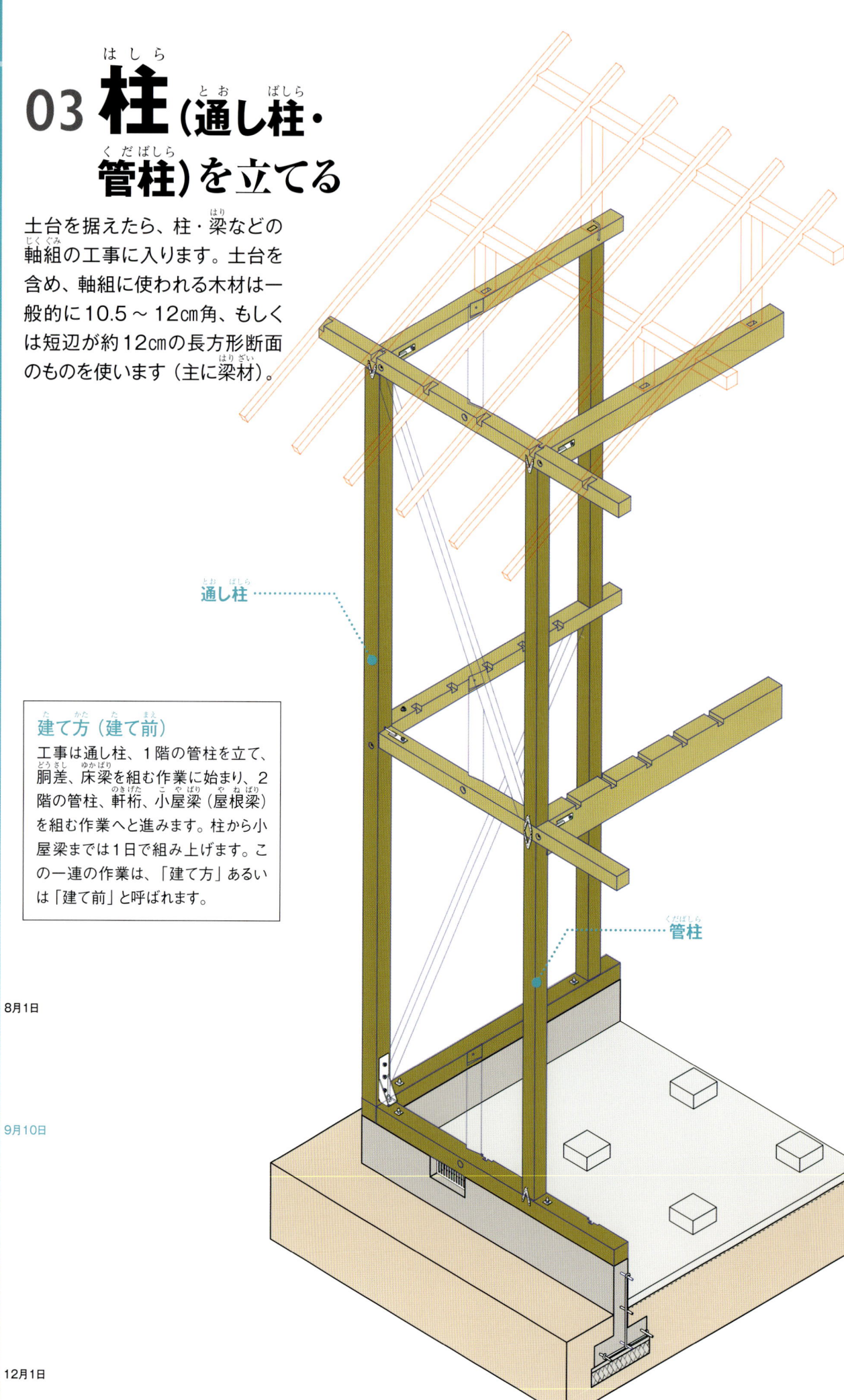

建て方（建て前）

工事は通し柱、1階の管柱を立て、胴差、床梁を組む作業に始まり、2階の管柱、軒桁、小屋梁（屋根梁）を組む作業へと進みます。柱から小屋梁までは1日で組み上げます。この一連の作業は、「建て方」あるいは「建て前」と呼ばれます。

通し柱

管柱

着工
8月1日

9月10日

12月1日
竣工

部材　通し柱・管柱・山形プレート

通し柱・管柱

一般に通し柱とは、建物の四隅に設ける土台から軒まで継ぎ目のない1本の柱をいいます。そのほか各階ごとに設置する柱は、管柱といいます。在来軸組工法は間取りが自由、模様替えが容易などといわれますが、それは竣工後も管柱の移動・配置がしやすいためです。

ホールダウン金物の役割

一般に柱は土台を介して基礎とつながりますが、筋かい脇の柱には地震や強風による水平力に抵抗する際に（四角いものの上辺を水平に押すと、底辺の一端が持ち上がるように）大きな引抜力が働き、柱が土台から外れ、大きな被害が発生するおそれがあります。そのため、隅角部にある筋かい脇の柱などは、ホールダウン金物などを使って基礎と直接、緊結します。

ホールダウン金物を使って柱と基礎を緊結する

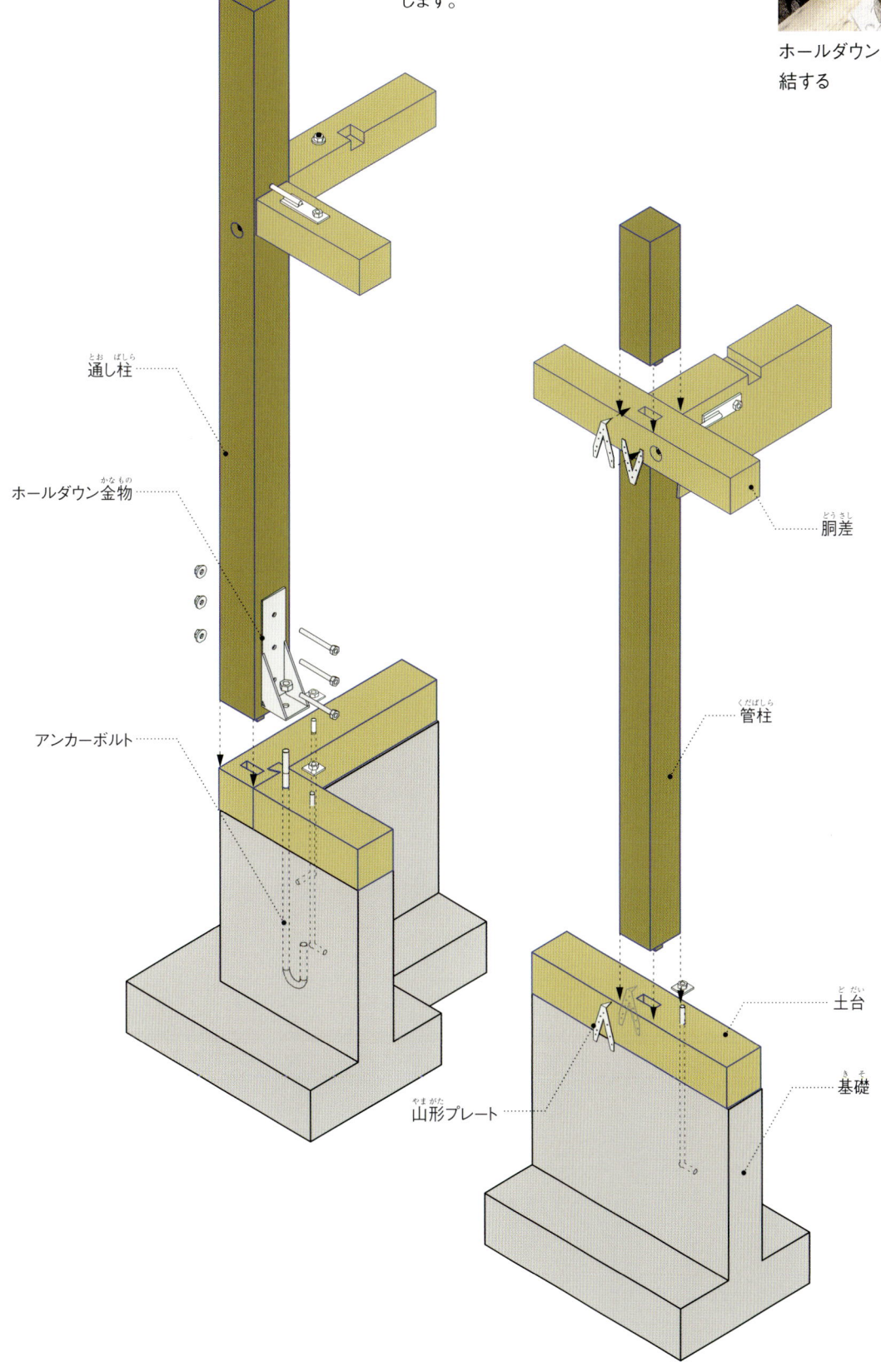

通し柱

ホールダウン金物

アンカーボルト

胴差

管柱

山形プレート

土台

基礎

04 梁（胴差・床梁・軒桁・小屋梁）を架ける

軸組材のうち、胴差、床梁、軒桁、小屋梁などは、柱から柱に水平に架け渡して組んでいきます。これらは「横架材」と呼ばれます。

軒桁

小屋梁

胴差

床梁

部材　胴差・床梁・軒桁・小屋梁・羽子板ボルト・山形プレート

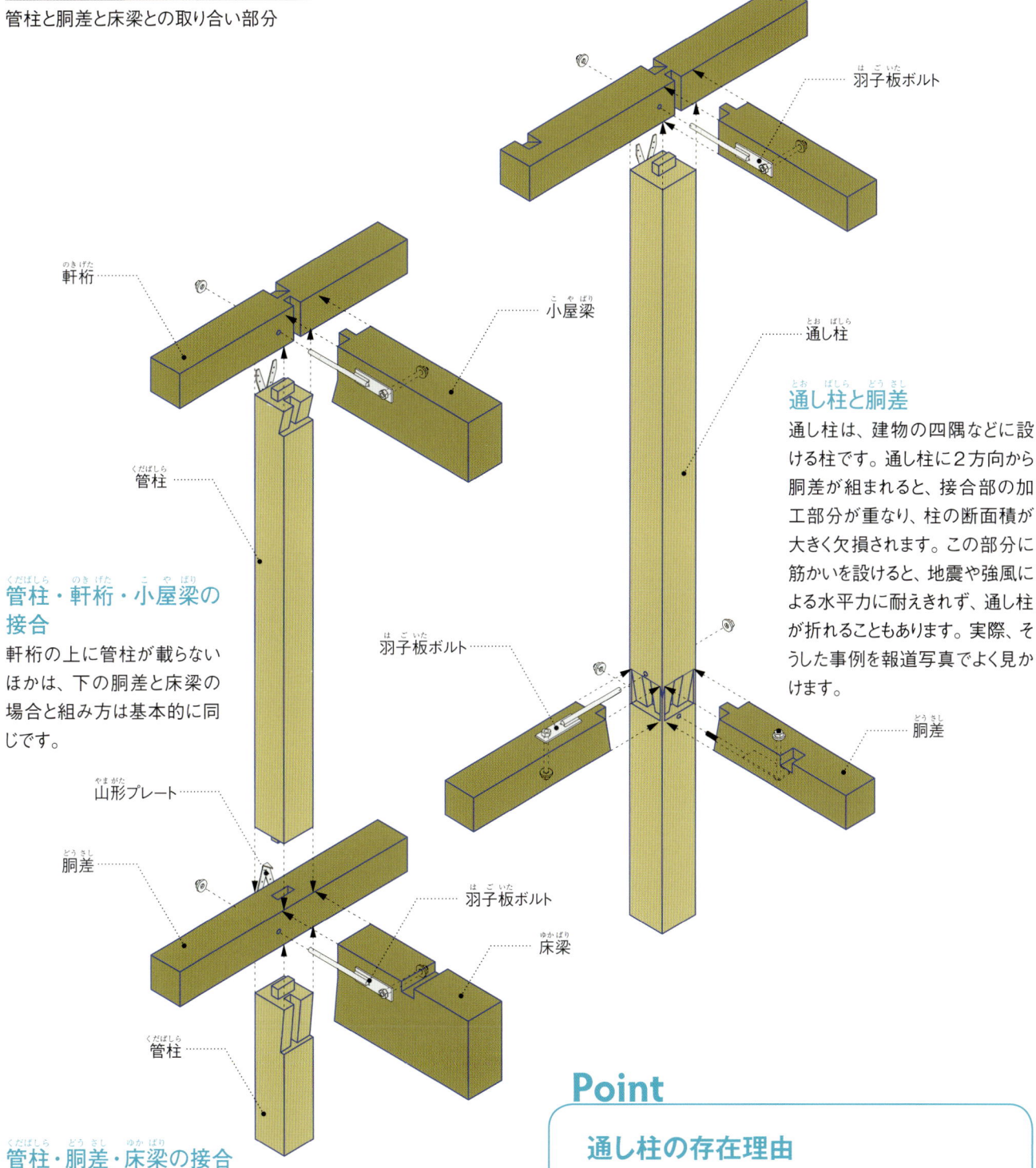

管柱と胴差と床梁との取り合い部分

胴差・床梁・軒桁・小屋梁

通常、室空間の上に架け渡されるものを「梁」、壁の上部にあって柱の頭をつなぐものを「桁」といいますが、1階と2階の外周壁の柱を受けるものは「胴差」、外周にあって軒を受けるものは「軒桁」といいます。そのほか、在来軸組工法では、その役割や使われる場所に応じてさまざまな名称で呼ばれるものがあります。

仕口

柱と横架材の接合部は、「仕口」と呼ばれる複雑な加工形状によって組み合います。さらに接合部の種類に応じた適切な金物で緊結します。上階の管柱と胴差、下階の管柱の連結に図では山形プレートを2本使っていますが、短冊金物で連結する場合もあります。

羽子板ボルト

軒桁

小屋梁

通し柱

管柱・軒桁・小屋梁の接合

軒桁の上に管柱が載らないほかは、下の胴差と床梁の場合と組み方は基本的に同じです。

通し柱と胴差

通し柱は、建物の四隅などに設ける柱です。通し柱に2方向から胴差が組まれると、接合部の加工部分が重なり、柱の断面積が大きく欠損されます。この部分に筋かいを設けると、地震や強風による水平力に耐えきれず、通し柱が折れることもあります。実際、そうした事例を報道写真でよく見かけます。

管柱

羽子板ボルト

山形プレート

胴差

胴差

羽子板ボルト

床梁

管柱

管柱・胴差・床梁の接合

床梁は胴差と管柱で受けます。管柱は通し柱に比べ、仕口の加工が少なくて済みます（断面欠損が少ない）。接合部は独特なボルトを使って補強します。このボルトはその形状から「羽子板ボルト」と呼ばれます。

Point

通し柱の存在理由

通し柱は「上下階を揃える」など、建て方の段階ではその使用に意味がありますが、構造耐力的にはむしろ弱点となりがちです。そのため、管柱より一回り大きな断面寸法のものを採用することがよくあります。

05 筋かいと火打を設ける

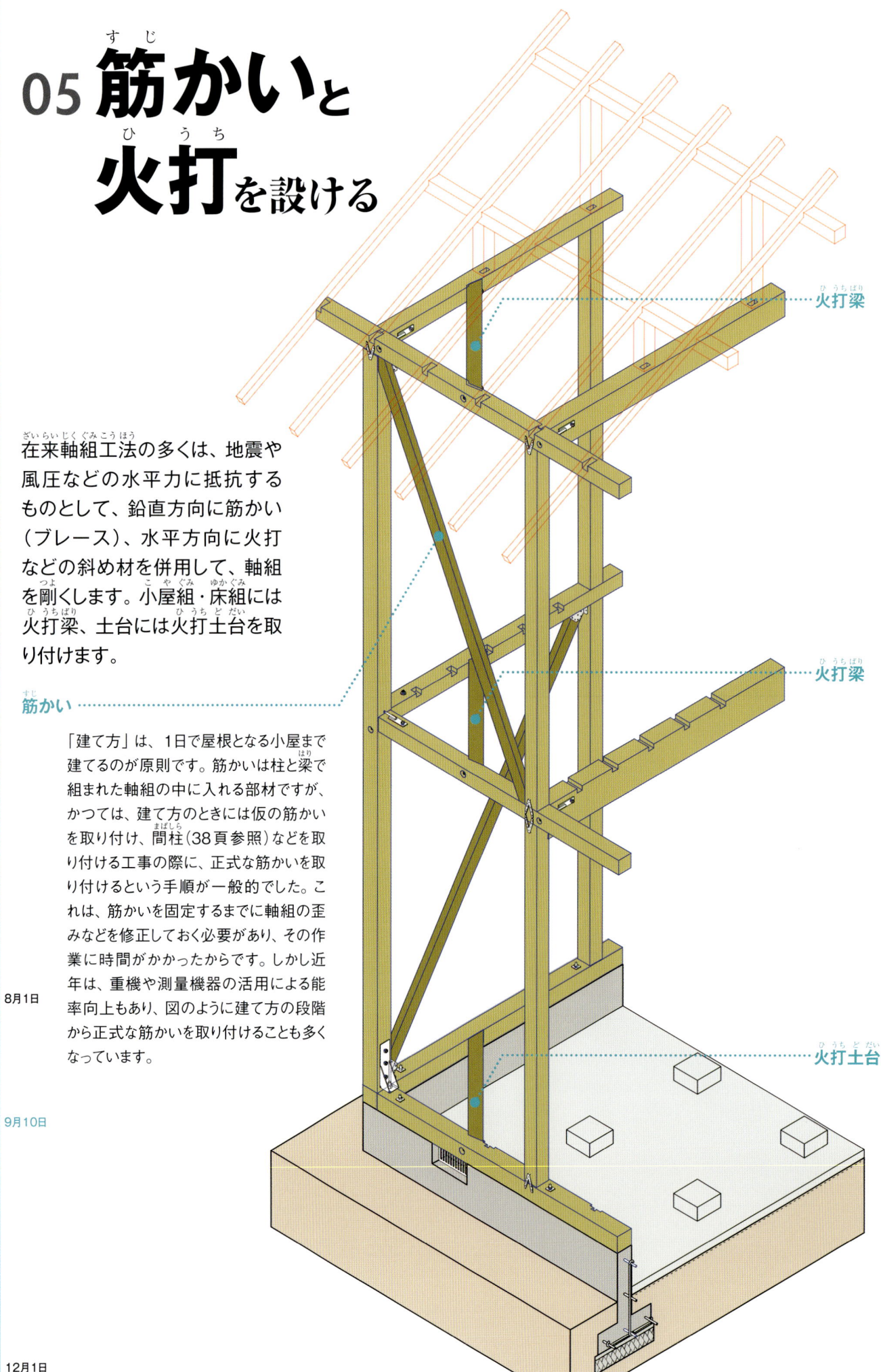

火打梁

火打梁

筋かい

火打土台

在来軸組工法の多くは、地震や風圧などの水平力に抵抗するものとして、鉛直方向に筋かい（ブレース）、水平方向に火打などの斜め材を併用して、軸組を剛くします。小屋組・床組には火打梁、土台には火打土台を取り付けます。

筋かい

「建て方」は、1日で屋根となる小屋まで建てるのが原則です。筋かいは柱と梁で組まれた軸組の中に入れる部材ですが、かつては、建て方のときには仮の筋かいを取り付け、間柱（38頁参照）などを取り付ける工事の際に、正式な筋かいを取り付けるという手順が一般的でした。これは、筋かいを固定するまでに軸組の歪みなどを修正しておく必要があり、その作業に時間がかかったからです。しかし近年は、重機や測量機器の活用による能率向上もあり、図のように建て方の段階から正式な筋かいを取り付けることも多くなっています。

着工
8月1日

9月10日

12月1日
竣工

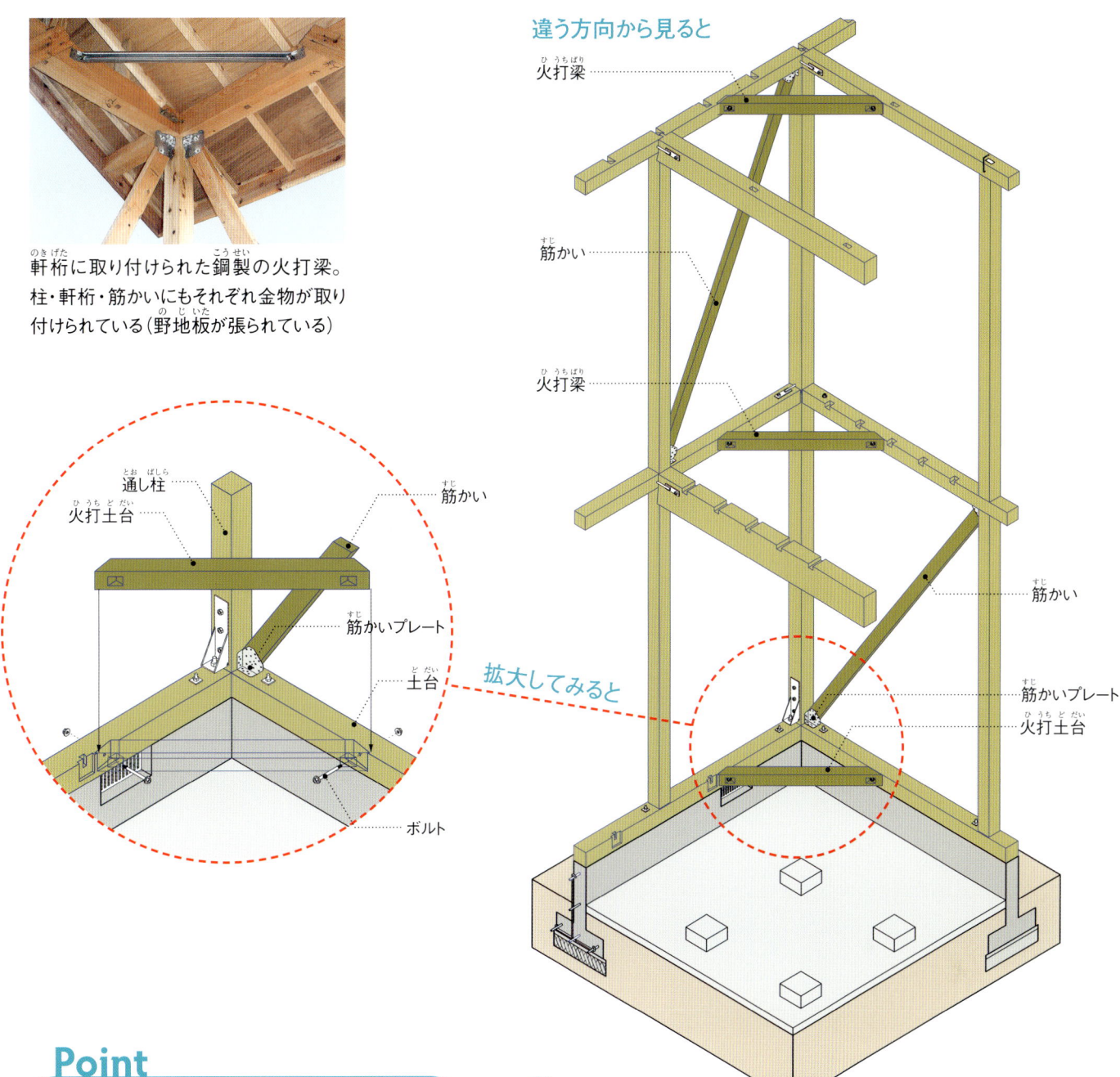

軒桁（のきげた）に取り付けられた鋼製の火打梁（こうせい）。
柱・軒桁・筋かいにもそれぞれ金物が取り
付けられている（野地板（のじいた）が張られている）

違う方向から見ると

火打梁（ひうちばり）
筋かい（すじ）
火打梁（ひうちばり）
筋かい（すじ）
筋かいプレート（すじ）
火打土台（ひうちどだい）

拡大してみると

通し柱（とおばしら）
火打土台（ひうちどだい）
筋かい（すじ）
筋かいプレート（すじ）
土台（どだい）
ボルト

Point

筋かいの代わりになるもの

筋かい以外にも強度を増す工法はいろいろあります。図は、木摺や合板を使った例です。それぞれの工法の耐力性能は「壁倍率（かべばいりつ）」で示しています。数値が大きいほど、強度も大きくなります。

筋かいの位置と間取り（すじ）

柱や筋かいは1階、2階で上下同じ個所に入れると構造強度的に有利になります（図は見やすさを重視して別の個所に入れています）。ただし、柱や筋かいの配置は間取りに関係してきます。壁に筋かいが入っている場合は、窓を設けにくくなります。間取りを考える際は、構造面についても十分な配慮をしておかなければなりません。

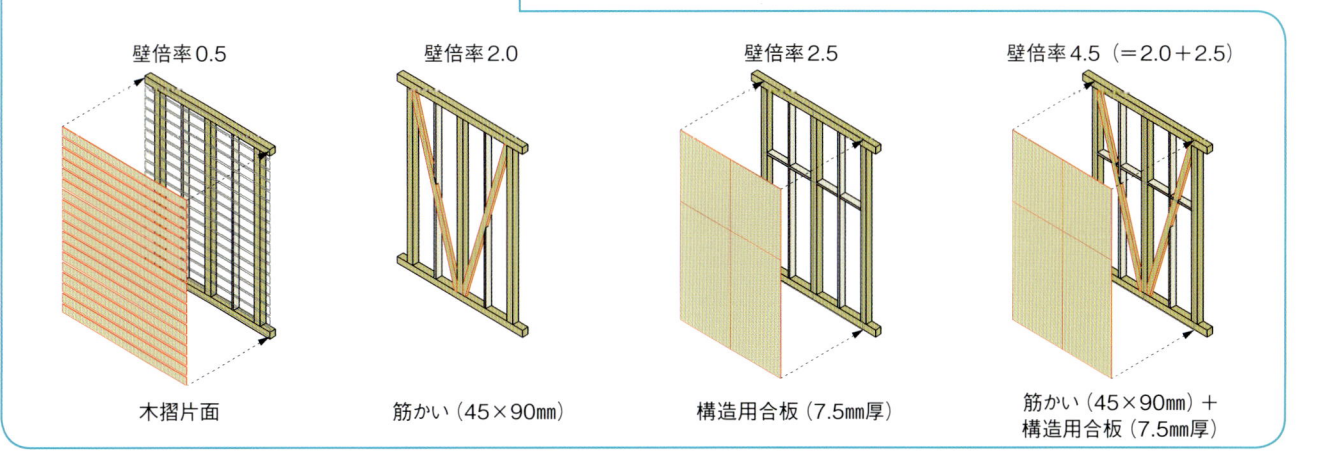

壁倍率0.5	壁倍率2.0	壁倍率2.5	壁倍率4.5（＝2.0＋2.5）
木摺片面	筋かい（45×90mm）	構造用合板（7.5mm厚）	筋かい（45×90mm）＋構造用合板（7.5mm厚）

06 小屋組_{こやぐみ}を設ける

屋根の形状に合わせて小屋梁の_{こやばり}上に小屋束を立てます。その上_{こやづか}に母屋、棟木、垂木を載せると_{もや むなぎ たるき}小屋組の完成です。

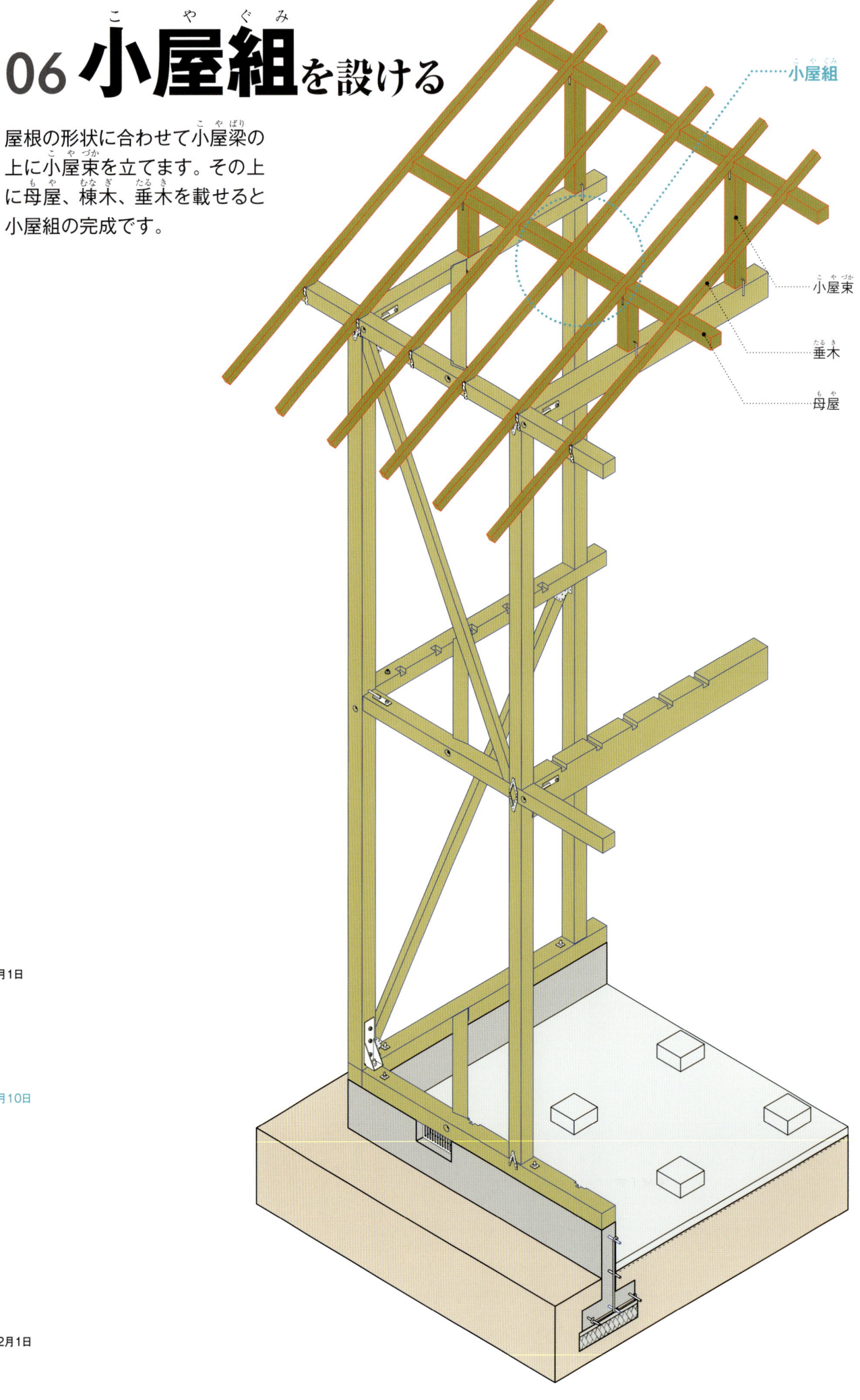

小屋組_{こやぐみ}

小屋束_{こやづか}

垂木_{たるき}

母屋_{もや}

部材　垂木・母屋・小屋束・かすがい・ひねり金物

小屋梁の上に鉛直に小屋束、その上に水平に母屋、その上に勾配なりに垂木を組みます（野地板工事が終わった後の段階）

垂木

かすがい

母屋

小屋束

小屋梁

軒桁

ひねり金物

垂木・母屋・小屋束

垂木は母屋で、母屋は小屋束で、小屋束は小屋梁で支えられます。母屋は約90～180cm間隔、垂木は約45cm間隔が一般的で、かすがいやひねり金物などの金物で補強します。ひねり金物は強風で屋根が飛ばされるのを防ぐために設置するものです。ひねり金物を2本あわせて垂木をまたぐ形状とした、くら金物はより耐風的といえます。

屋根の形状

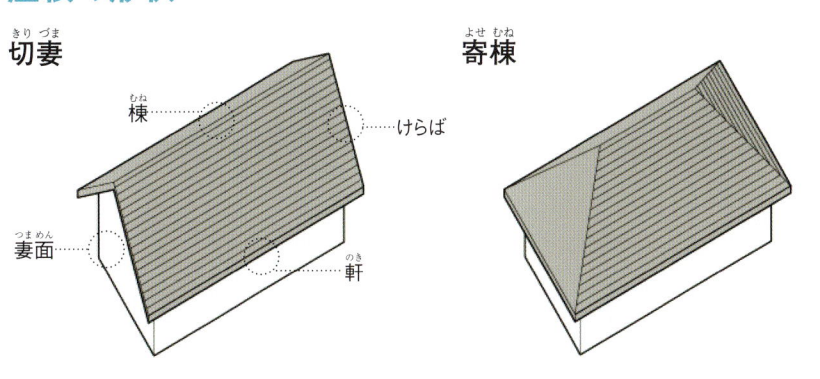

切妻

棟

けらば

妻面

軒

寄棟

片流れ

屋根の形状にはさまざまな種類があります。「切妻」は平板をいわゆる山折りにしたもので、単純でポピュラーな屋根形状です。屋根の最上部、山折りの部分を棟、最下部を軒といい、軒のない側の面を妻面といいます。

住宅に多いもう一つの屋根形状が「寄棟」です。「切妻」よりは複雑ですが、四周に軒がまわるため外壁保護の点で優れています。

雨水を防ぐ機能、雨仕舞のためには単純な屋根形状のほうがよいのですが、実際の屋根形状は敷地の形や間取りとの関係から、複雑なものとなりがちです。

Point

上棟式

小屋組の最上部に棟木が取り付けられ、建て方が終わると、上棟式（棟上げまたは建て前）が行われます。着工に先立って行われる、地鎮祭と並ぶ行事です。いずれも工事の無事を祈る儀式ですが、地鎮祭が氏神様を祀るものであるのに対し、上棟式は工事に従事する職人慰労の意味合いが強いものです。

上棟式の際に取り付けられる幣束

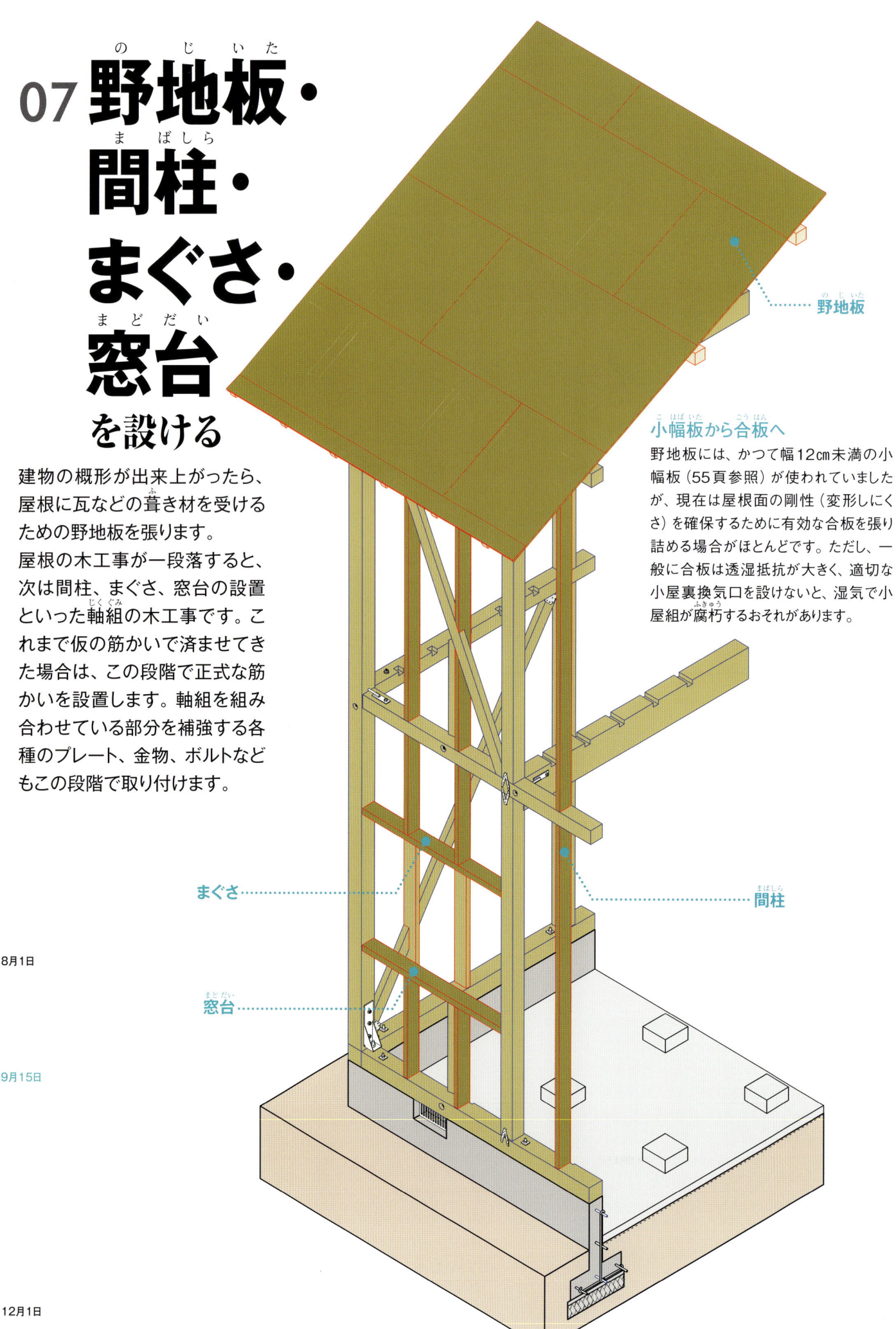

07 野地板（のじいた）・間柱（まばしら）・まぐさ・窓台（まどだい）を設ける

建物の概形が出来上がったら、屋根に瓦などの葺き材を受けるための野地板を張ります。

屋根の木工事が一段落すると、次は間柱、まぐさ、窓台の設置といった軸組（じくぐみ）の木工事です。これまで仮の筋かいで済ませてきた場合は、この段階で正式な筋かいを設置します。軸組を組み合わせている部分を補強する各種のプレート、金物、ボルトなどもこの段階で取り付けます。

小幅板から合板へ（こはばいた から ごうはん へ）

野地板には、かつて幅12cm未満の小幅板（55頁参照）が使われていましたが、現在は屋根面の剛性（変形しにくさ）を確保するために有効な合板を張り詰める場合がほとんどです。ただし、一般に合板は透湿抵抗が大きく、適切な小屋裏換気口を設けないと、湿気で小屋組（ふきゅう）が腐朽するおそれがあります。

野地板（のじいた）

間柱（まばしら）

まぐさ

窓台（まどだい）

着工
8月1日

9月15日

12月1日
竣工

野地板となる合板張りの様子

まぐさと窓台の役割

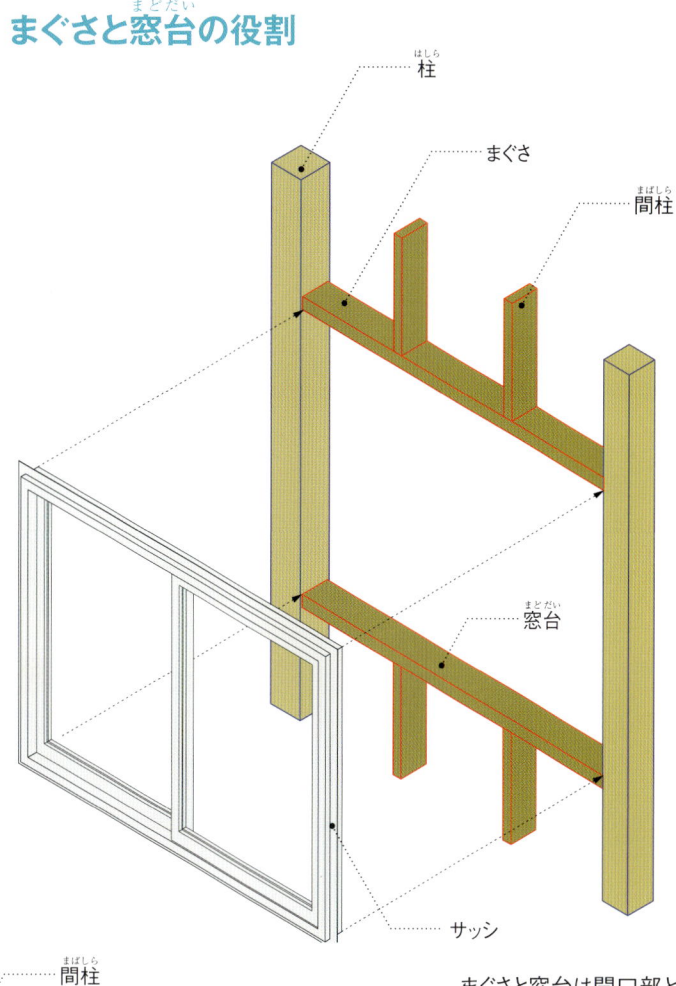

柱
まぐさ
間柱
窓台
サッシ

まぐさと窓台は開口部となる部分に設けます。これは後日、サッシの受け材となります。サッシの両端は管柱か通し柱、上下はまぐさと窓台に取り付けます。

間柱と筋かいの干渉

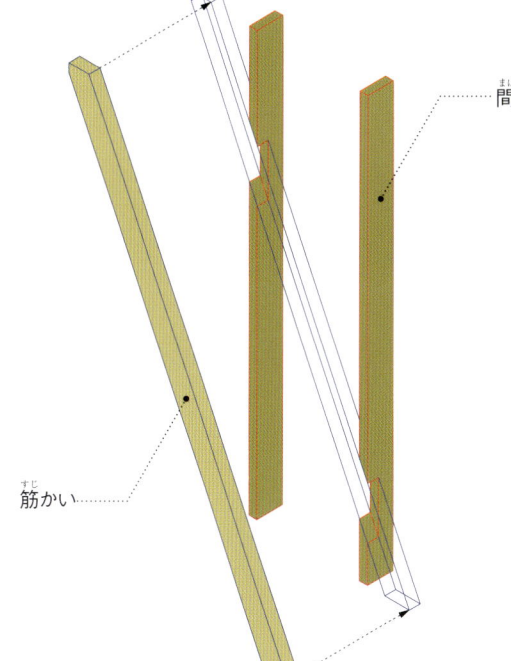

間柱
筋かい

間柱は壁材を取り付ける下地となるものです。断面寸法が10×3cm程度の木材を約45cm間隔で上下の横架材（土台や胴差など）に取り付けます。

間柱と筋かいが交差するところでは間柱を切り欠きます。間柱は壁を支えるもの（壁躯体）なので多少の欠損は許されますが、筋かいは建物を支えるもの（建物躯体）なので切り欠くことができません。

ちなみに、この関係は床組の根太（42頁参照）と火打でも同じで、交差する場合は床を支える根太を切り欠いて納めます。

根太と火打梁の干渉

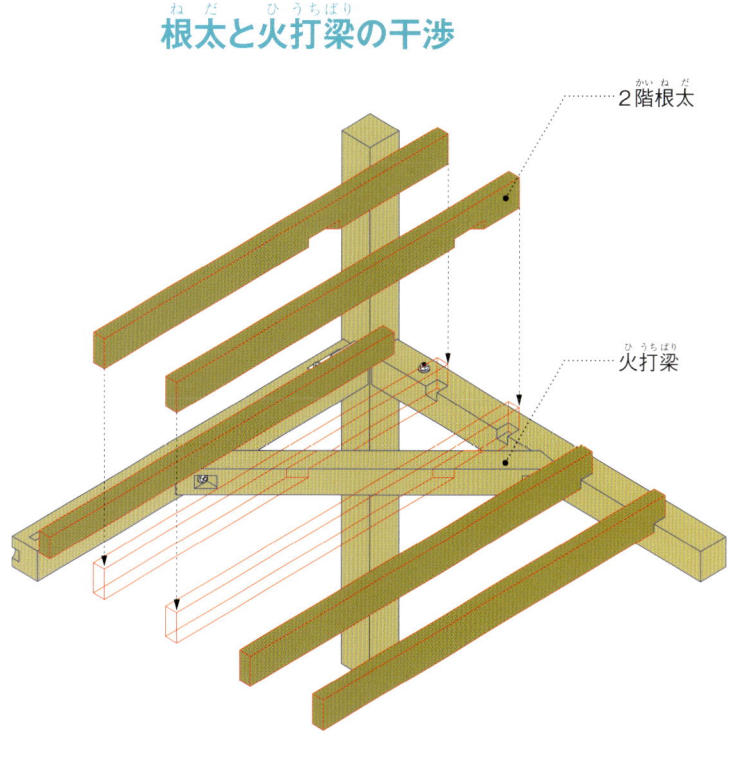

2階根太
火打梁

08 屋根葺き（やねぶき）・壁防水（かべぼうすい）・開口部（かいこうぶ）を設ける

野地板（のじいた）の上に防水紙を張り、瓦桟（かわらざん）を取り付けたら、最後に桟瓦（さんがわら）を葺いて屋根を仕上げます（詳細は2章参照）。桟瓦葺きが終了し、外周のサッシを取り付ければ、一応、風雨を防ぐことが可能となり、本格的に屋内の工事に着手できます。

なお、屋根葺きやサッシ工事を含め、仕上げ工事では、それぞれ別の専門工事会社の職人による工事が多くなります。そのため相互に関係のない個所については、図の進行と異なることがあります。

防水テープ

アルミサッシ

開口部（かいこうぶ）（サッシ）の取り付け

外廻りでは、開口部へのサッシやドアの取り付け工事を行います。倒れやねじれなどに注意してサッシ枠を取り付け、ガラスの入った障子をはめ込めば完了です。サッシ枠の廻りには防水テープを貼って雨仕舞（あまじまい）とします（84頁参照）。

桟瓦（さんがわら）

瓦桟（かわらざん）

アスファルトルーフィング

透湿防水シート（とうしつぼうすい）

外壁防水（がいへきぼうすい）

外壁全面には野地板に準じて板を張り、紙にアスファルトを含浸させたアスファルトフェルトなどの防水シートを張ります。近年はアスファルトフェルトでなく、透湿性のある透湿防水シートを間柱（まばしら）に直張りすることも多くなっています。

基礎水切り（きそみずき）

屋根防水

屋根の野地板の上に、アスファルトルーフィングなどの防水紙を張ります。アスファルトルーフィングとは、紙にアスファルトを含浸させ、鉱物粉などで表面処理をしたものです。雨水の大部分は瓦などの葺き材の上を流れますが、葺き材と葺き材の接合部などから浸入してきた雨水には防水紙が対応します。防水紙は上下10cm、左右20cm程度の重ね代をとって、下（軒）から張り上げます。

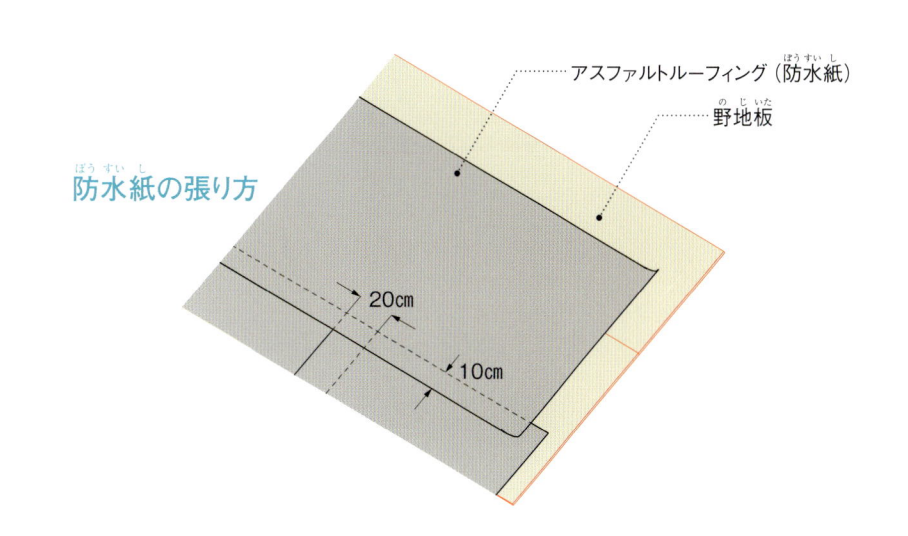

防水紙の張り方

アスファルトルーフィング（防水紙）
野地板

20cm
10cm

屋根葺き

桟瓦葺きは、防水紙の上から桟瓦の割り付けにあわせて、水平に瓦桟などを取り付けます。その後、桟瓦を瓦桟に掛けて葺いていきます。これは「引っ掛け桟瓦葺き」と呼ばれています。最近、瓦桟（よこ桟）のほかにたて桟を設ける葺き方も見られます。瓦桟の下にたて桟を設けるのは、雨仕舞（建物内部への雨水の浸入を防ぐこと）にこれまで以上の配慮をしたもので、上に設けるのは施工性とともに、強風時や地震時の安全性により配慮したものといえるでしょう。

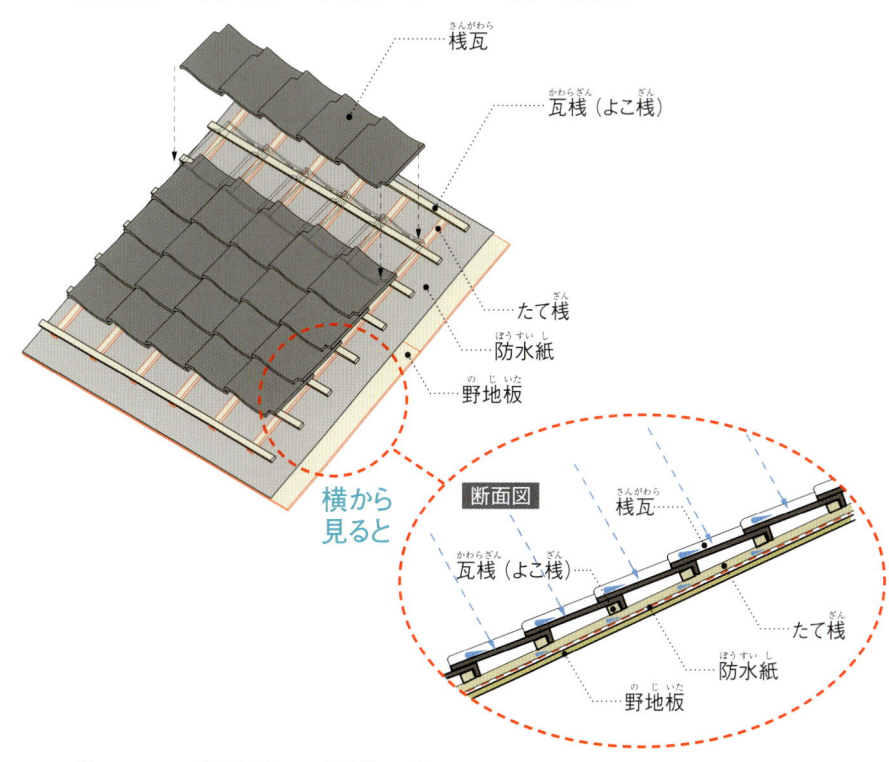

たて桟を設けた桟瓦葺き（瓦桟の下にたて桟の場合）

桟瓦
瓦桟（よこ桟）
たて桟
防水紙
野地板

横から
見ると

断面図
桟瓦
瓦桟（よこ桟）
たて桟
防水紙
野地板

Point

水は通さないが湿気は通す

一般の防水紙や防水シートは水も湿気も通しませんが、「透湿防水シート」は水は通さないが湿気は通します。これを使えば、屋内から壁軸組内に入った湿気を屋外に排出することができます。壁軸組の剛性を確保するため下地に面材を張る場合は、このメリットを生かした建材とする必要があります。構造用合板は透湿性がなく不適切なので、ハードファイバーボードなどが利用されます。

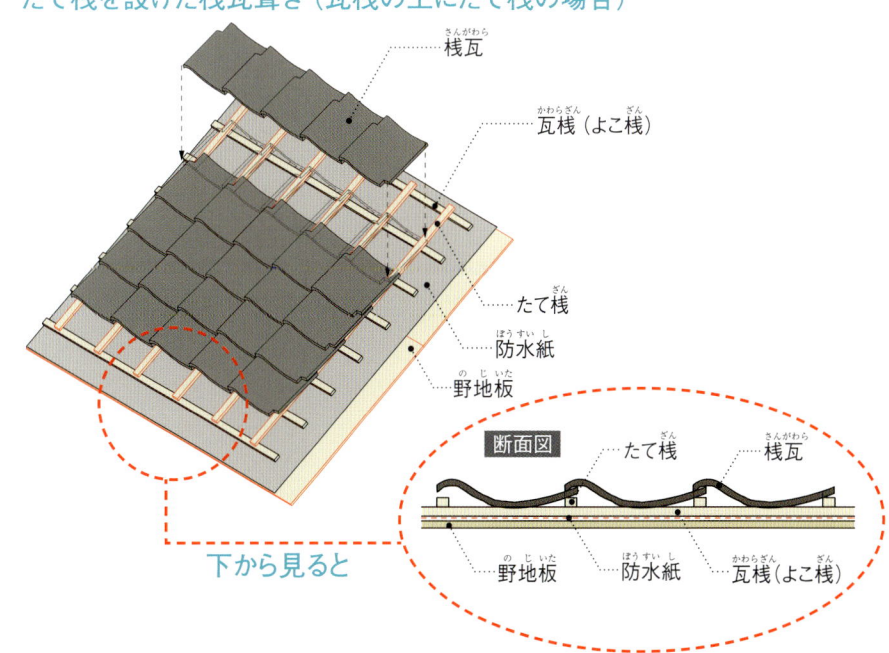

たて桟を設けた桟瓦葺き（瓦桟の上にたて桟の場合）

桟瓦
瓦桟（よこ桟）
たて桟
防水紙
野地板

断面図
たて桟
桟瓦
野地板
防水紙
瓦桟（よこ桟）

下から見ると

09 床組をつくる

外廻りが一段落すると屋内工事が始まります。まずは床組をつくる作業です。床組の火打梁や火打土台はすでに取り付け済みです。

上階床組は胴差や床梁に根太を掛け渡す構成で、胴差や床梁の上に根太を固定する工法が一般的です（右頁：上の写真参照）。

下階床組の一般的な方式は、あらかじめ設置された束石の上に柱状の床束を立て、その上に大引を設けた後、さらにその上に根太を掛け渡すものです（右頁：中の写真参照）。

1階と2階で違う根太の寸法

1階の根太は断面寸法が45×60mm程度なのに対し、2階の根太は45×105mm程度と異なります。これは1階の大引は約90cm間隔に配置するのが一般的なのに対し、2階の床梁は約180cm間隔に配置するためです。

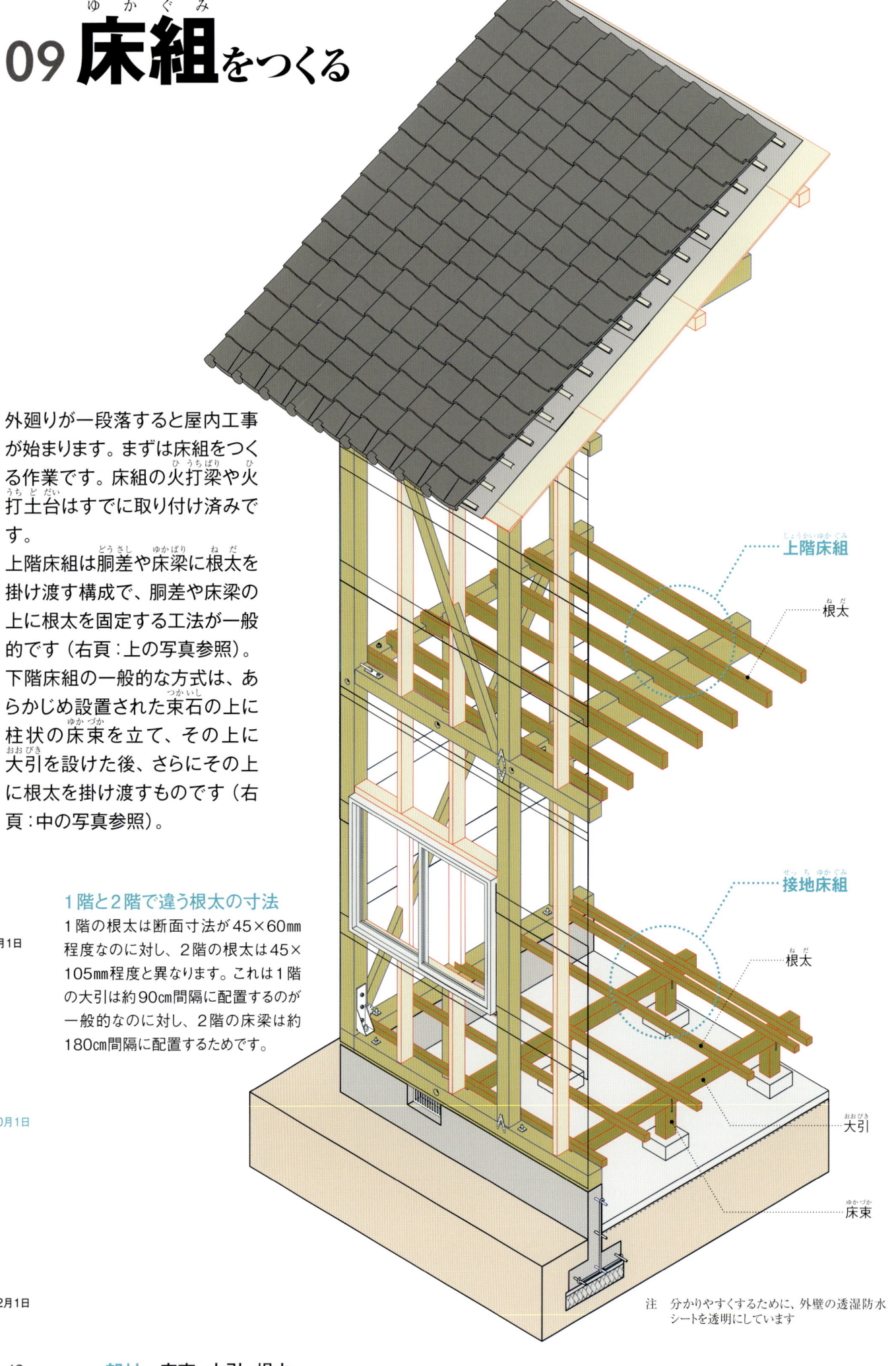

上階床組

根太

接地床組

根太

大引

床束

注 分かりやすくするために、外壁の透湿防水シートを透明にしています

着工
8月1日

10月1日

12月1日
竣工

　　部材　床束・大引・根太

床梁の上に根太を載せる上階床組工事（畳とフローリングでは仕上材の厚さが3cm以上違います。写真は、この差を根太の取り付け高さで調整している例です）

束石に床束を立て、大引、根太を載せる接地床組工事（写真は、束石の下が土ですが、防湿コンクリートやベタ基礎ではコンクリートとなります。床束は、腐朽や高さ調整の便宜を考慮して鋼製や合成樹脂製のものを採用することもあります）

剛床の床組（剛床には、床の水平方向の剛性確保という意味で、床梁・胴差などを彫り込んで、根太と天端［上端。部材どおしの高さ］を合わせたうえで、合板などを張る工法もあります）

剛床の場合

剛床とは、床の水平剛性（水平力に対する変形しにくさ）を確保した床のことをいいます。枠組壁工法の導入に伴って注目され、在来軸組工法でも床梁・胴差などを彫り込んで、根太と天端をあわせたうえで合板などを張る工法が採用されました（下の写真参照）。

下図は根太、火打を省略した剛床の例です。通常は約180cm間隔で配置する大引や床梁を周囲の土台や胴差と天端（材の上端のこと）を揃えたうえで約90cm間隔に細かく入れ、直接、床下地板を支える仕組みです。かつての木板に代わって厚い合板を使った工法で、最近、採用が増えています。

いずれも構造的には優れていますが、仕上材の相違などによる段差の解消が課題となります。

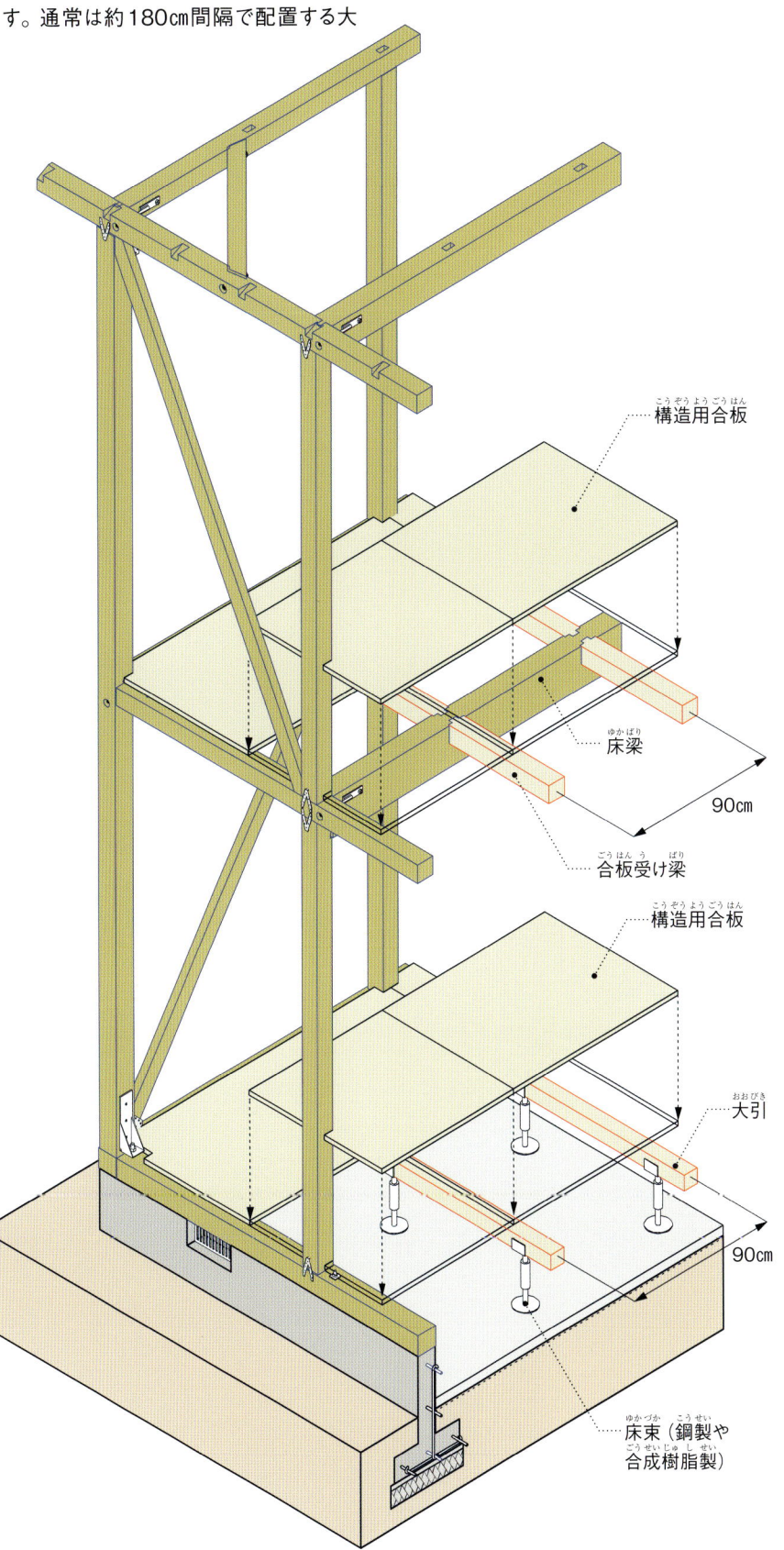

構造用合板

床梁

90cm

合板受け梁

構造用合板

大引

90cm

床束（鋼製や合成樹脂製）

10 内外装の下地を設ける

外壁は窯業系サイディング張り、上階床はフローリング張り、下階床は畳敷き、内壁・天井ともクロス張りを仕上げとした場合の、それぞれの下地を準備していきます。

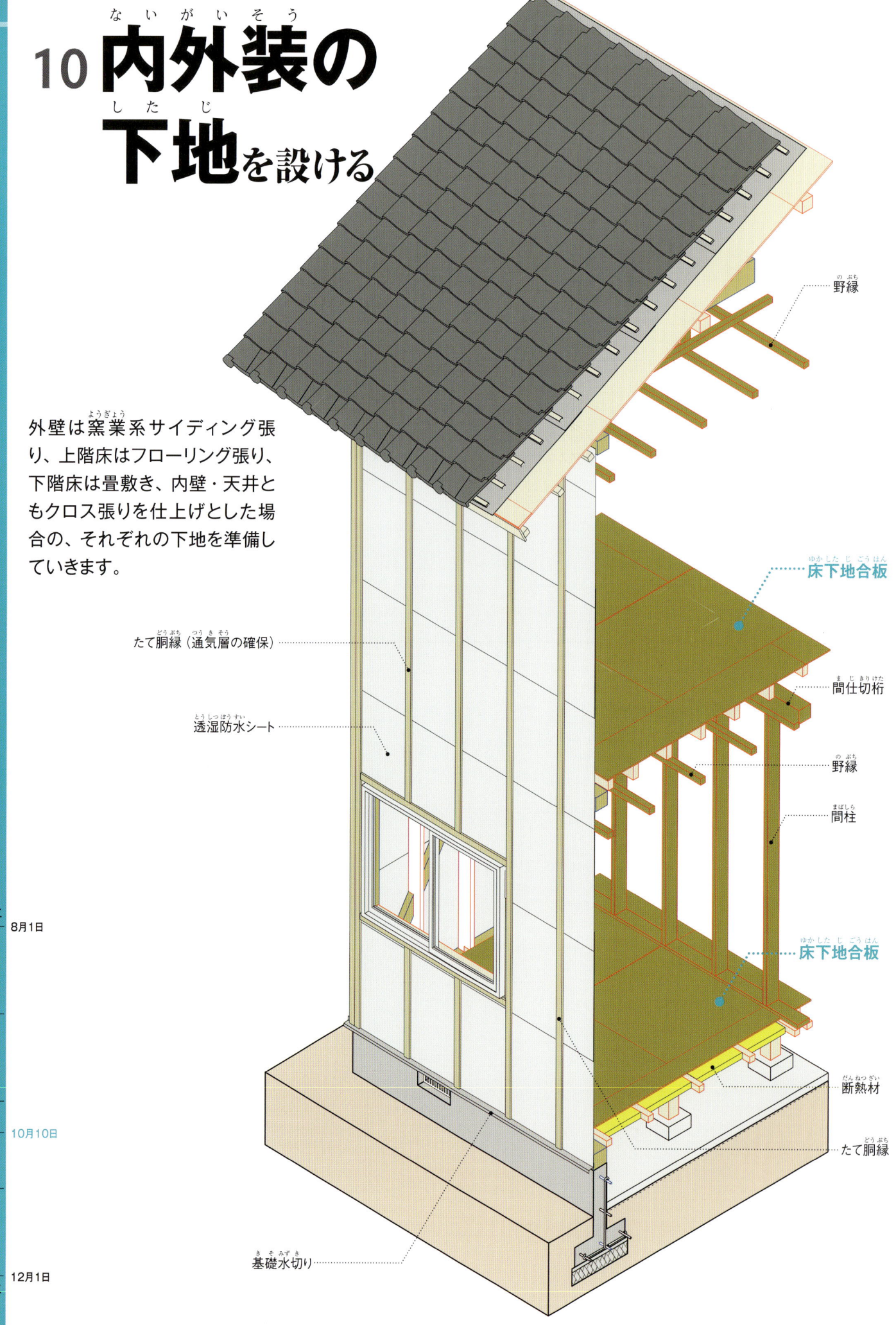

野縁

床下地合板

間仕切桁

野縁

間柱

たて胴縁（通気層の確保）

透湿防水シート

床下地合板

断熱材

たて胴縁

基礎水切り

部材　野縁・軒天井・床下地合板・間仕切桁・間柱・断熱材・たて胴縁

外壁下地

外壁に、近年多い「通気構法」を採用する場合（その前提として透湿防水シートを張る）は、壁仕上げの下地としてシートの上からたて胴縁を間柱に打ち付けます。

床下地

床仕上げの種類には、畳、フローリング、カーペットなどがあります。かつて畳の下地は通気を重視して小幅板が用いられていましたが、現在では床の剛性や工事の合理化などの観点から、仕上げにかかわらず一律に合板張りとすることが多くなっています。

間仕切壁下地

間仕切となる内壁には、下地として間柱を約45cm間隔で配置します。仕上げとなる壁のボードなどが薄く、剛性が不足する場合は水平に胴縁を設けます。

天井下地

天井には野縁を小屋梁や上階床梁から吊り木を使って取り付けます。野縁の配置間隔はやはり45cm程度です。

Point

雨仕舞と断熱

雨水のほとんどは葺き材と外壁仕上材の表面を流れます。しかし、まれに浸入してくる雨水対策としてアスファルトルーフィングや透湿防水シートが張られます。下図のように勾配や材を重ねることで雨水を防ぐことを雨仕舞といいます。

また、外気に面する外周壁、屋根（天井）、最下階の床には、多くの地域で断熱材を入れます。外周壁の断熱材は、通常は柱や間柱の間、屋根（天井）の断熱材は、小屋裏を利用しない一般的な場合では天井裏に、最下階の床では、根太間に配置します。

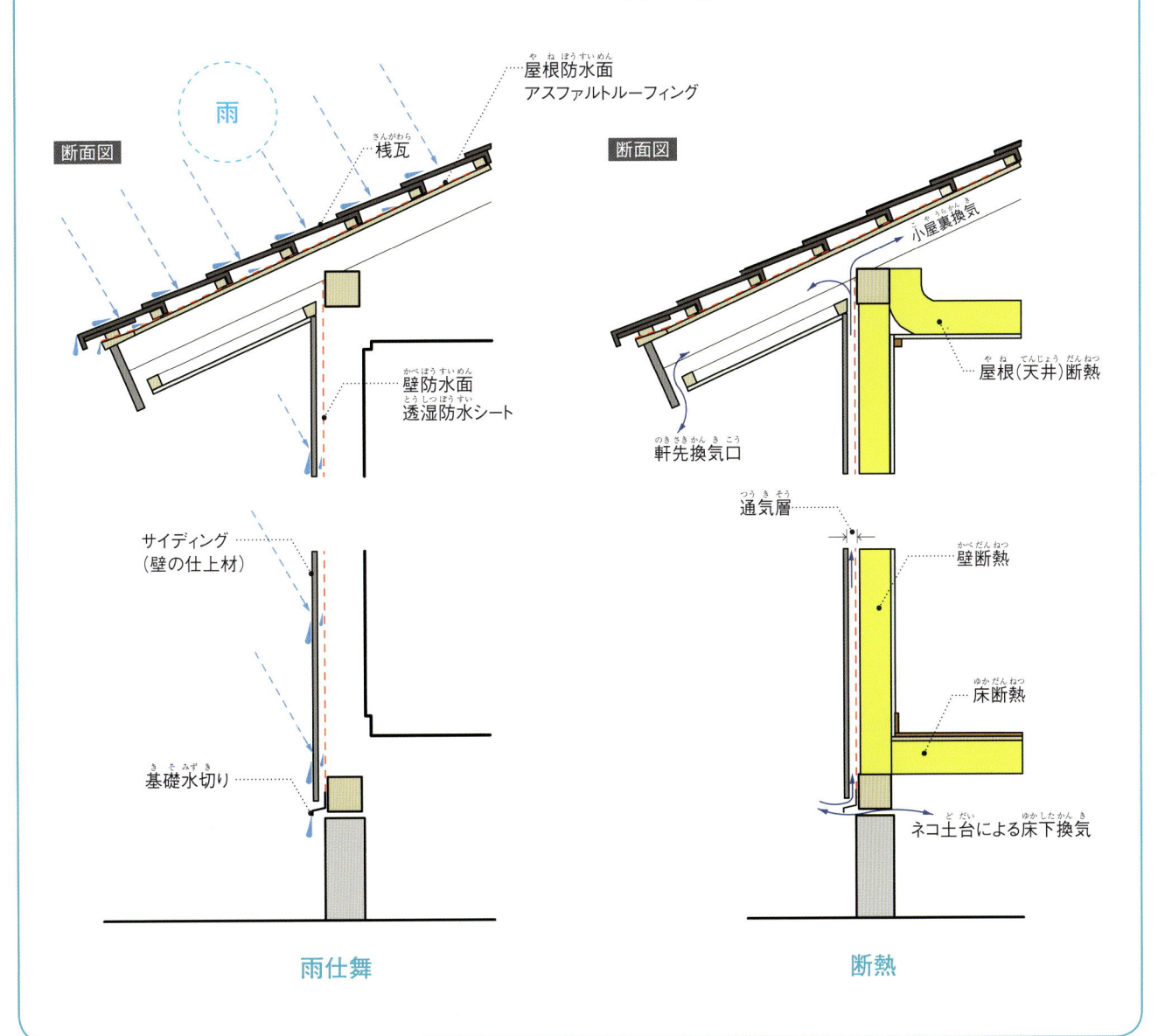

雨仕舞 / 断熱

11 内外装の仕上げをして完成

下地の工事が終わったら、いよいよ仕上げに入ります。内装仕上げは多岐にわたります。また、この頃になると設備工事も各種機器の取り付け段階となり、いろいろな工事が錯綜します。

一通り工事が終われば、竣工検査です。設計どおりできているか、サッシなどが気持ちよく動くか、仕上げに瑕疵はないか、そのほかいろいろ調べます。不都合な個所は修正して完成を期します。

出来上がったら、引き渡しです。着工から約4カ月、住まいが工務店のものから、住まい手のものとなります。

着工 —— 8月1日

● —— 12月1日
竣工

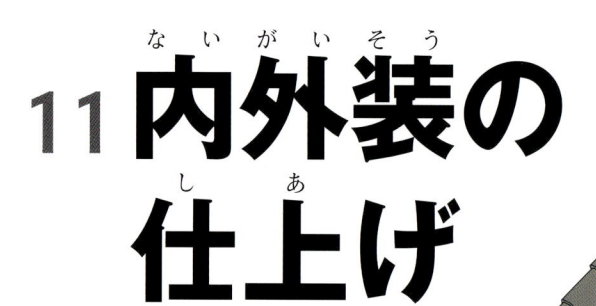

断熱材

石膏ボード下地
クロス張り

断熱材

フローリング

窯業系
サイディング

石膏ボード
下地
クロス張り

畳

部材　断熱材・石膏ボード・クロス・フローリング・窯業系サイディング・畳

断熱工事

仕上げ工事に先立って、外周壁、下階床下、上階天井裏といった外廻りに断熱材を入れます。近年は、断熱材の種類に応じた各部位の適切な厚さが地域ごとに決められています（各部位の仕上げまでの詳細は2章参照）。

設備工事

天井では照明器具、壁ではそのスイッチやコンセント、そして換気扇や暖冷房機器、さらに近年は増加傾向にある電話やインターネットなどの情報端末まで、各種器具の取り付けが仕上げ工事と並行して進みます。
台所や洗面所では、この種の電気工事に並んで、流しや洗面器の設置や配管などの給排水工事も加わります。

給排水管の設置

台所、洗面所、浴室、便所には敷地外の幹線につながった給水管や排水管が必要です。かつてはこれらも電気の配線と同様、壁内配管とすることが多かったのですが、近年は点検・交換やリフォーム時の利便性を考慮して、パイプスペースを設け、その中に配管するケースが増えています。

換気扇の取り付け

上階床の直下の天井に換気扇を取り付ける場合は、器具やダクトが床梁や胴差とぶつからないような取り付け位置にします。

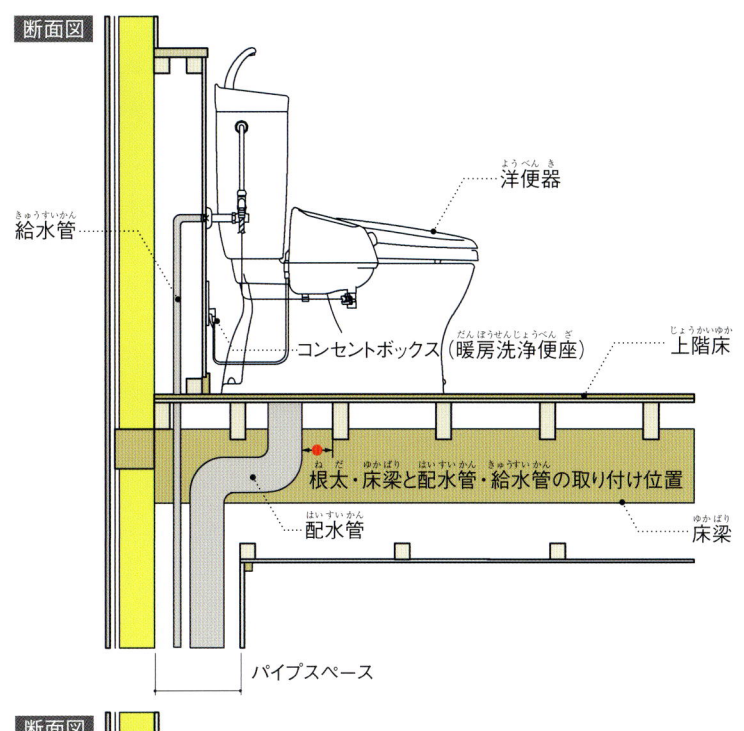

断面図

- 洋便器
- 給水管
- コンセントボックス（暖房洗浄便座）
- 上階床
- 根太・床梁と配水管・給水管の取り付け位置
- 配水管
- 床梁
- パイプスペース

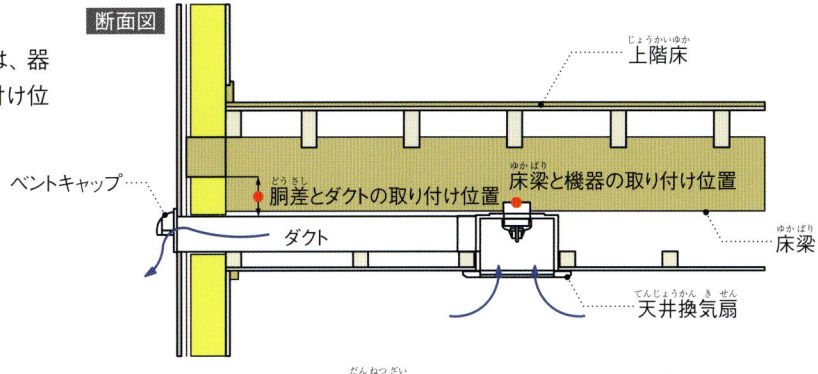

断面図

- 上階床
- ベントキャップ
- 胴差とダクトの取り付け位置
- 床梁と機器の取り付け位置
- ダクト
- 床梁
- 天井換気扇

ダウンライトの取り付け

断熱材が施工される天井にダウンライトを取り付ける場合、器具によってはグラスウールなどのマットタイプの断熱材を被せることができないものがあり、器具から断熱材を離して施工する必要があります。器具の発熱による火災を防ぐための措置です。

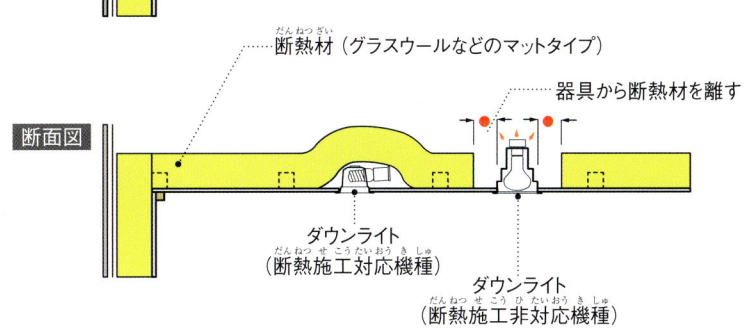

- 断熱材（グラスウールなどのマットタイプ）
- 器具から断熱材を離す
- 断面図
- ダウンライト（断熱施工対応機種）
- ダウンライト（断熱施工非対応機種）

床・壁・天井の取り合い

フローリングやカーペット仕上げの床と壁が取り合う（ぶつかること）部分には、幅木を設けます。幅木は靴や清掃具から壁を保護するほかに、工事のあらを隠すための役割があります。和室の真壁（74頁参照）の畳敷きの床と壁が取り合う部分には畳寄せを設けます。

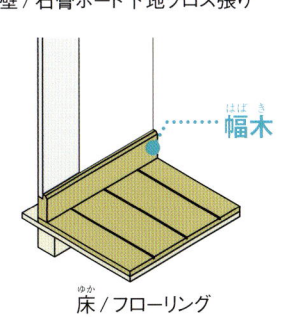

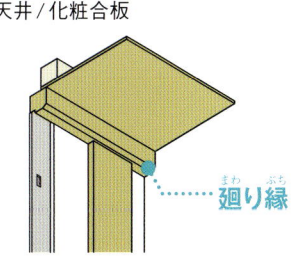

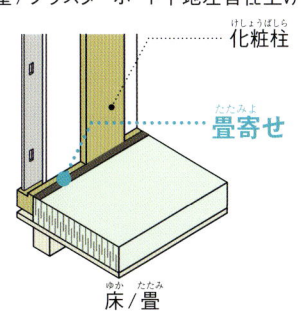

天井／石膏ボード下地クロス張り
廻り縁

天井／化粧合板
廻り縁

壁／石膏ボード下地クロス張り
幅木

壁／プラスターボード下地左官仕上げ
化粧柱
畳寄せ

床／フローリング

床／畳

在来軸組工法の骨組

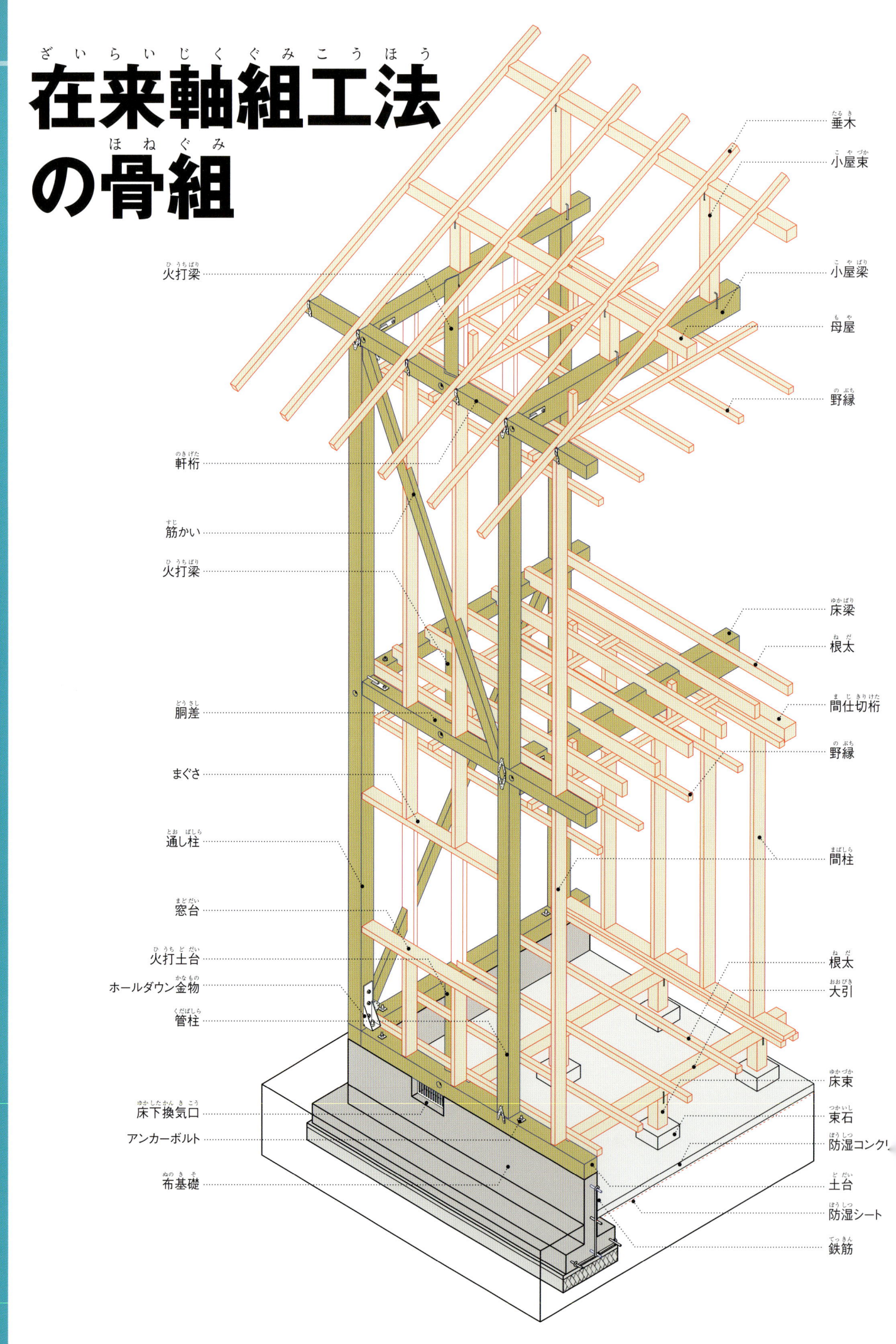

- 火打梁（ひうちばり）
- 軒桁（のきげた）
- 筋かい（すじ）
- 火打梁（ひうちばり）
- 胴差（どうさし）
- まぐさ
- 通し柱（とおばしら）
- 窓台（まどだい）
- 火打土台（ひうちどだい）
- ホールダウン金物（かなもの）
- 管柱（くだばしら）
- 床下換気口（ゆかしたかんきこう）
- アンカーボルト
- 布基礎（ぬのきそ）

- 垂木（たるき）
- 小屋束（こやづか）
- 小屋梁（こやばり）
- 母屋（もや）
- 野縁（のぶち）
- 床梁（ゆかばり）
- 根太（ねだ）
- 間仕切桁（まじきりけた）
- 野縁（のぶち）
- 間柱（まばしら）
- 根太（ねだ）
- 大引（おおびき）
- 床束（ゆかづか）
- 束石（つかいし）
- 防湿コンクリ
- 土台（どだい）
- 防湿シート（ぼうしつ）
- 鉄筋（てっきん）

左頁の図は、上から、屋根部分の構成を小屋組（こや）、2階床などの構成を上階床組、1階床部分の構成を接地床組といい、鉛直方向の構成を軸組といいます。1日で小屋まで組み上げる在来軸組工法は、雨の多い日本の気象・気候を反映しているといわれています。

建築材料は尺寸法

在来軸組工法では、今でもいわゆる"尺"寸法を多用しています。ここで約45cmとか、約90cmという表現で示している寸法は、多くの場合、実際には1.5尺（約45.5cm）、3尺（約91cm）です。

3尺、6尺が住まいの寸法規格として使われている理由は、合板（ごうはん）やボードなどの建材の多くが、今でも3尺×6尺の36（さぶろく）板で製造されているからです。

尺の寸法規格は、軸組材の寸法規格にも影響しています。尺の10分の1が寸（約3.03cm）ですが、柱は3.5寸（約10.5cm）角（かく）や4寸（約12.0cm）角が、梁（はり）は短辺が4寸（約12.0cm）のものがよく使われています。それ以外の材も、寸単位で表示できるものが多いです。

日本には伝統的寸法体系として京間、田舎間（関東間）、北陸間などさまざまなものがありましたが、現在は関東間が全国的なものとなっています。上述の3尺（約91cm）は関東間の寸法規格（基準寸法）で、住まいの間取り図なども、3尺グリッド（格子）の用紙を使うことが多いです。ちなみに6尺四方の面積が1坪です。

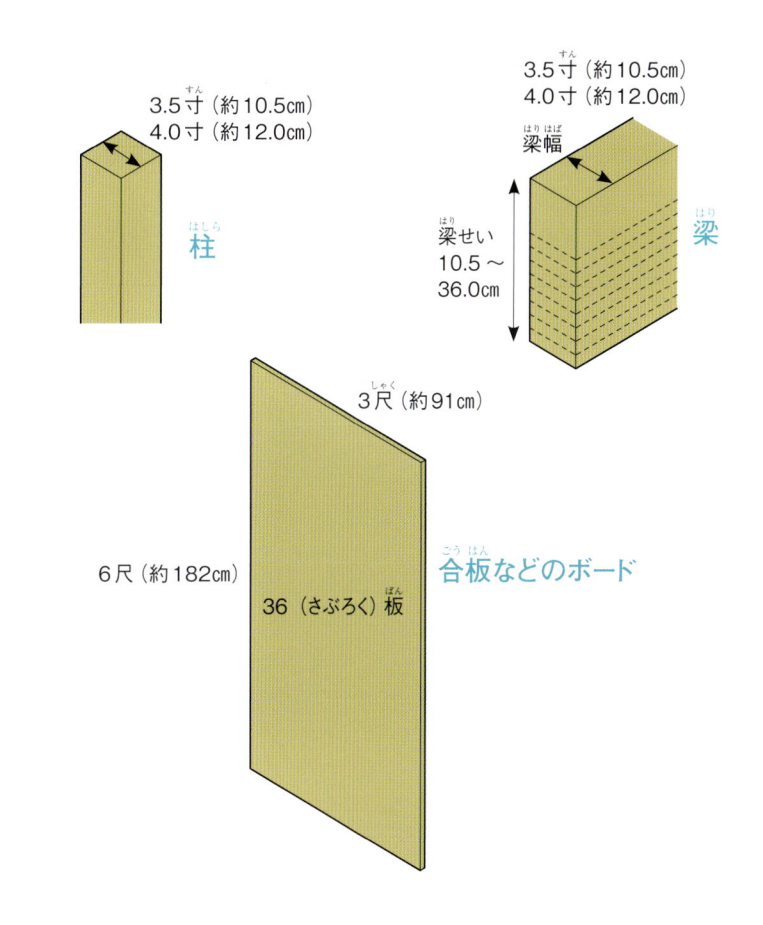

3.5寸（約10.5cm）
4.0寸（約12.0cm）

柱（はしら）

3.5寸（約10.5cm）
4.0寸（約12.0cm）

梁幅（はりはば）

梁せい
10.5～
36.0cm

梁（はり）

3尺（約91cm）

6尺（約182cm）

36（さぶろく）板

合板（こうはん）などのボード

間取りの基準寸法も尺

右の図は、本書で採用した骨組を含む在来軸組工法の間取り図の例です。限られた個所に骨組の要点を盛り込むため、少しおかしな間取りになっていますが、柱や筋かいの位置が「3尺グリッド」に従っているのが分かるかと思います。グリッドから1.5尺ずれている所が一部ありますが、3尺を基本にして1/3の1尺（約30.3cm）、1/2の1.5尺（約45.5cm）も補助的に用いられます。

東西・南北バランスよく筋かいを配置することが耐震上重要になります。間取りを検討する際は、南側に開口部を大きくとりがちですが、筋かいのための壁を適切に設けることも忘れてはなりません。

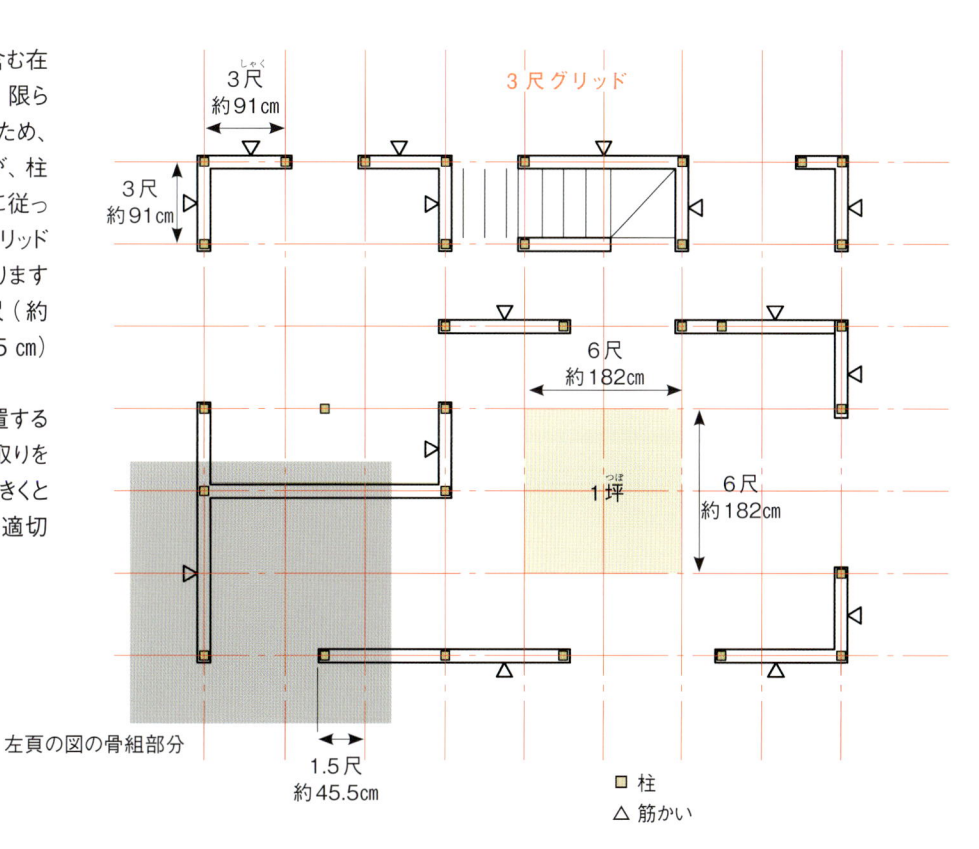

3尺
約91cm

3尺グリッド

3尺
約91cm

6尺
約182cm

1坪（つぼ）

6尺
約182cm

左頁の図の骨組部分

1.5尺
約45.5cm

□ 柱
△ 筋かい

仕上げ・躯体・下地で成り立つ

建物の表面に見えるものを「仕上げ」、見えても見えなくても建物を支えているものを「躯体」といいます。表面から見えず、仕上げでも躯体でもないものが「下地」です。下地は仕上げと躯体の間にあって、仕上げを堅固に支えます。住まいとしての断熱性、遮音性などの性能を補完することもあります。建物の各部は、一般的に仕上げ、下地、躯体からなっており、人間になぞらえれば仕上げが皮膚、下地が肉、躯体が骨といえます。

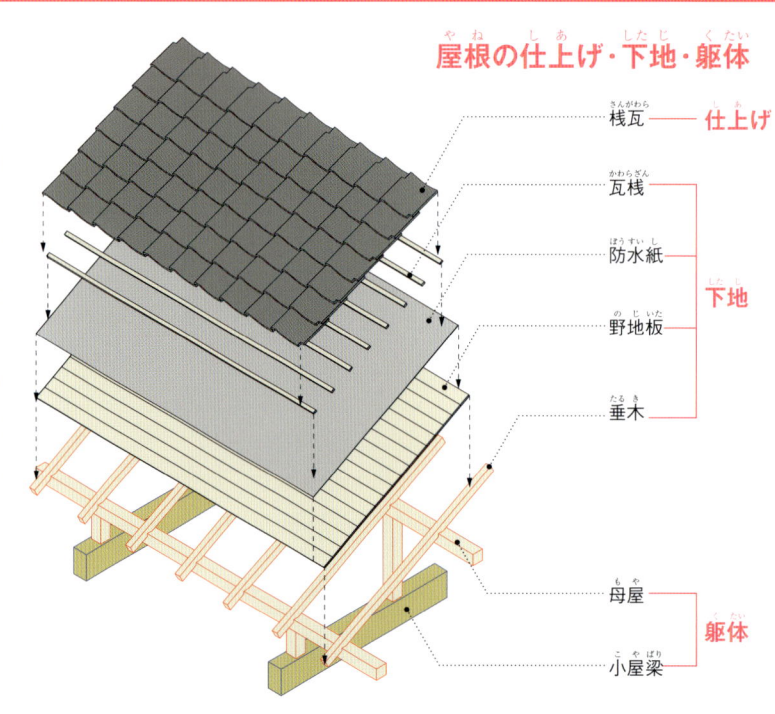

屋根の仕上げ・下地・躯体

- 桟瓦 —— 仕上げ
- 瓦桟
- 防水紙 ┐
- 野地板 ├ 下地
- 垂木 ┘
- 母屋 ┐
- 小屋梁 ┘ 躯体

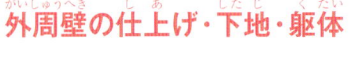

外周壁の仕上げ・下地・躯体

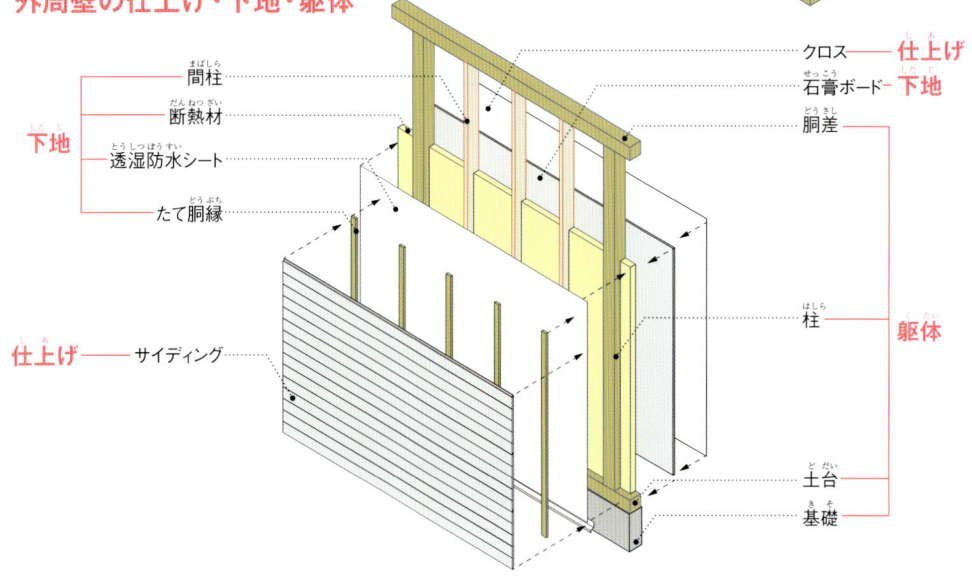

- 間柱
- 断熱材 ┐
- 透湿防水シート ├ 下地
- たて胴縁 ┘
- クロス —— 仕上げ
- 石膏ボード — 下地
- 胴差 ┐
- 柱 ├ 躯体
- 土台 ┘
- 仕上げ —— サイディング
- 基礎

部位・部分と名称

建物は、屋根、床、壁、天井などによって構成され、これらは「部位」と呼ばれます。屋内と屋外を仕切る外周壁、屋内を仕切る間仕切壁などは、鉛直方向の構成の表から裏までを指す言葉です。それにならって、水平方向の構成の上から下までを屋根天井、床天井と呼ぶことがあります。

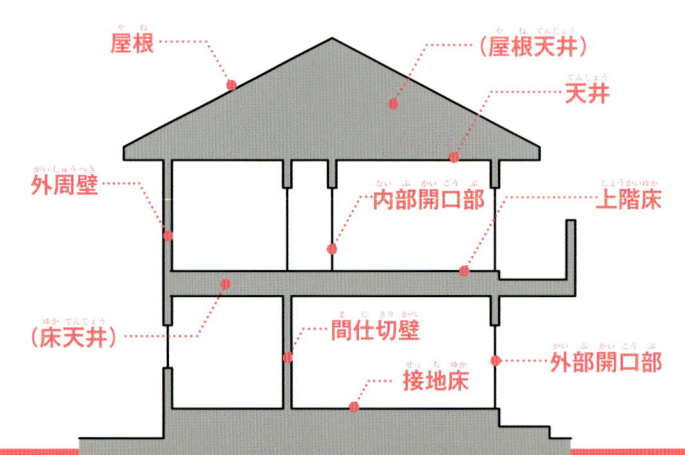

- 屋根
- （屋根天井）
- 天井
- 外周壁
- 内部開口部
- 上階床
- （床天井）
- 間仕切壁
- 外部開口部
- 接地床

屋根や壁、床など、在来軸組工法でつくる住宅を部材ごとに見ていきましょう。
完成した状態から部材をひとつずつはがしていく"巻き戻し"の展開により、
各部位のつくりや仕組みを分かりやすく解説します。

本章で取り上げる「つくり方」

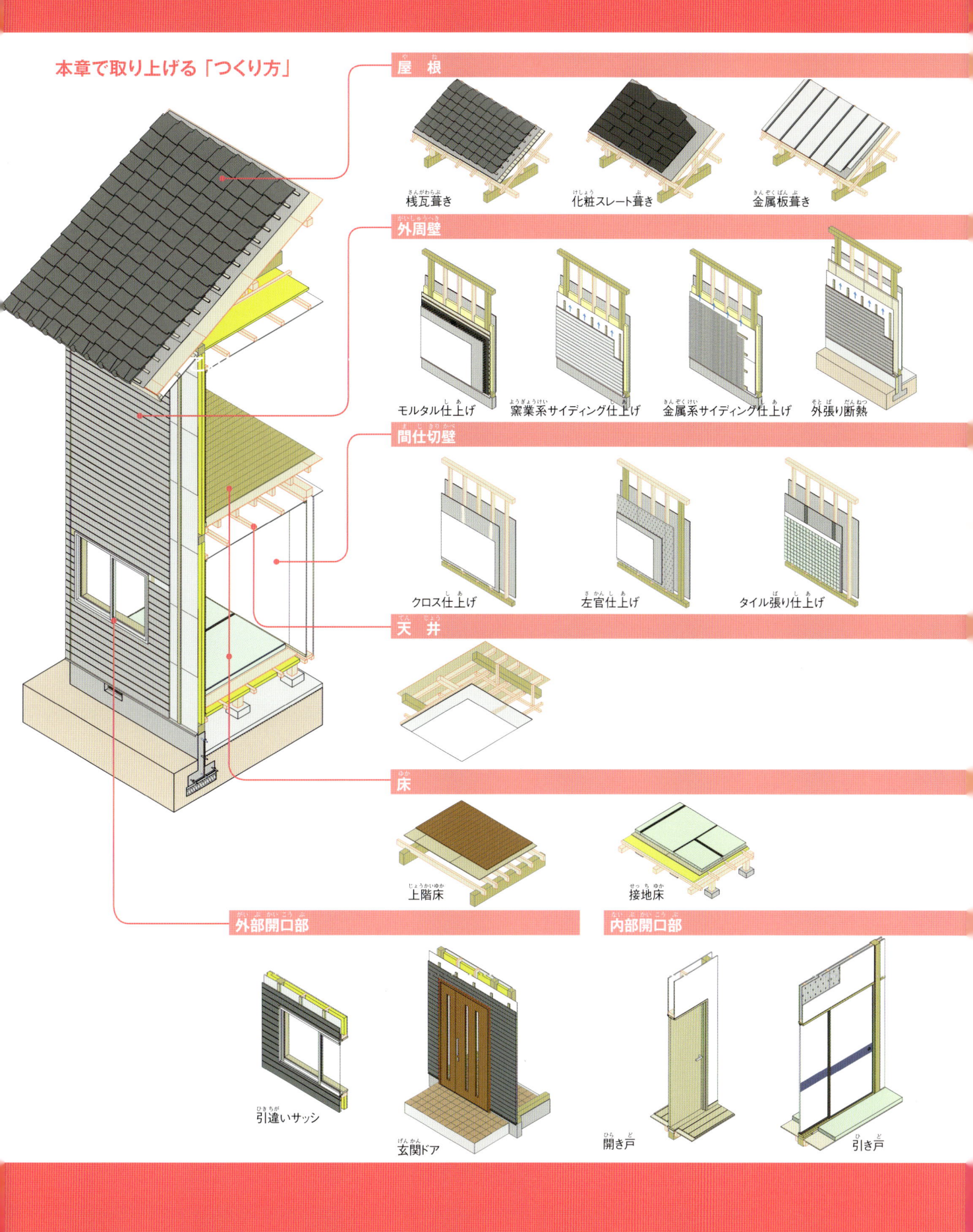

屋根
- 桟瓦葺き
- 化粧スレート葺き
- 金属板葺き

外周壁
- モルタル仕上げ
- 窯業系サイディング仕上げ
- 金属系サイディング仕上げ
- 外張り断熱

間仕切壁
- クロス仕上げ
- 左官仕上げ
- タイル張り仕上げ

天井

床
- 上階床
- 接地床

外部開口部
- 引違いサッシ
- 玄関ドア

内部開口部
- 開き戸
- 引き戸

屋根葺き材の種類

勾配屋根の仕上材（葺き材）には、瓦、化粧スレート、金属板が一般的ですが、そのほかに、石（天然スレートなど）、木（ヒノキなど）、草（カヤなど）もあります。なお、瓦葺きはスレート葺きより屋根勾配が総じて急です。これは葺き材の材質や形状によって必要な勾配が異なるからです。

桟瓦葺き ▶▶ 54頁

瓦は、形状・葺き方の呼称です。瓦の素材は、粘土やセメントのほか、金属もあります。瓦にはいくつかの種類があり、城や寺などに使われる本瓦や、住宅に多く使用される桟瓦などがあります。桟瓦は、棟や軒、けらばといった端部以外は1種類の瓦で葺くことができます。

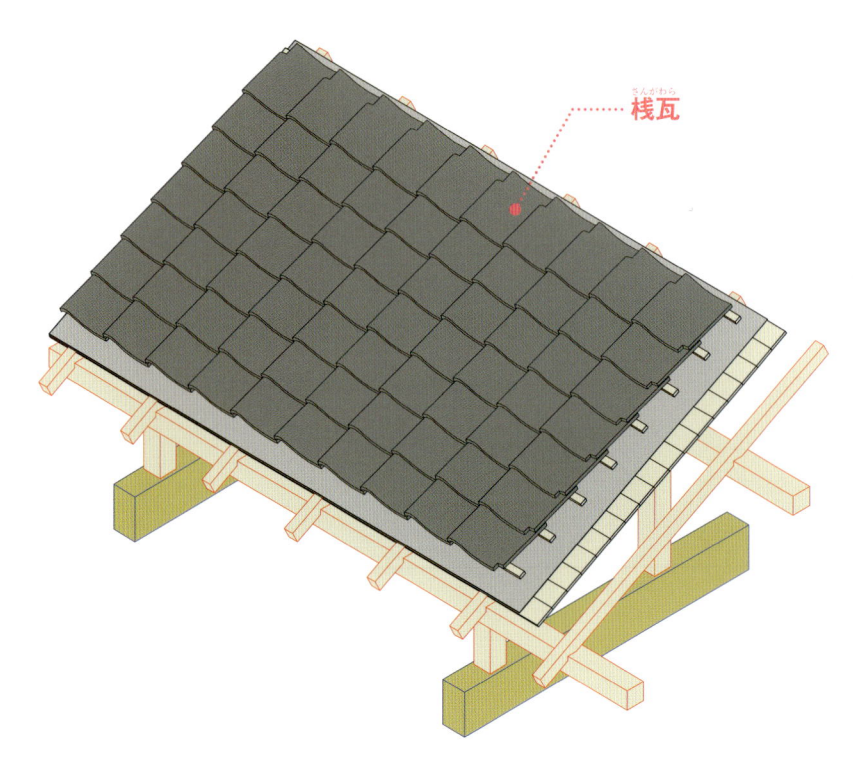

桟瓦

Point

断熱材を入れる場所

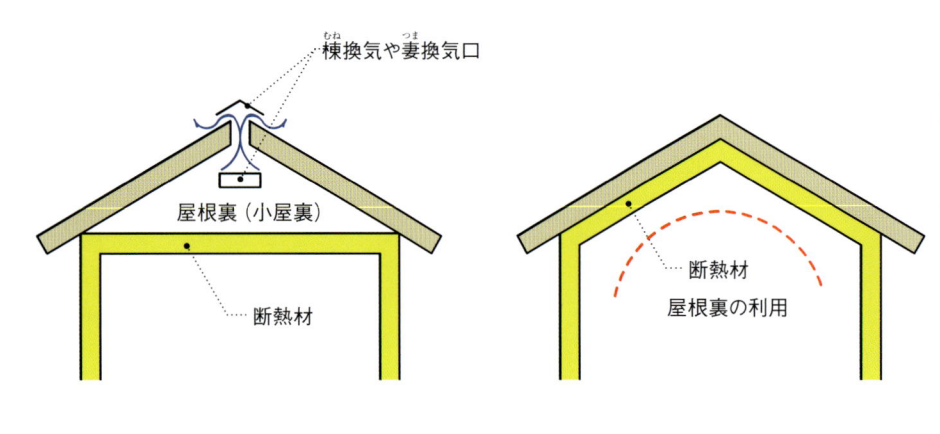

棟換気や妻換気口

屋根裏（小屋裏）

断熱材

断熱材

屋根裏の利用

通常、断熱材は天井の裏面に入れます。これは、湿気の排出や夏季の排熱などの観点から小屋裏を換気して、外気に準ずる空間としたいという考え方からです。

逆に、屋根裏を内部空間として利用する場合は、天井裏でなく屋根の裏面に断熱材を入れる必要があります。屋根・天井廻りに入れる断熱材は、「屋根天井」として総合的に考える必要があるのです。

化粧スレート葺き ▶▶56頁

屋根材料には「スレート」や「シングル」と呼ばれるものがあります。スレートはもともと粘板岩のことで、シングルは木の単板のことです。これらを真似た製品に、スレートやシングルという名称がつけられています。

屋根で重要なことは雨水を防ぐことですが、耐震や耐風にも配慮が必要です。化粧スレートや金属板は粘土瓦に比べ軽いため、耐震上は有利になります。

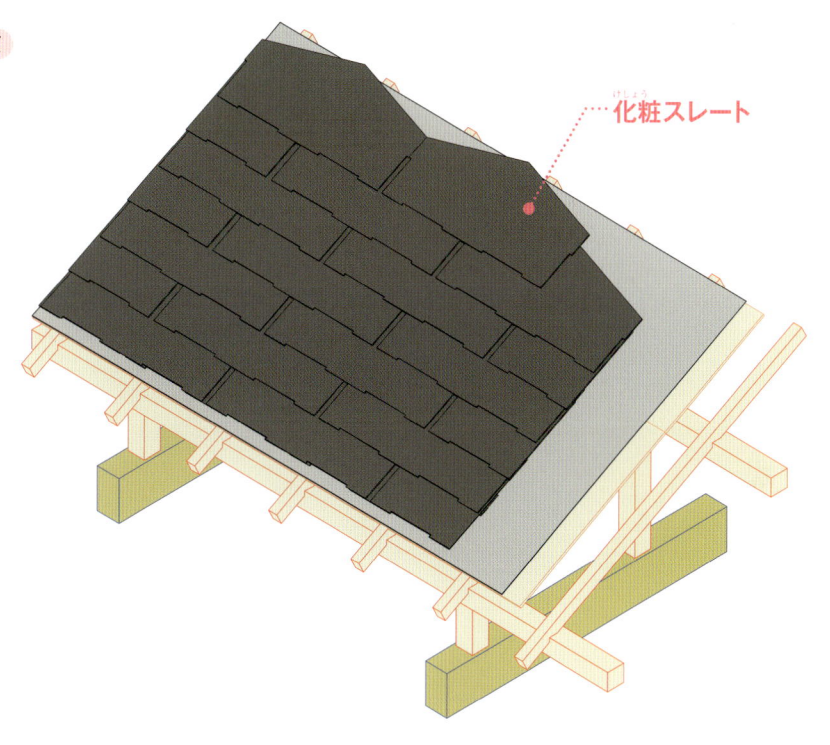

化粧スレート

金属板葺き／瓦棒葺き ▶▶58頁

金属板は、素材別では鋼板、銅板、アルミ板など、葺き方別では瓦棒葺き、一文字葺き、立てはぜ葺き、段葺きなどがあります。日本では、市街地の屋根は類焼対策として不燃材を使うことが原則です。茅葺きの旧家が金属板によって改装されるのはこのためです。

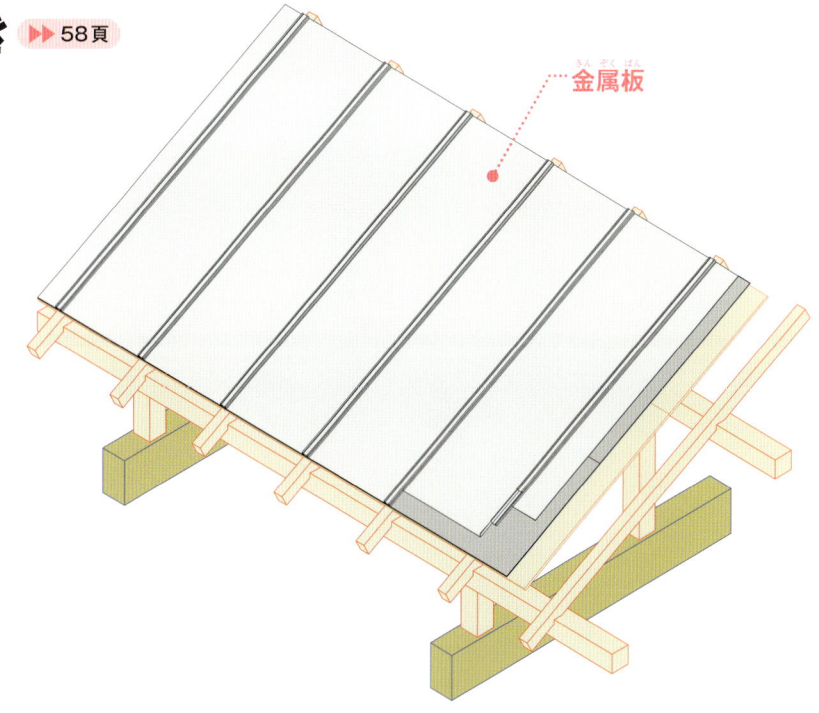

金属板

桟瓦葺き

◀◀ 作業を巻き戻してみよう！

1

完成

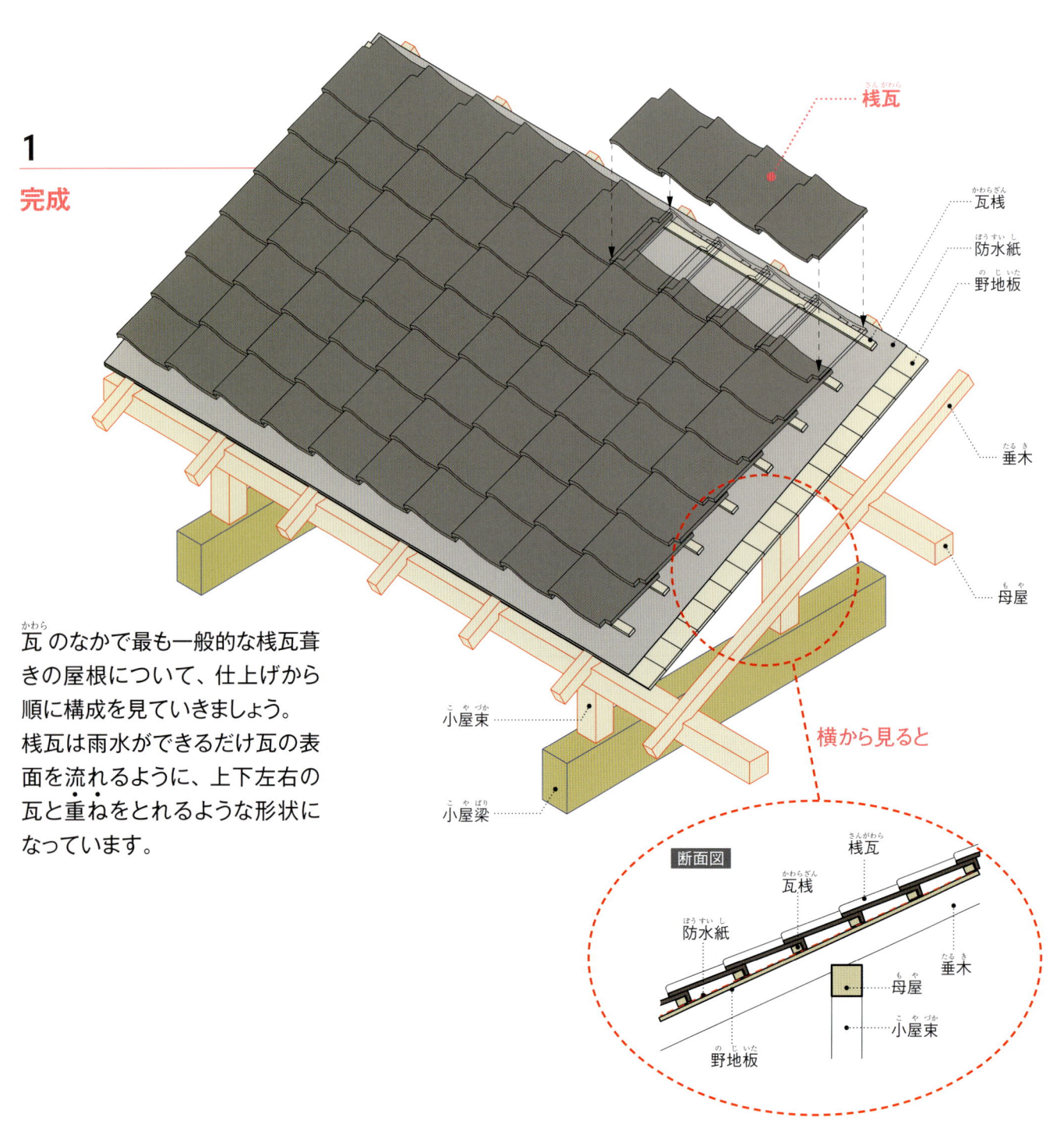

桟瓦

瓦桟
防水紙
野地板
垂木
母屋

小屋束

小屋梁

横から見ると

断面図

桟瓦
瓦桟
防水紙
垂木
母屋
小屋束
野地板

瓦 のなかで最も一般的な桟瓦葺きの屋根について、仕上げから順に構成を見ていきましょう。桟瓦は雨水ができるだけ瓦の表面を流れるように、上下左右の瓦と重ねをとれるような形状になっています。

桟瓦葺きの瓦

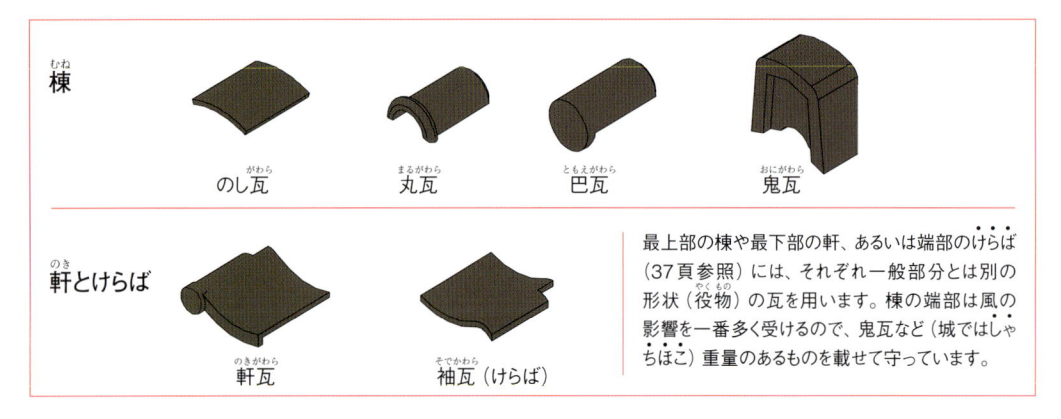

棟

のし瓦　　丸瓦　　巴瓦　　鬼瓦

軒とけらば

軒瓦　　袖瓦（けらば）

最上部の棟や最下部の軒、あるいは端部のけらば（37頁参照）には、それぞれ一般部分とは別の形状（役物）の瓦を用います。棟の端部は風の影響を一番多く受けるので、鬼瓦など（城ではしゃちほこ）重量のあるものを載せて守っています。

2 瓦をはがしてみると…

防水紙を張り、瓦桟を取り付ける

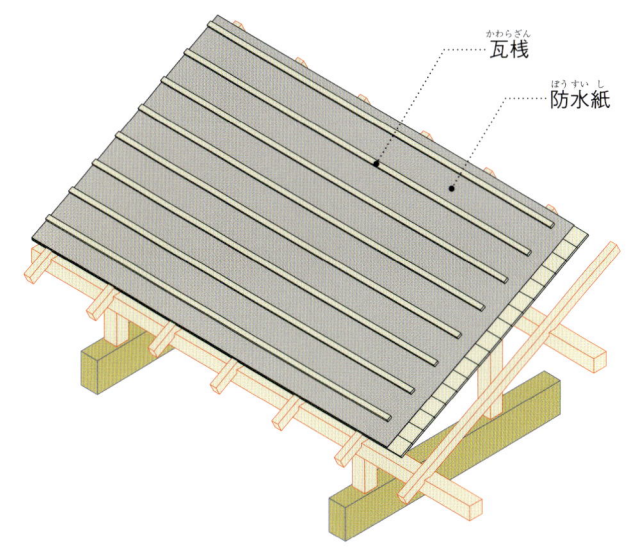

瓦桟
防水紙

表面の瓦の下には、全面に黒っぽい防水紙（紙にアスファルトを含浸させたアスファルトルーフィングなど）があり、その防水紙の上に部分的に細い木製の瓦桟が固定されています。防水紙は瓦と瓦の間から浸入した雨水を防ぐためのもので、瓦桟は桟瓦を引っ掛けながら取り付けるためのものです。

3 防水紙をはがしてみると…

野地板を張る

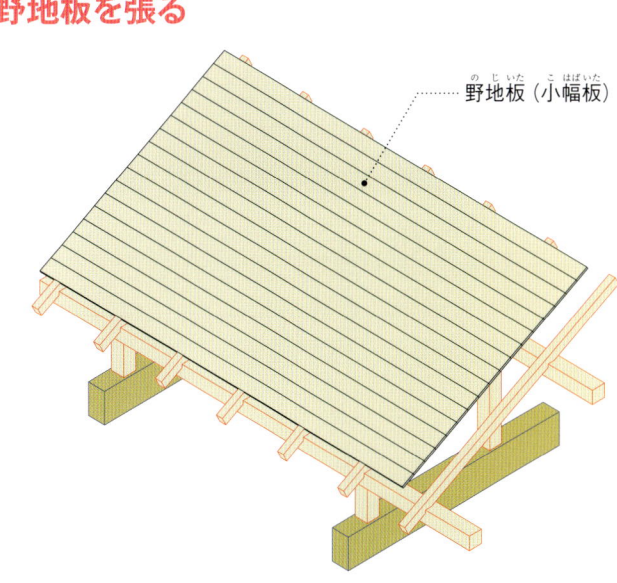

野地板（小幅板）

防水紙の下には全面に野地板があります。屋根面の鉛直方向の支えであり、水平方向の剛性（変形しにくさ）の要素でもあります。かつては図のような小幅板が用いられていましたが、屋根剛性をより確実なものとするため、近年は合板を用いることが多くなっています。

4 野地板をはがしてみると…

小屋組がある

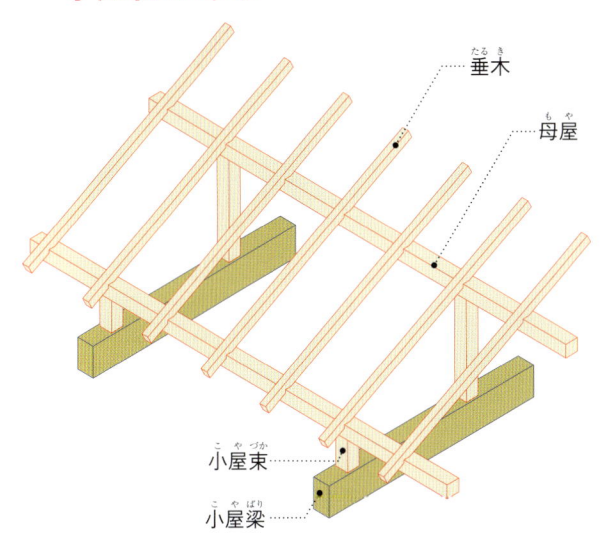

垂木
母屋
小屋束
小屋梁

野地板の下には垂木があります。垂木は母屋で支えられ、母屋は小屋束、小屋束は小屋梁、小屋梁は柱、と順に支えられています。

小屋組の一般的な寸法

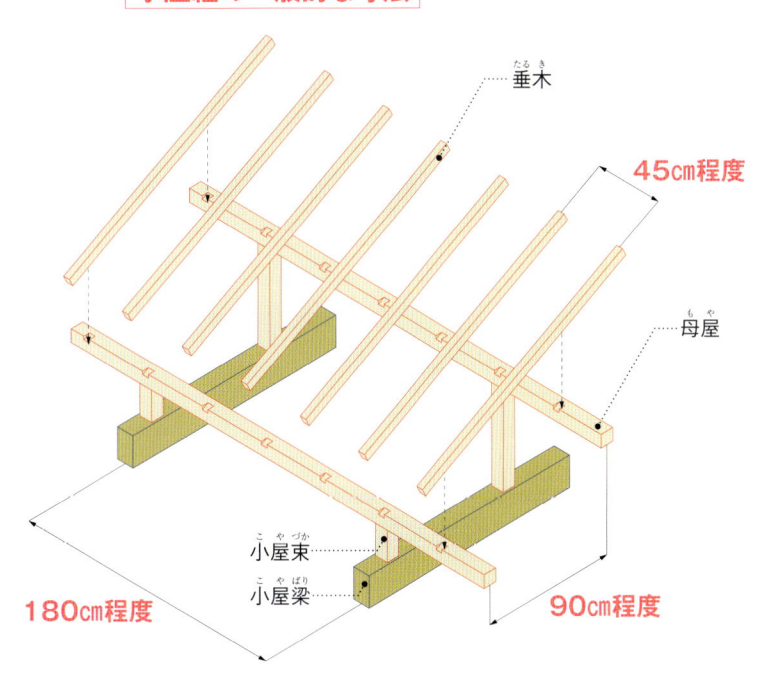

垂木
45cm程度
母屋
小屋束
小屋梁
180cm程度
90cm程度

垂木は約45cm間隔、母屋は約90〜180cm間隔、小屋梁は約180cm間隔というのが一般的です。
小屋梁から上の構成を小屋組と呼びます。小屋組全体は下階の柱が支えています。

化粧スレート葺き

 作業を巻き戻してみよう！

木の単板をシングル（shingles）といいます。シングル葺きとは、薄い定形の板を隙間なく並べ、上からその接合部を覆うように重ねるもので、伝統工法である柿葺きや檜皮葺きは木板を何重にも重ねたものです。化粧スレート葺きは、この重ねた部分をカットした形状（野球のホームベースを扁平にしたような形）

の板に代えて並べるもので、原理は同じです。

化粧スレートとは、セメントと化学繊維などからなる成形平板状の材料のことで、瓦に比べて軽い屋根が可能になります。

1

完成

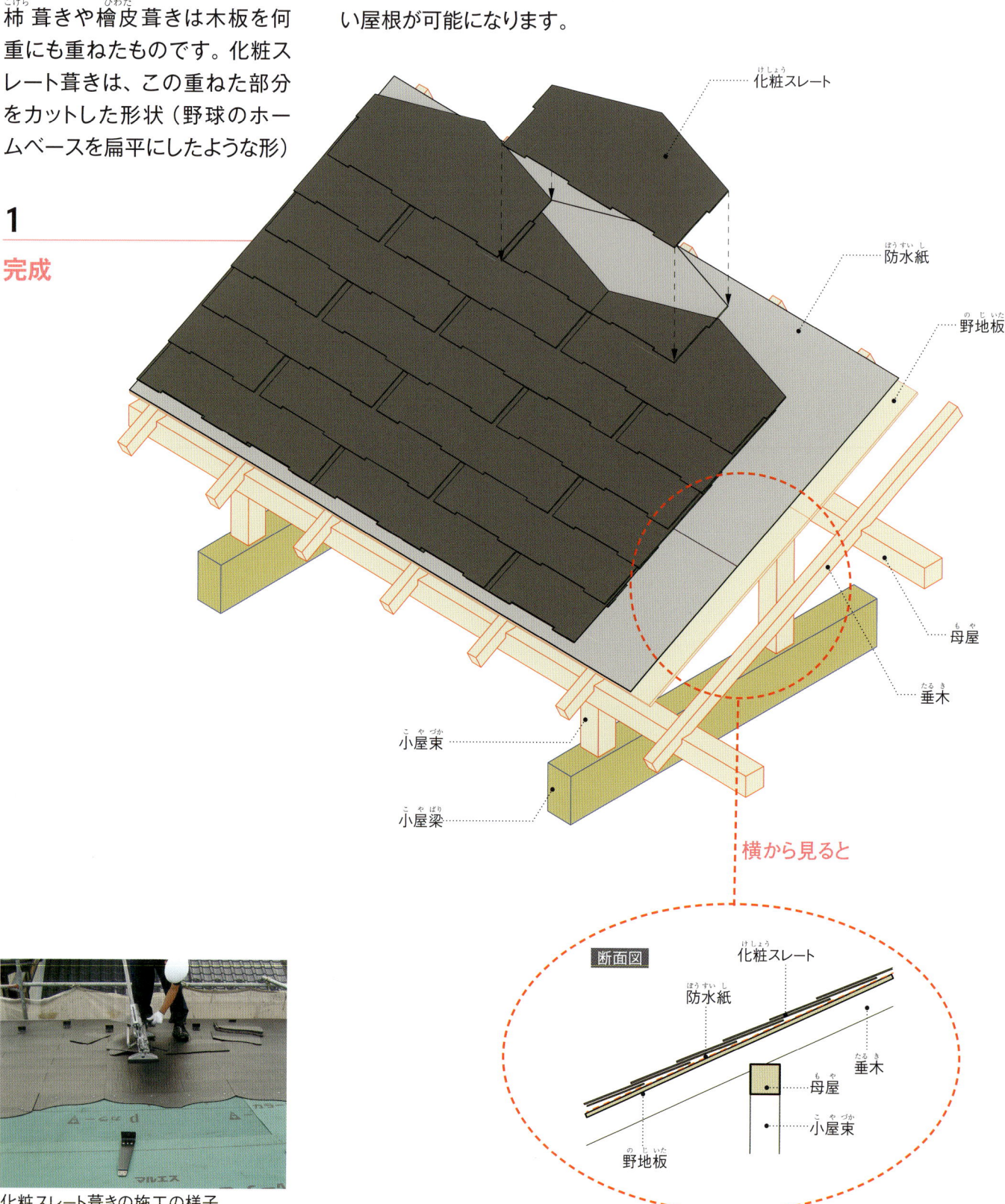

化粧スレート葺きの施工の様子

2 化粧スレートをはがしてみると…

防水紙を張る

化粧スレートの下には防水紙があります。近年は白っぽい防水紙である透湿防水シートも用いられています。こちらは透湿性があり、水は通さないが湿気は通すことから、屋根裏の結露を防止できるという点で優れています。

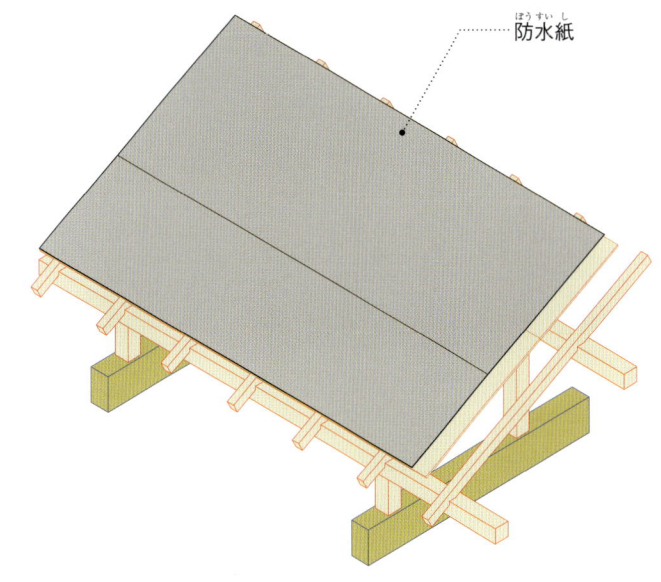

防水紙

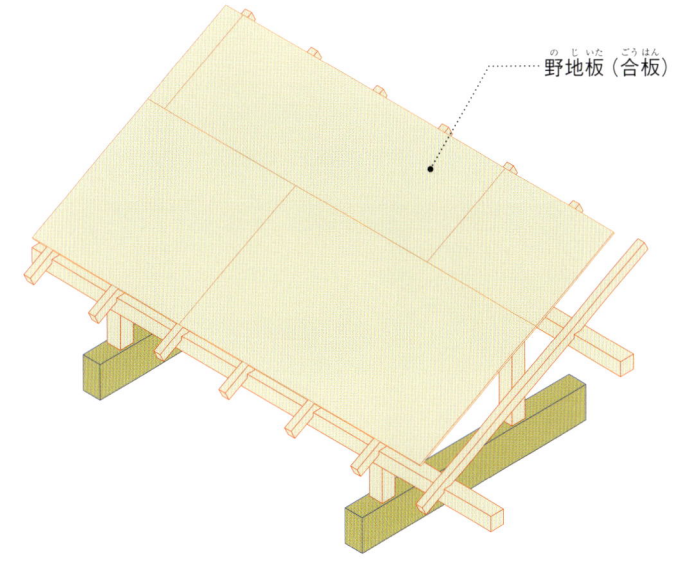

野地板（合板）

3 防水紙をはがしてみると…

野地板を張る

防水紙の下は野地板です。図は合板を張った例です。合板は湿気を通しにくいので、透湿防水シートを活用するためには、透湿抵抗の小さいファイバーボードを使うなどの工夫が必要で、そうでない場合は小屋裏換気が必須となります。

4 野地板をはがしてみると…

小屋組がある

野地板の下は小屋組です。仕上材が異なっても、下地、軸組は共通です。化粧スレート葺きは、葺き材の面積が大きいため、接合部が少なくなり、雨水が葺き材の裏面に回る危険性が低くなります。よって桟瓦葺きに比べて勾配の緩やかな屋根も可能になります。

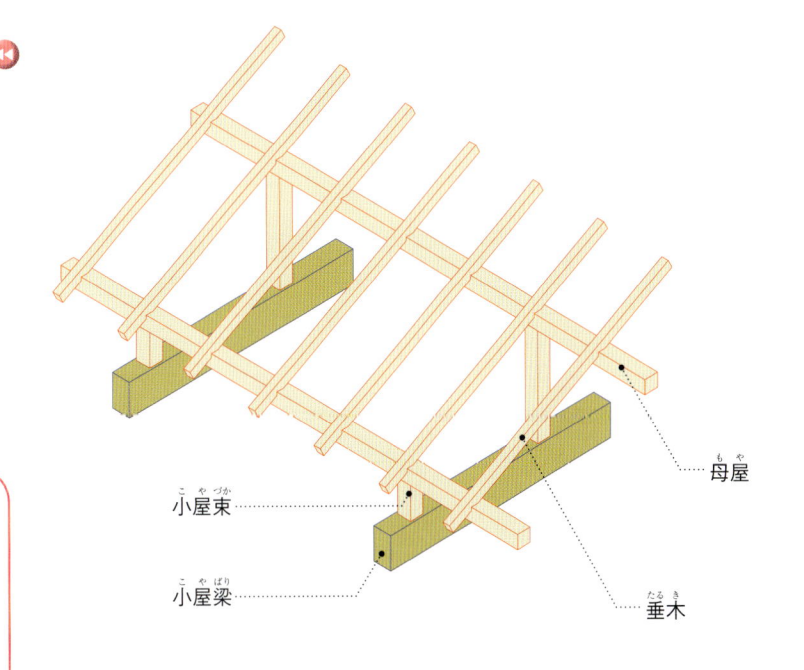

小屋束

母屋

小屋梁

垂木

Point

コロニアルは製品名

化粧スレート葺きは、コロニアル葺きと呼ばれることがありますが、コロニアルは製品の名称です。化学繊維の代わりに、かつては石綿を使用し、公害の原因となりました。

金属板葺き

金属板葺きの材料には、古くから銅が用いられてきましたが、工場で防錆加工を施したカラー鉄板が製品化されると、ガルバリウム鋼板、ステンレス鋼板、アルミ板なども用いられるようになりました。金属板の下は桟瓦葺きや化粧スレート葺きと同じ構成なので、ここでは葺き方の種類を紹介します。

瓦棒葺き

金属板

防水紙

野地板

垂木

母屋

小屋束

小屋梁

通し吊り子

拡大してみると

キャップ

溝板

防水紙

通し吊り子

瓦棒葺きの施工の様子

断面図

キャップ

通し吊り子

溝板　防水紙

野地板

垂木

左は瓦棒部分の断面図です。瓦棒葺きは、U字型断面の金属板（溝板という）の間を、扁平・長尺の金属板で葺き、隣接する板の間に細幅の金属板（キャップ）を設け、吊り子で巻き込む（はぜ）ことで、下地と緊結するものです。瓦棒葺きや立てはぜ葺きの場合は、雨水が葺き材の裏側に回り込む可能性のある接合部が流水面より高所にあることから、化粧スレート葺きよりもさらに勾配の緩やかな屋根が可能になります。

立てはぜ葺き

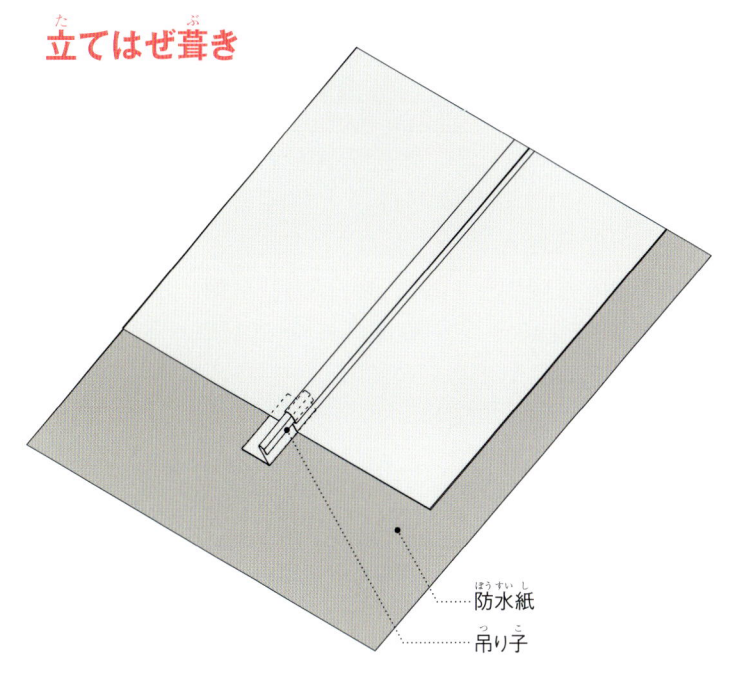

防水紙
吊り子

断面図

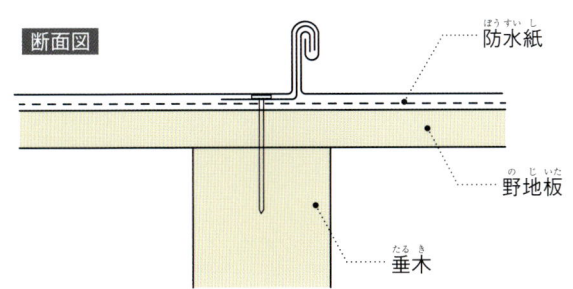

防水紙
野地板
垂木

ガチャではぜを締める様子

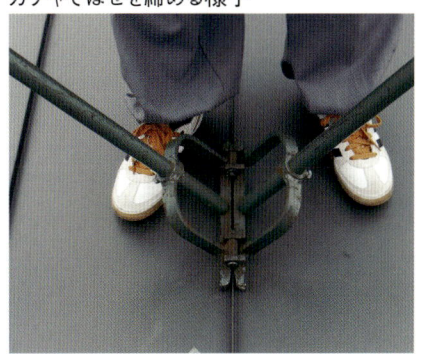

金属板は吊り子で固定

金属板は軽い緩勾配で、重なりの少ない（材料の無駄がない）工法が可能という利点がある反面、熱膨張率が大きい、風などによる被害が広い範囲に波及しやすい、といった注意点があります。金属板は、要所要所に吊り子と呼ばれる金属片を野地板や垂木に取り付け、端部をはぜに巻き込むことで固定します。ただし、はぜをきつく締めすぎると毛細管現象による浸水を生じますので、適度な加減が大切です。

一文字葺き

一文字葺きの施工

伝統的な建物では、一文字葺きに銅板が使用されています。一文字葺きは長尺の金属板がなかった時代に、四辺を山折り、谷折りした同種の板で吊り子を介して屋根を葺くものでした。

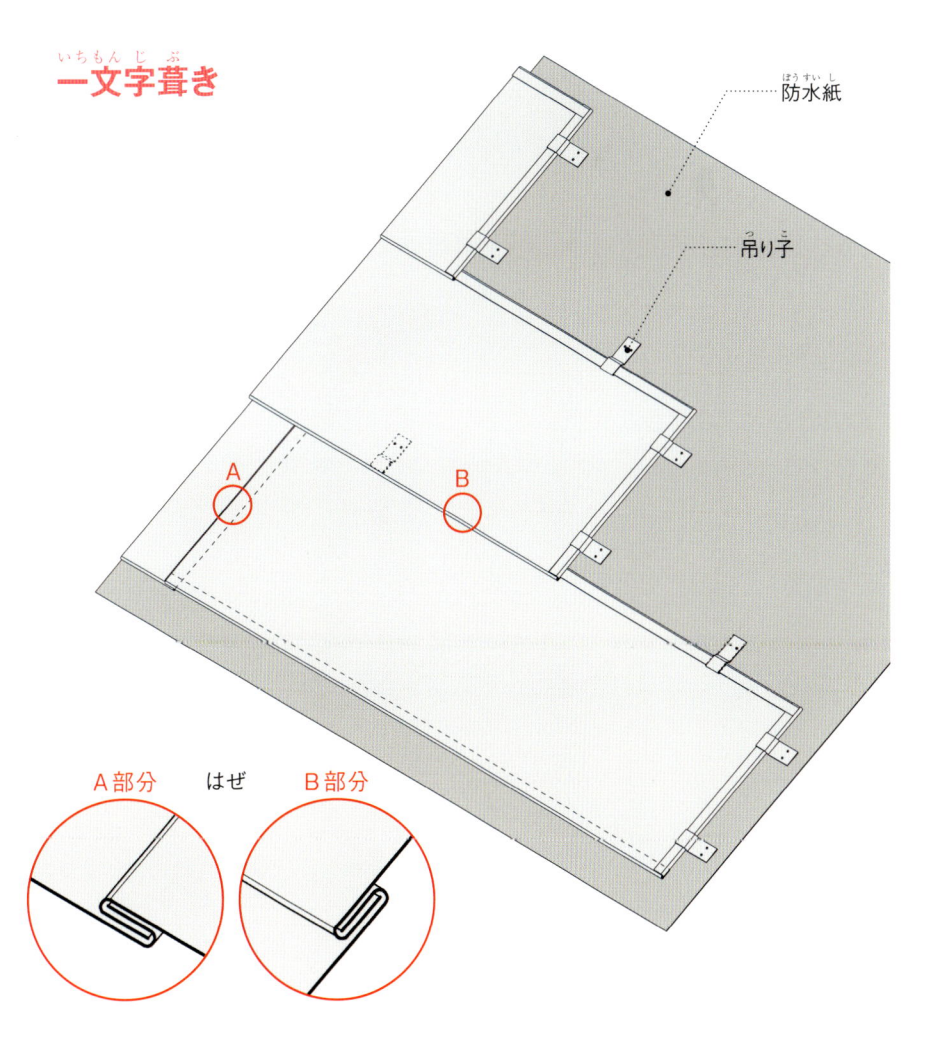

防水紙
吊り子

A
B

A部分　　はぜ　　B部分

外周壁仕上げの種類

外壁とその内側にある内壁とをあわせて外周壁といいます。外壁の性能としては、防水性（雨仕舞）と防火性が重要です。雨水の大部分は外壁仕上材の表面を流れますが、仕上材の裏に浸入した雨水には防水紙を設けておくことで対策とします。また、市街地化された地域では、隣地境界線から1階で3m以内、2階で5m以内の部分を「延焼のおそれのある部分」といい、その範囲の外壁には所定の防火性が要求されます。それは外壁仕上げ全体に影響してきます。

モルタル壁仕上げ ▶▶ 62頁

モルタルは砂とセメントと水の混ぜ物からつくられる不燃材です。モルタル塗りは自由な形状に対応可能で、好みの吹付けで仕上げることで、さまざまなデザインが可能です。外壁仕上げとして、防火性があり、色合いも豊富なことから、かつては住宅に多用されていたのですが、近年はサイディング張りにとって代わられています。

窯業系サイディング仕上げ ▶▶ 64頁

サイディングとは、そもそも下見板あるいは下見板張りのことです。日本では市街地にある建物の外壁には可燃材が使えないことから、近年、セメント板をベースに繊維補強した窯業系サイディングが外壁の主流になっています。また、最近のサイディング張りは、「通気構法」といって軸組間での内部結露を防止する工夫を設けているものがほとんどです。

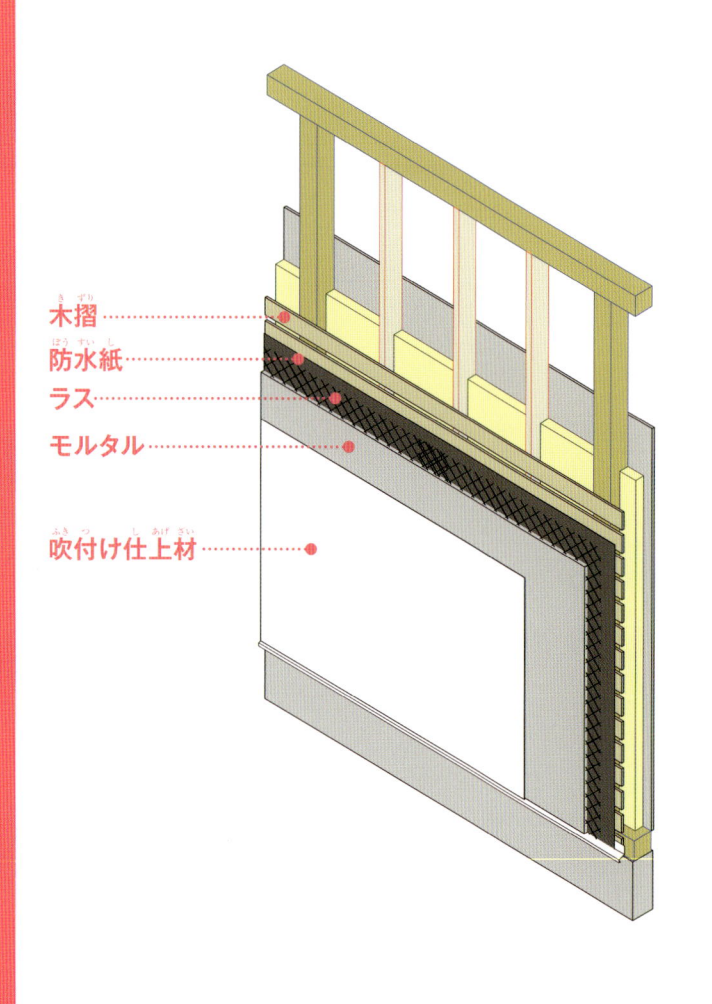

木摺
防水紙
ラス
モルタル
吹付け仕上材

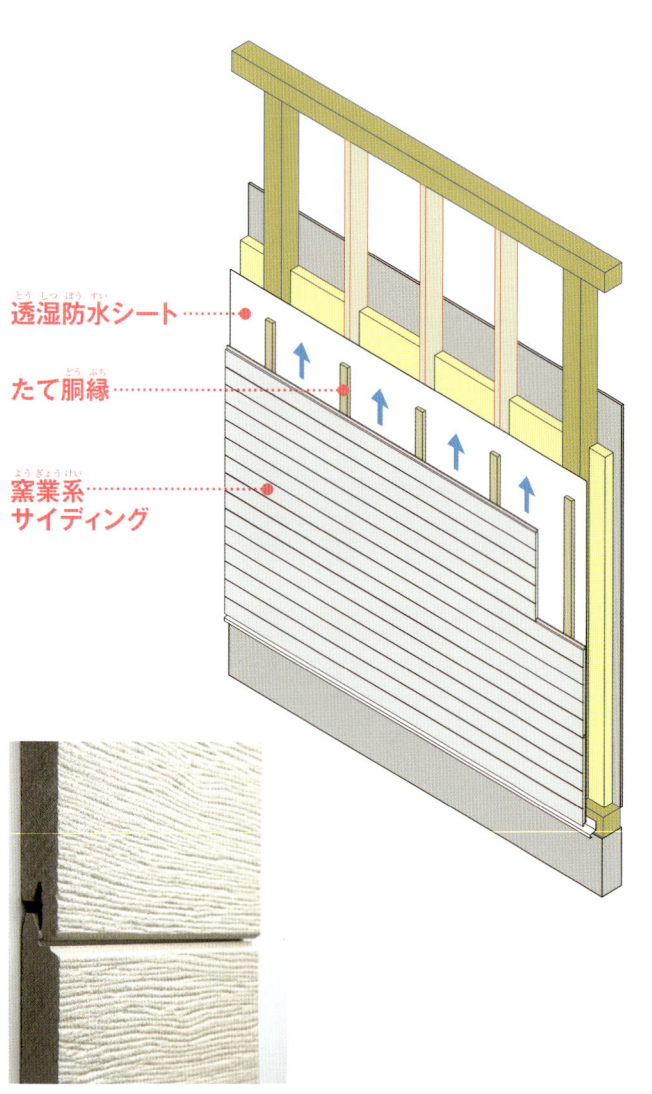

透湿防水シート
たて胴縁
窯業系サイディング

窯業系サイディング

金属系サイディング仕上げ ▶▶66頁

防火性のあるサイディング材には、金属系サイディングもあります。かつては鉄板製で、安普請の典型的な外壁仕上材でしたが、近年はガルバリウム鋼板、アルミ合金などに断熱材を裏打ちした製品も販売されています。

外張り断熱 ▶▶68頁

鉄筋コンクリート造の建物において、外壁の外側に断熱材を配する工法を「外断熱工法」といいます。これにならい、木造の軸組外周に断熱材を配する「外張り断熱工法」は、木造で一般的な軸組間に断熱材を配する「充填断熱工法」に比べ、断熱材が連続する分、断熱性・気密性を確保しやすいことが特徴です。木はある程度断熱性があることや、鉄筋コンクリート造ほど熱容量がないことなどから、室内気候の安定性などが鉄筋コンクリート造の外断熱ほど顕著でなく、コストの問題もあって、まだ事例は多くはありません。

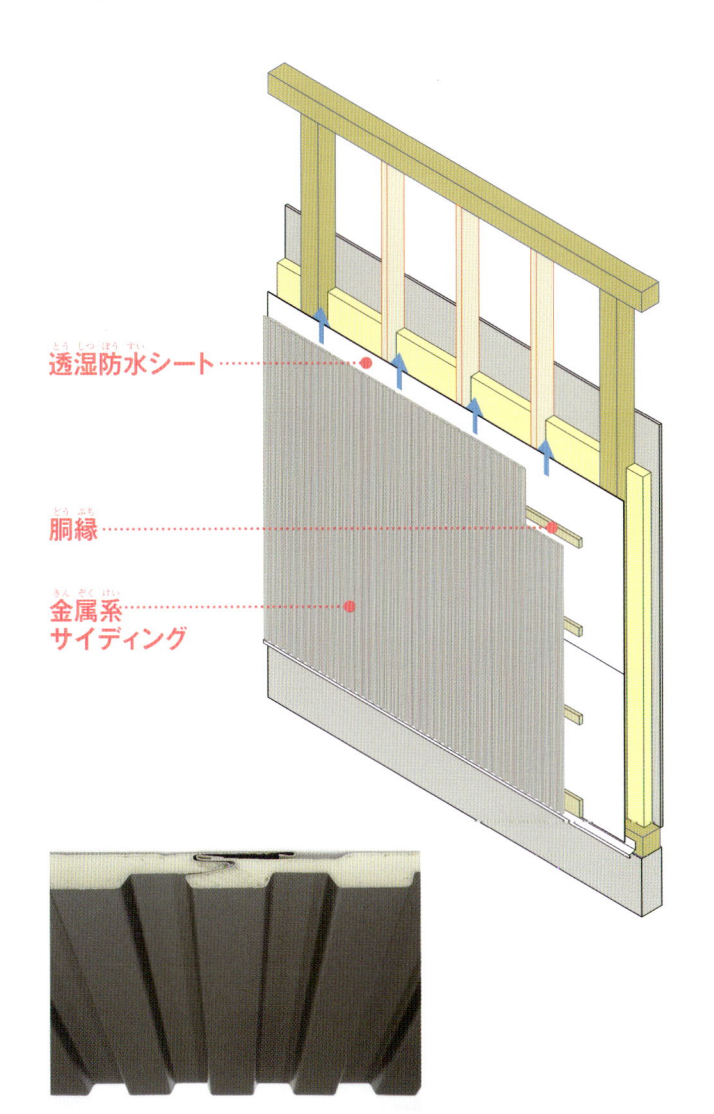

透湿防水シート

胴縁

金属系サイディング

金属系サイディング

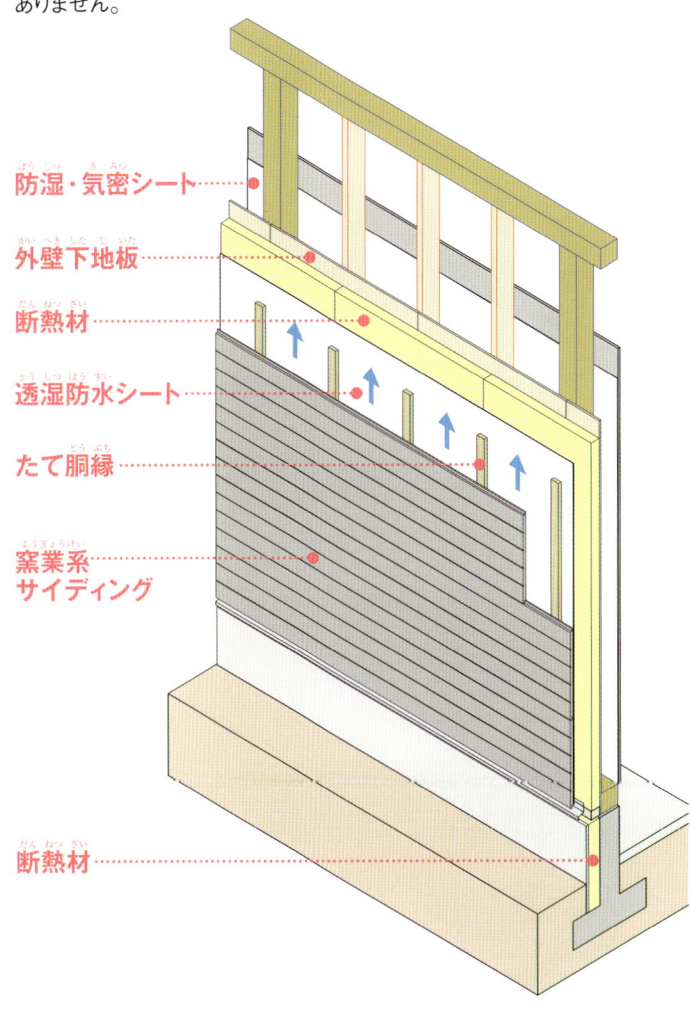

防湿・気密シート

外壁下地板

断熱材

透湿防水シート

たて胴縁

窯業系サイディング

断熱材

モルタル壁仕上げ

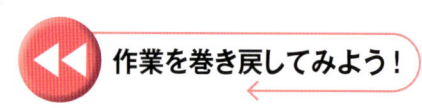
作業を巻き戻してみよう！

モルタル塗りはかつて大流行した外壁仕上げですが、近年は水を使わない工法（乾式工法）が主流で、採用が少なくなっています。モルタル仕上げの典型的な構成を見てみましょう。

1

完成

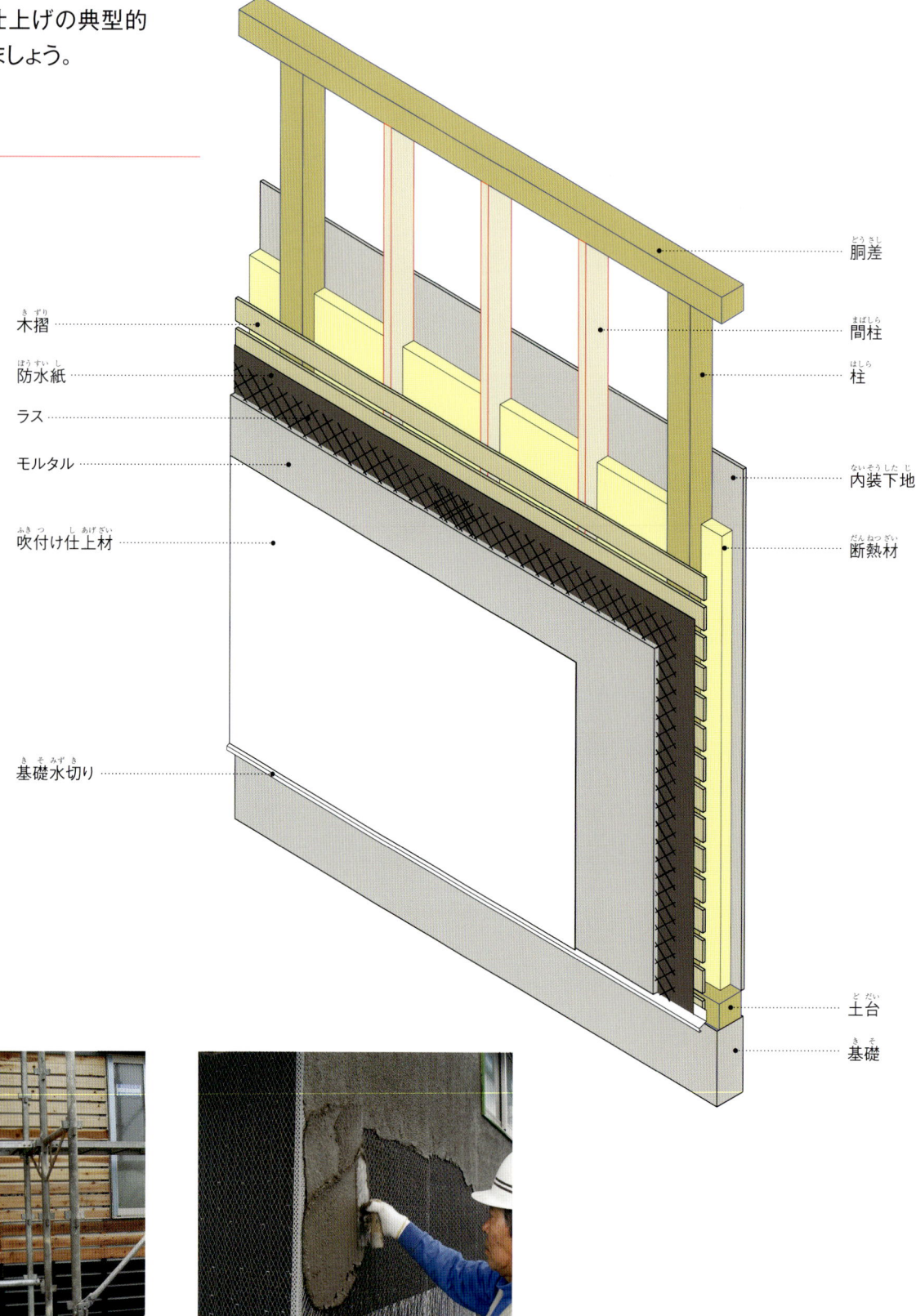

- 木摺（きずり）
- 防水紙（ぼうすいし）
- ラス
- モルタル
- 吹付け仕上材（ふきつけしあげざい）
- 基礎水切り（きそみずきり）

- 胴差（どうさし）
- 間柱（まばしら）
- 柱（はしら）
- 内装下地（ないそうしたじ）
- 断熱材（だんねつざい）
- 土台（どだい）
- 基礎（きそ）

木摺（きずり）

ラスを張った壁に、モルタルを塗っている様子

ラスを張る

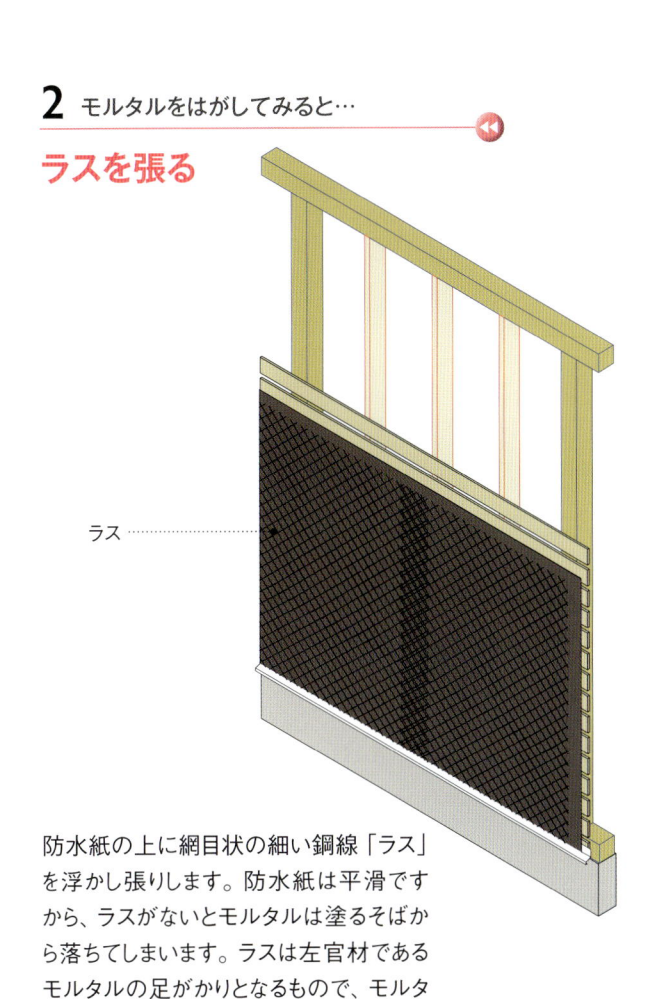

ラス

防水紙の上に網目状の細い鋼線「ラス」を浮かし張りします。防水紙は平滑ですから、ラスがないとモルタルは塗るそばから落ちてしまいます。ラスは左官材であるモルタルの足がかりとなるもので、モルタルを上から塗り込むため、出来上がった後では見えません。

防水紙を張る

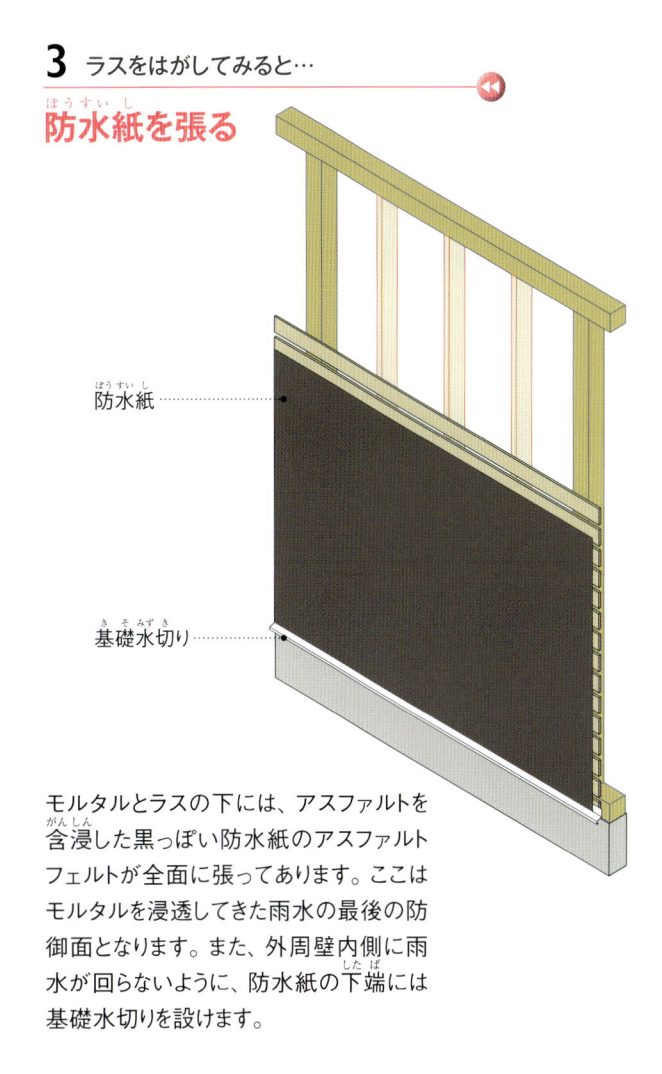

防水紙

基礎水切り

モルタルとラスの下には、アスファルトを含浸した黒っぽい防水紙のアスファルトフェルトが全面に張ってあります。ここはモルタルを浸透してきた雨水の最後の防御面となります。また、外周壁内側に雨水が回らないように、防水紙の下端には基礎水切りを設けます。

木摺を張る

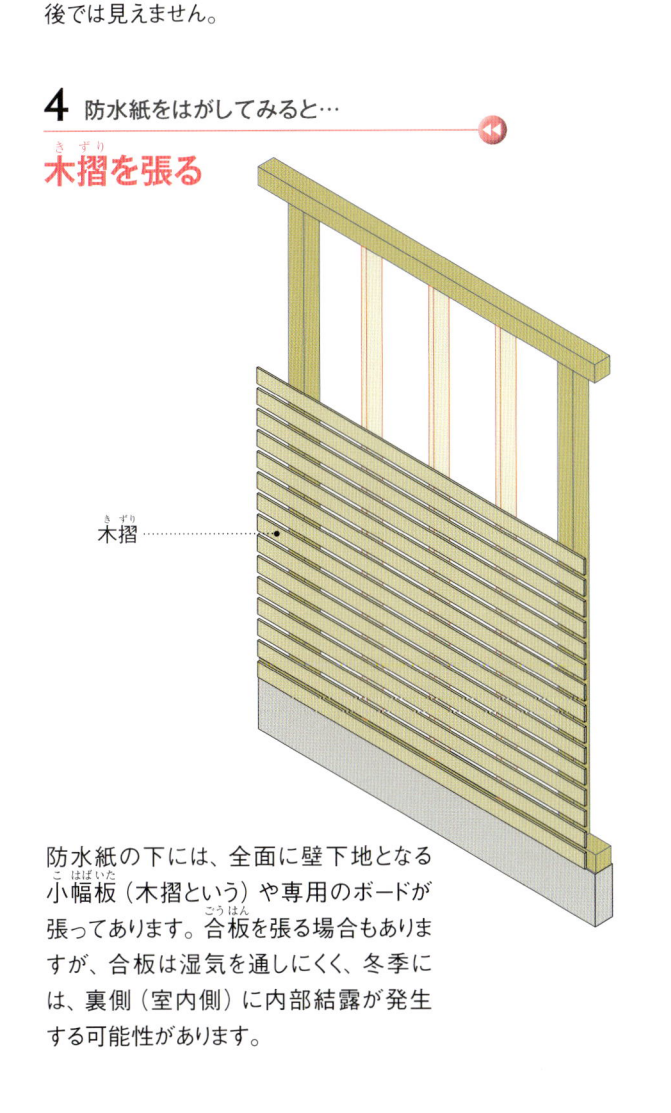

木摺

防水紙の下には、全面に壁下地となる小幅板(木摺という)や専用のボードが張ってあります。合板を張る場合もありますが、合板は湿気を通しにくく、冬季には、裏側(室内側)に内部結露が発生する可能性があります。

軸組が見える

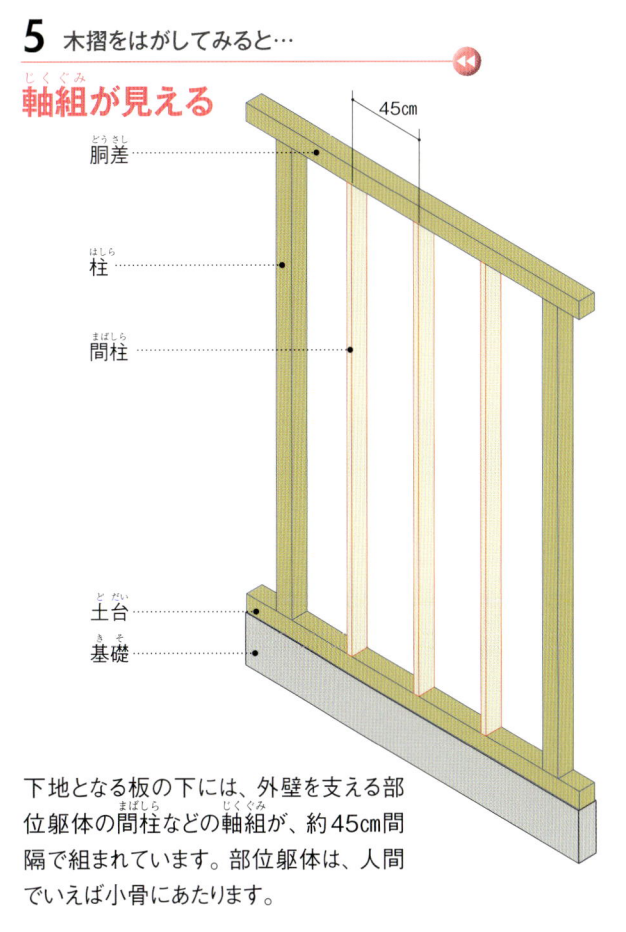

45㎝

胴差

柱

間柱

土台

基礎

下地となる板の下には、外壁を支える部位躯体の間柱などの軸組が、約45㎝間隔で組まれています。部位躯体は、人間でいえば小骨にあたります。

窯業系サイディング仕上げ

ここでは、内壁側に石膏ボード、間柱の間に断熱材を充填する構成を例に、近年採用の多い、一般的な通気構法外周壁の構成を見てみましょう。

◀◀ 作業を巻き戻してみよう！

1

完成

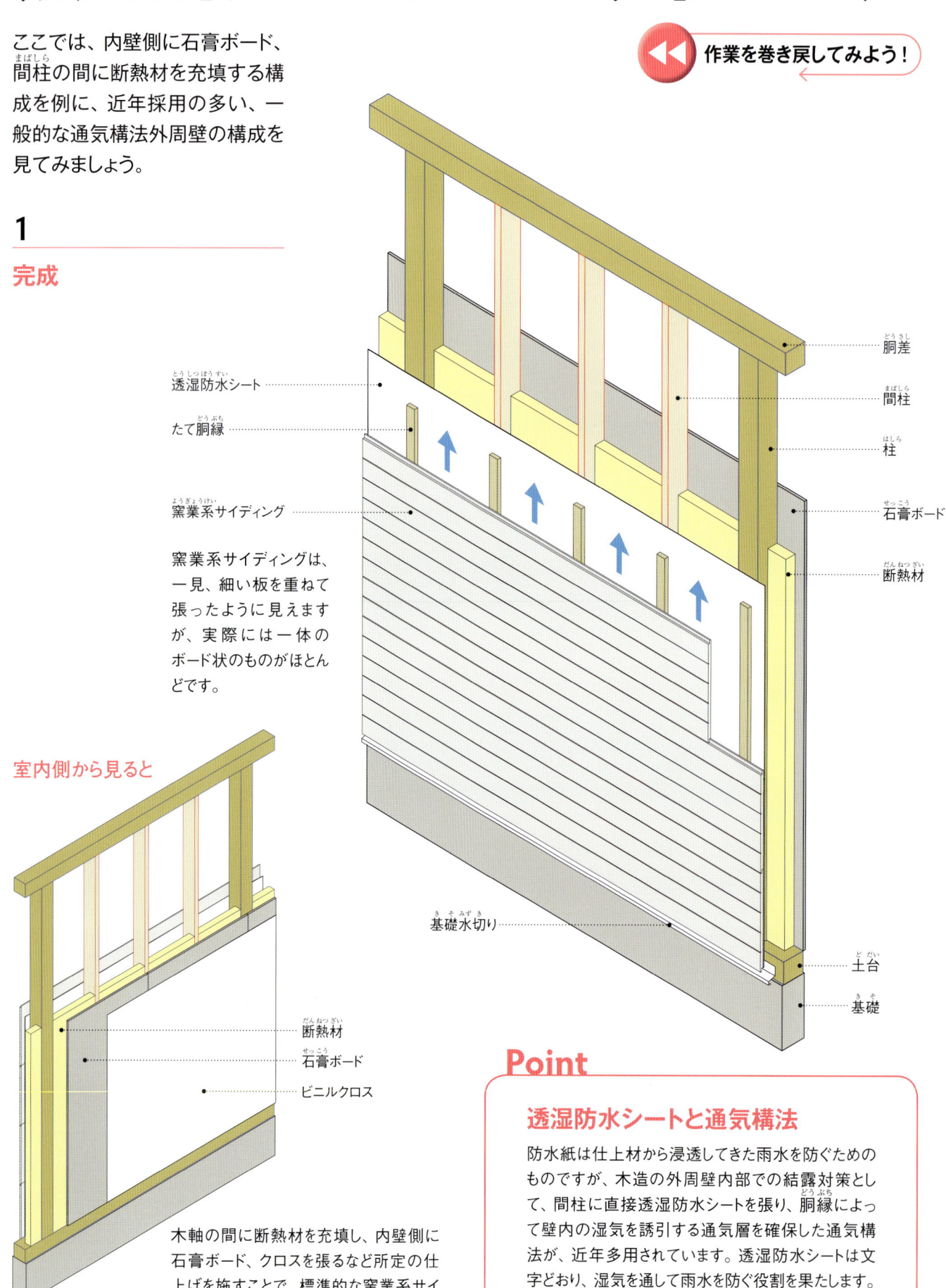

透湿防水シート

たて胴縁

窯業系サイディング

窯業系サイディングは、一見、細い板を重ねて張ったように見えますが、実際には一体のボード状のものがほとんどです。

胴差

間柱

柱

石膏ボード

断熱材

基礎水切り

土台

基礎

室内側から見ると

断熱材
石膏ボード
ビニルクロス

木軸の間に断熱材を充填し、内壁側に石膏ボード、クロスを張るなど所定の仕上げを施すことで、標準的な窯業系サイディング通気構法の外周壁となります。

Point

透湿防水シートと通気構法

防水紙は仕上材から浸透してきた雨水を防ぐためのものですが、木造の外周壁内部での結露対策として、間柱に直接透湿防水シートを張り、胴縁によって壁内の湿気を誘引する通気層を確保した通気構法が、近年多用されています。透湿防水シートは文字どおり、湿気を通して雨水を防ぐ役割を果たします。

2 外壁に着目すると…

サイディングを張る

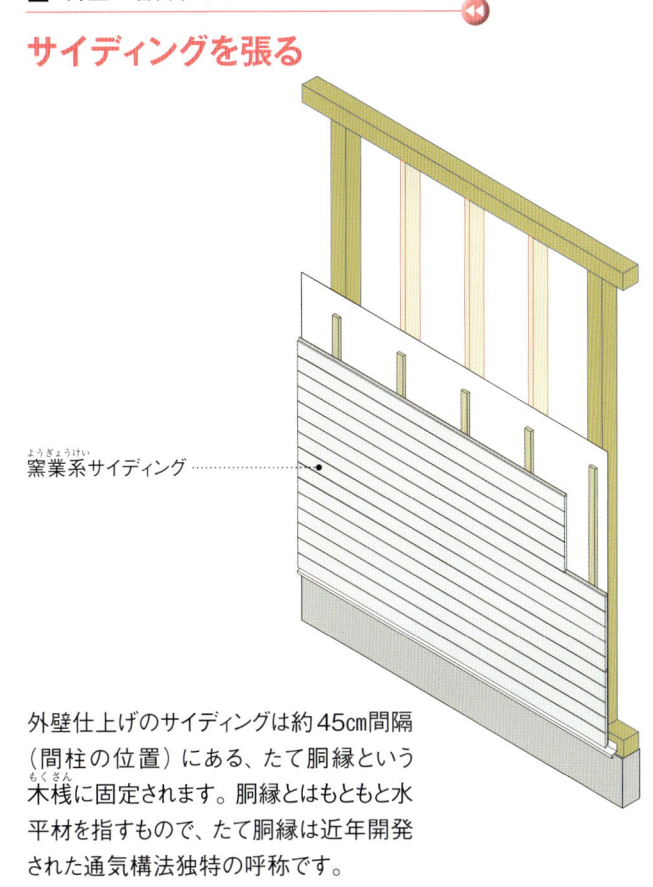

窯業系サイディング

外壁仕上げのサイディングは約45cm間隔（間柱の位置）にある、たて胴縁という木桟に固定されます。胴縁とはもともと水平材を指すもので、たて胴縁は近年開発された通気構法独特の呼称です。

3 サイディングをはがしてみると…

たて胴縁を取り付ける

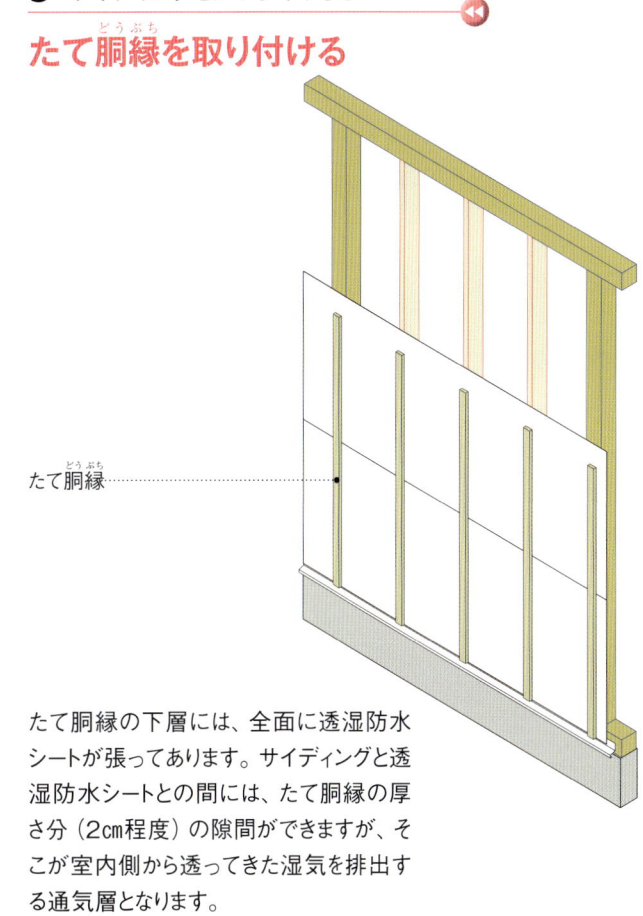

たて胴縁

たて胴縁の下層には、全面に透湿防水シートが張ってあります。サイディングと透湿防水シートとの間には、たて胴縁の厚さ分（2cm程度）の隙間ができますが、そこが室内側から透ってきた湿気を排出する通気層となります。

4 たて胴縁をはずしてみると…

透湿防水シートを張る

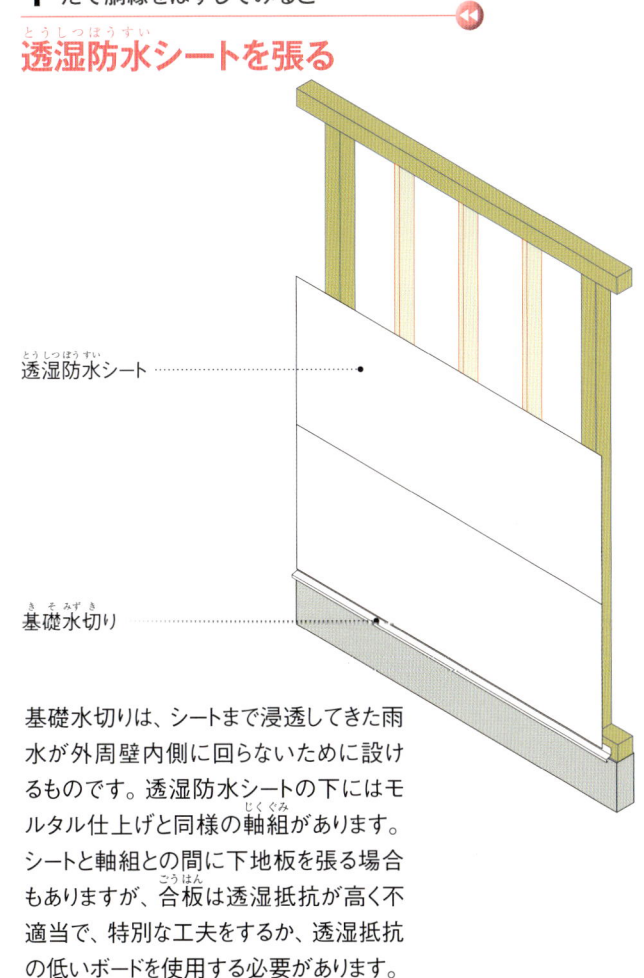

透湿防水シート

基礎水切り

基礎水切りは、シートまで浸透してきた雨水が外周壁内側に回らないために設けるものです。透湿防水シートの下にはモルタル仕上げと同様の軸組があります。シートと軸組との間に下地板を張る場合もありますが、合板は透湿抵抗が高く不適当で、特別な工夫をするか、透湿抵抗の低いボードを使用する必要があります。

外壁通気構法の構成

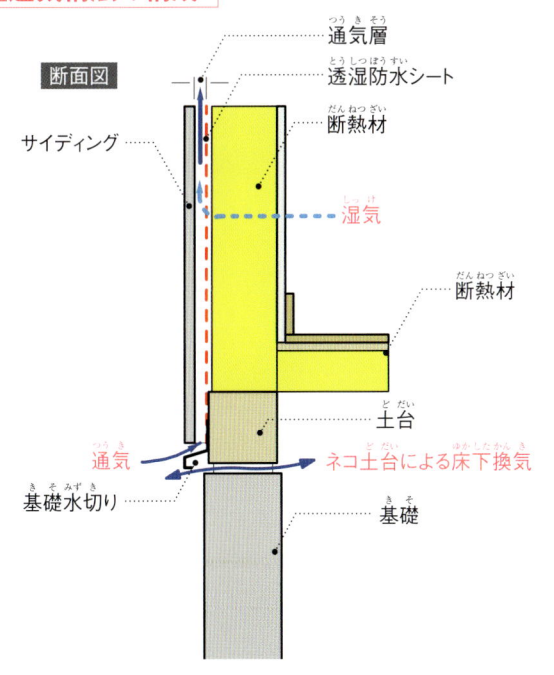

断面図

通気層
透湿防水シート
サイディング
断熱材
湿気
断熱材
土台
通気　ネコ土台による床下換気
基礎水切り
基礎

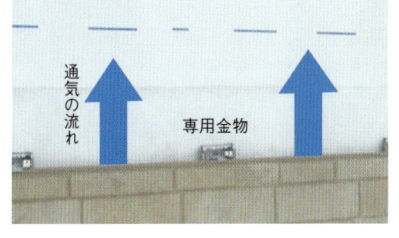

通気の流れ　専用金物

外壁のサイディング材と下地材の間が外部との通気層となる（たて胴縁のかわりに、専用金物で通気層を確保した例）

金属系サイディング仕上げ

金属系サイディングは、軽量で建物躯体への負担が少ないことから、かつてはカバー材としてリフォームに多く使われていました。近年はポリウレタンなどの断熱材が裏打ちされている製品も多くなり、外張り断熱工法の仕上材としての採用も増えています。

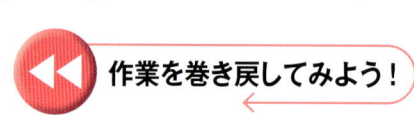
作業を巻き戻してみよう！

1

完成

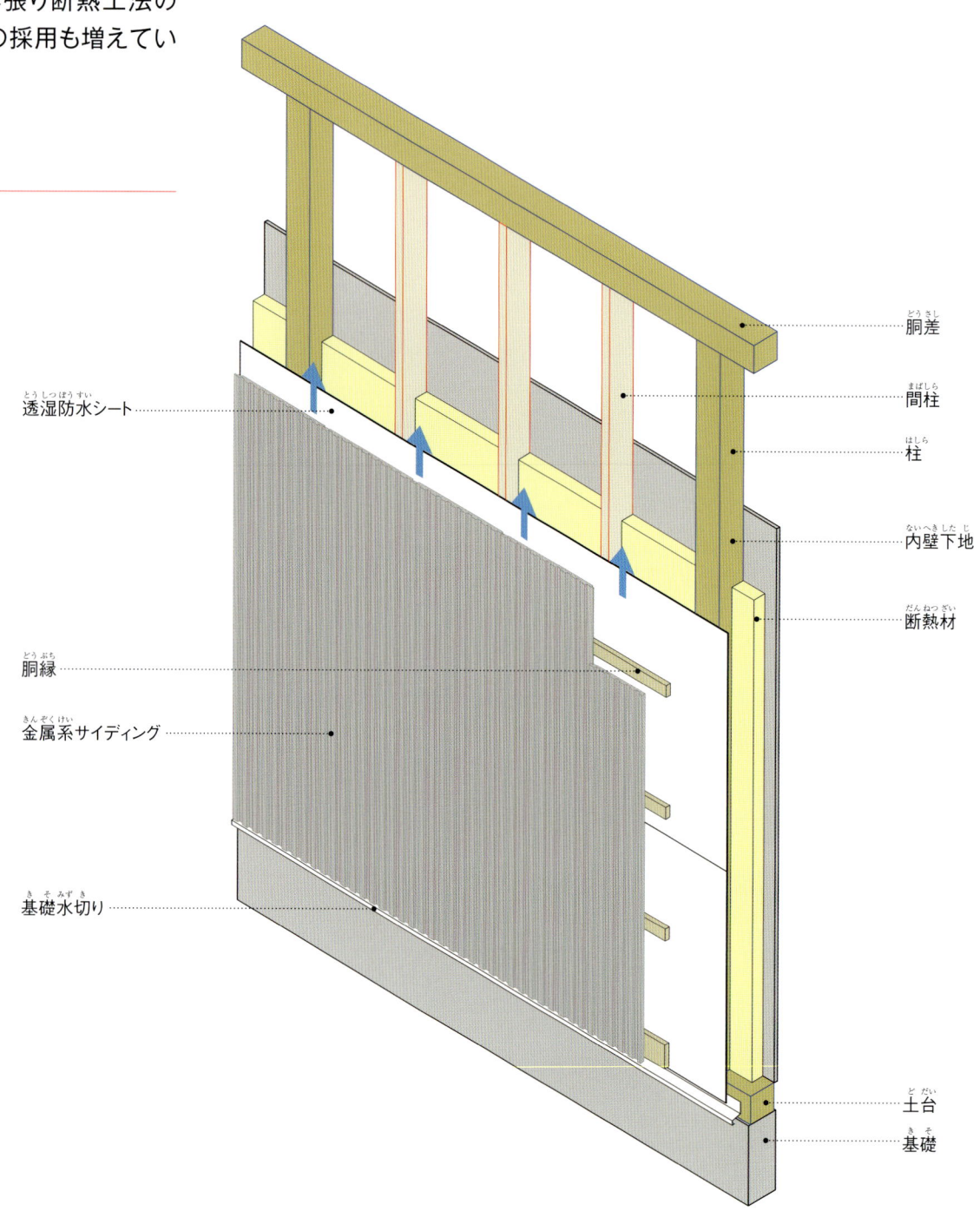

- 透湿防水シート
- 胴縁
- 金属系サイディング
- 基礎水切り
- 胴差
- 間柱
- 柱
- 内壁下地
- 断熱材
- 土台
- 基礎

金属系サイディングを張る

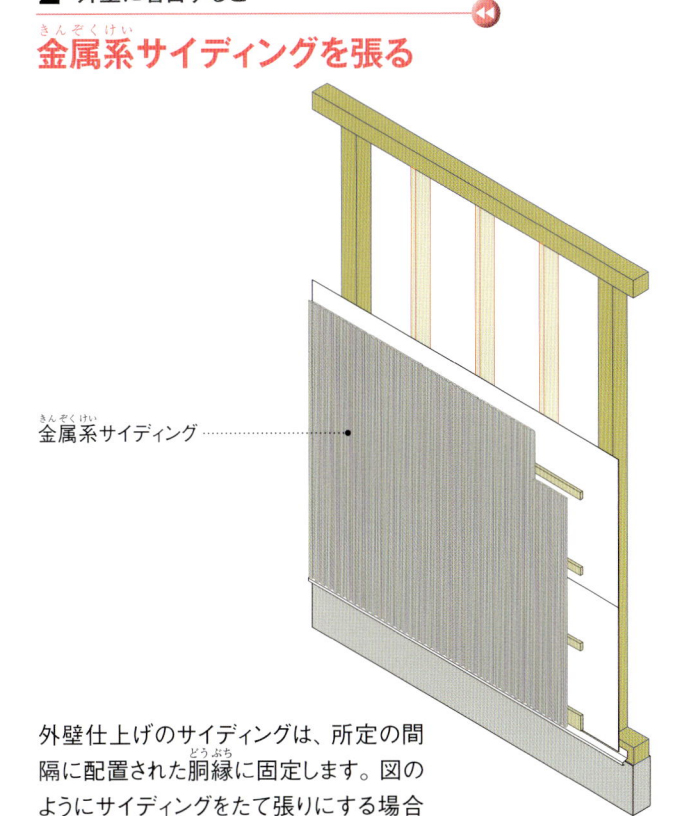

きんぞくけい
金属系サイディング

外壁仕上げのサイディングは、所定の間隔に配置された胴縁に固定します。図のようにサイディングをたて張りにする場合は、胴縁を横に取り付けます。

胴縁を取り付ける

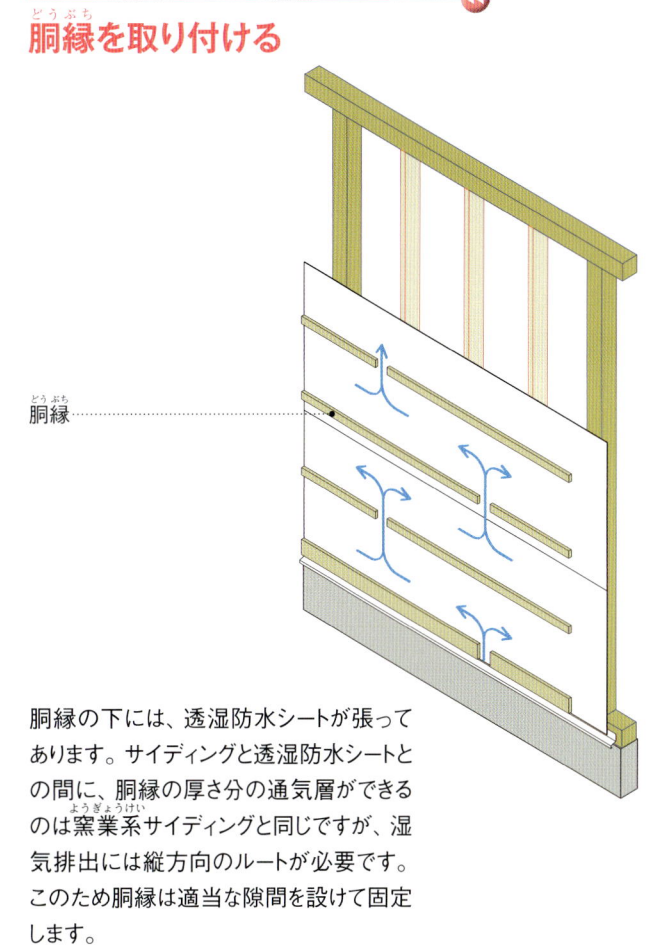

どうぶち
胴縁

胴縁の下には、透湿防水シートが張ってあります。サイディングと透湿防水シートとの間に、胴縁の厚さ分の通気層ができるのは窯業系サイディングと同じですが、湿気排出には縦方向のルートが必要です。このため胴縁は適当な隙間を設けて固定します。

透湿防水シートを張る

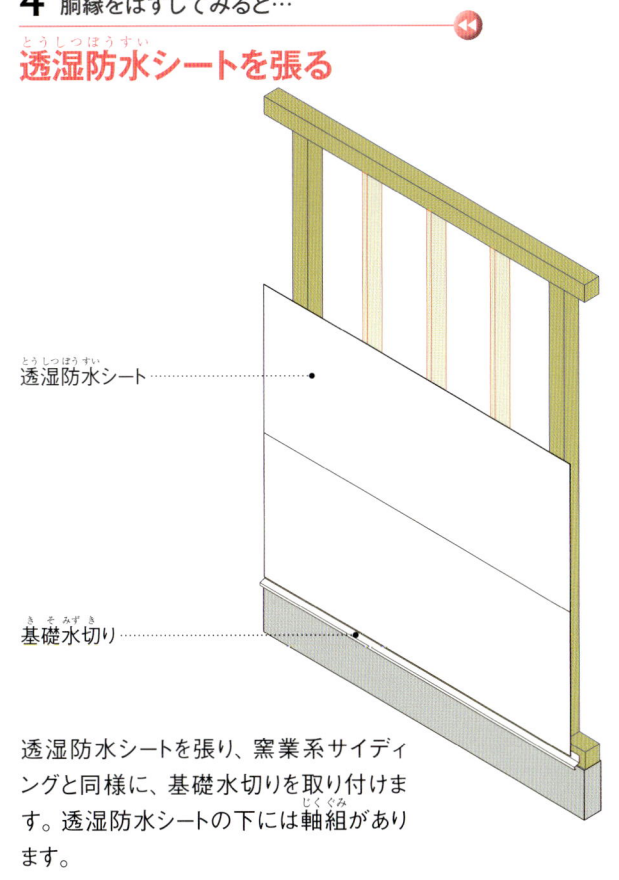

とうしつぼうすい
透湿防水シート

きそみずき
基礎水切り

透湿防水シートを張り、窯業系サイディングと同様に、基礎水切りを取り付けます。透湿防水シートの下には軸組があります。

湿気を軸組内に入れない工夫（内壁側）

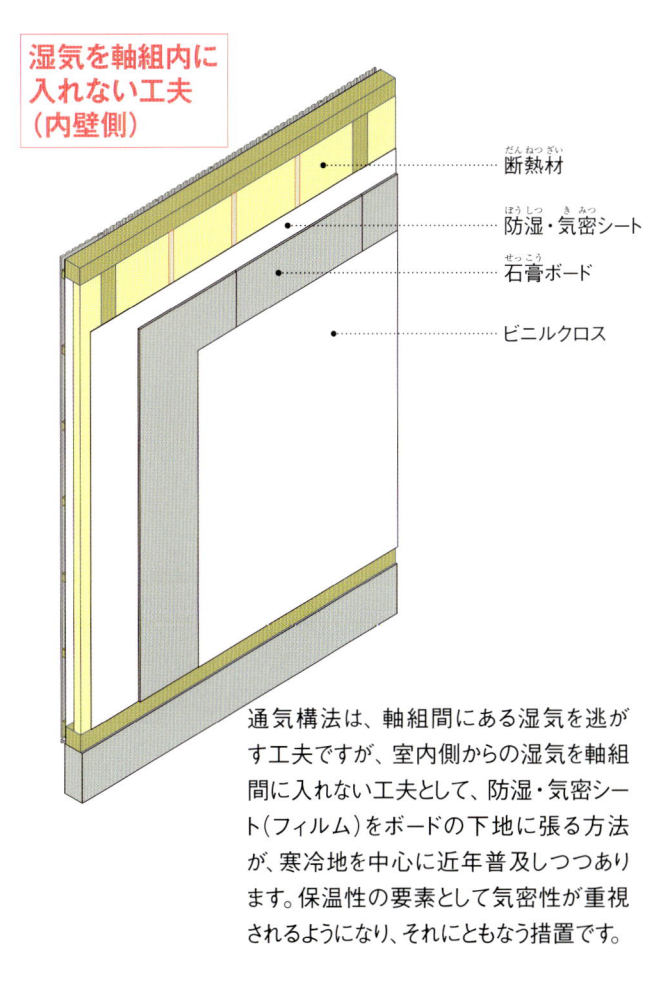

だんねつざい
断熱材

ぼうしつ きみつ
防湿・気密シート

せっこう
石膏ボード

ビニルクロス

通気構法は、軸組間にある湿気を逃がす工夫ですが、室内側からの湿気を軸組間に入れない工夫として、防湿・気密シート（フィルム）をボードの下地に張る方法が、寒冷地を中心に近年普及しつつあります。保温性の要素として気密性が重視されるようになり、それにともなう措置です。

外張り断熱

作業を巻き戻してみよう!

外張り断熱による通気構法の例です。外張り断熱では、発泡系の断熱材の継ぎ目に気密テープを張るため、通気構法は軸組間の湿気排出というより、雨仕舞の補完という役割が大きくなります。

1
完成

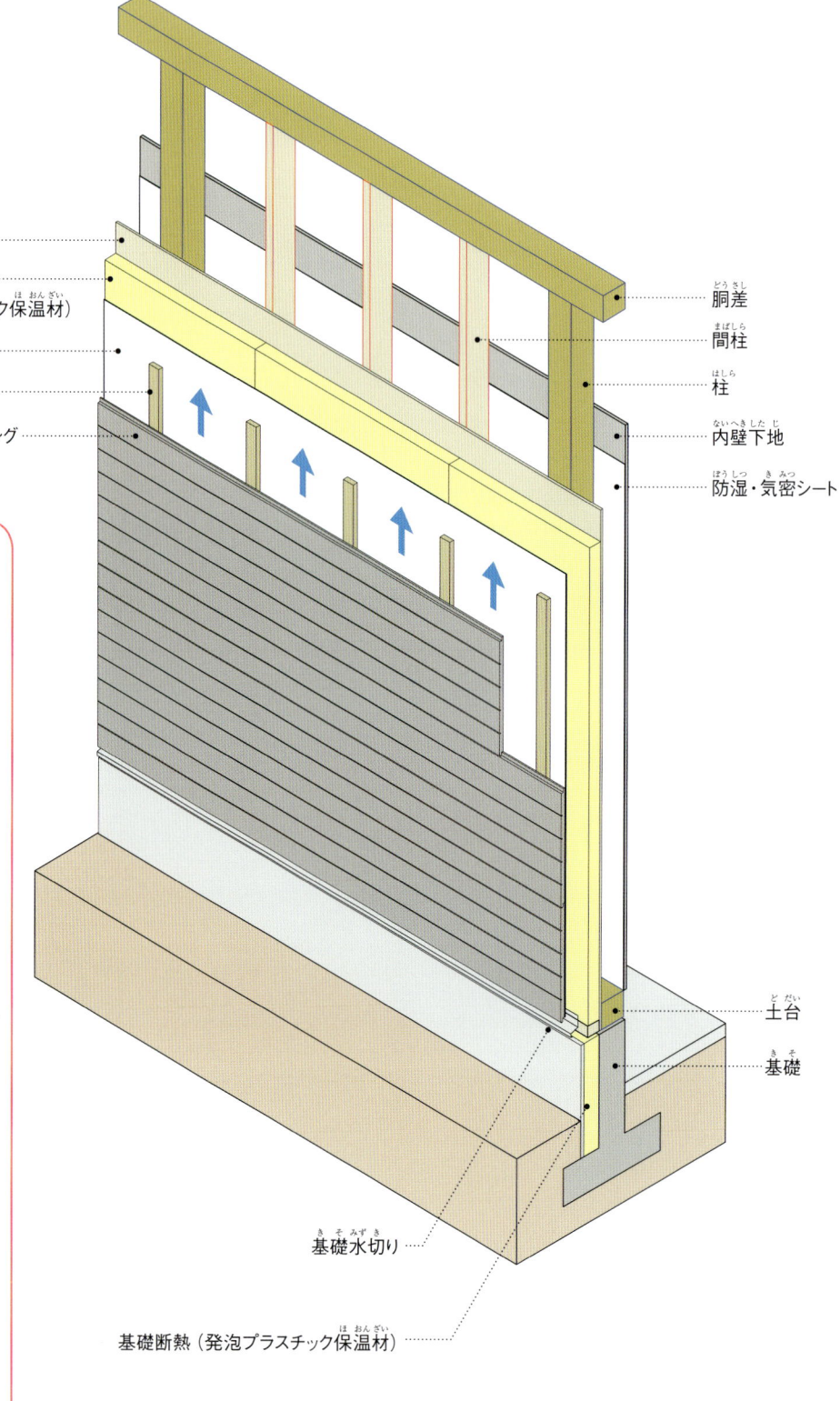

外壁下地板
断熱材（発泡プラスチック保温材）
透湿防水シート
たて胴縁
窯業系サイディング

胴差
間柱
柱
内壁下地
防湿・気密シート

土台
基礎

基礎水切り

基礎断熱（発泡プラスチック保温材）

Point

室内側のボードの下地に防湿・気密シートを使用する場合の問題点

軸組間に湿気を入れない工夫としては、室内側のボードの下地に防湿・気密シートを取り付ける方法がありますが、壁には電気のコンセントやスイッチなどが取り付けられるため、完璧な防湿は難しいのが実情です。また、夏季の冷房時に結露を生じる可能性があることなど、問題点も指摘されています。

断面図

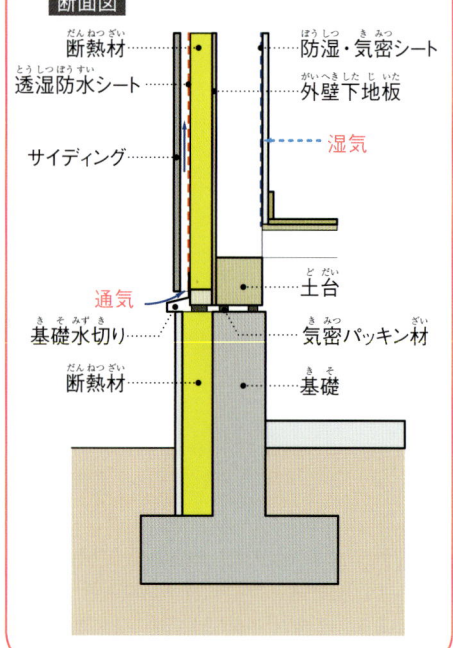

断熱材
透湿防水シート
サイディング
基礎水切り
断熱材

防湿・気密シート
外壁下地板
湿気
土台
通気
気密パッキン材
基礎

2 サイディングをはがしてみると…

透湿防水シート・基礎水切り・たて胴縁を取り付ける

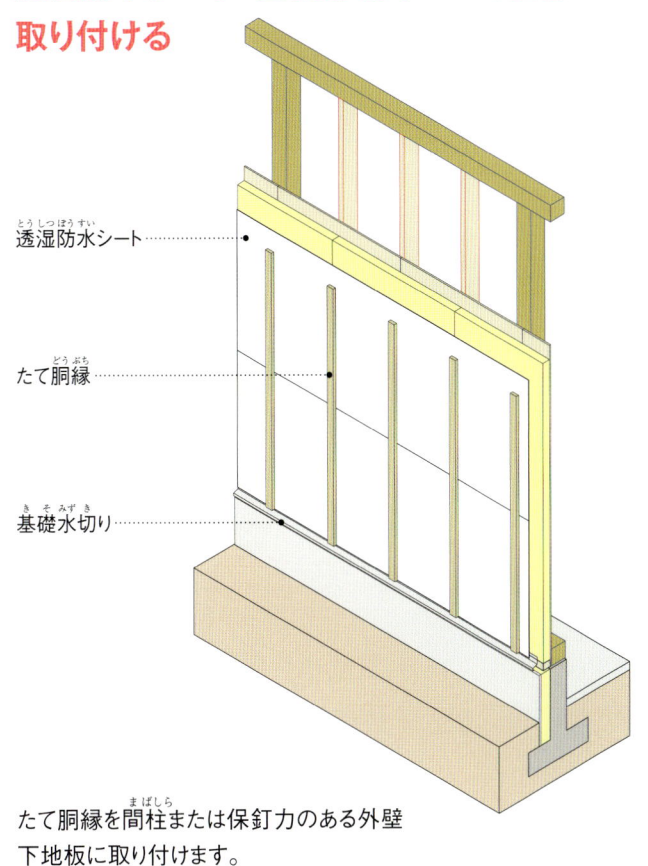

透湿防水シート

たて胴縁

基礎水切り

たて胴縁を間柱または保釘力のある外壁
下地板に取り付けます。

3 透湿防水シートをはがしてみると…

断熱材を取り付ける

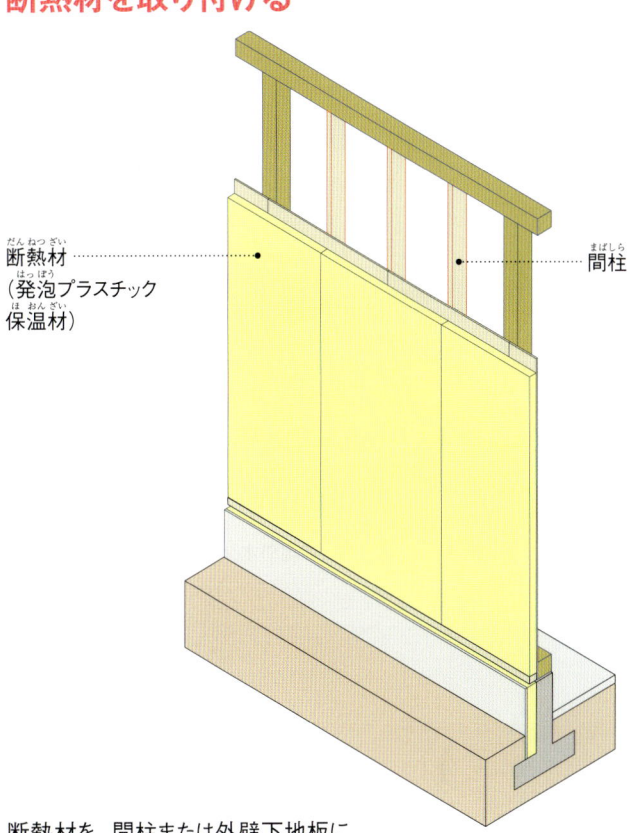

断熱材
（発泡プラスチック
保温材）

間柱

断熱材を、間柱または外壁下地板に
取り付けます。

4 断熱材をはがしてみると…

外壁下地板を張る

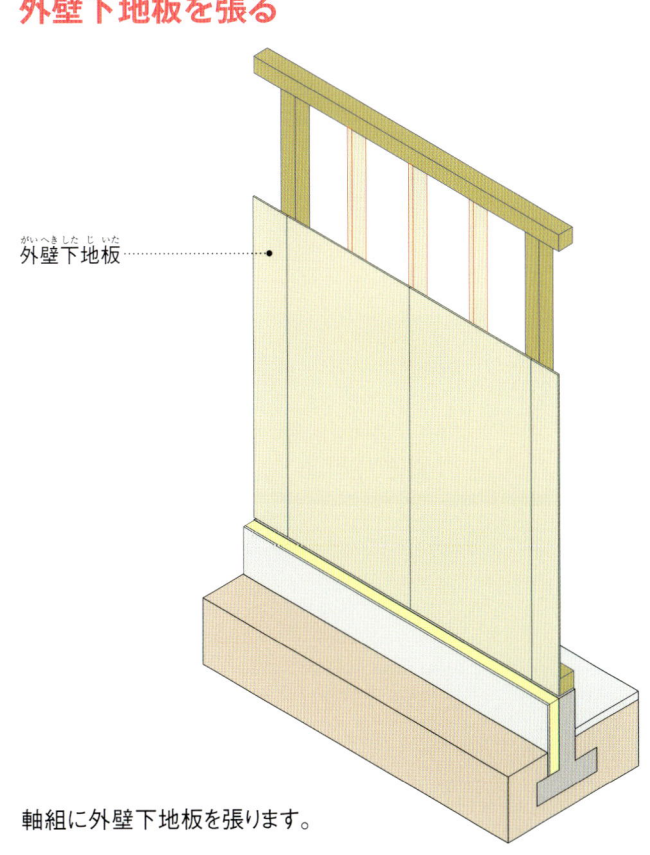

外壁下地板

軸組に外壁下地板を張ります。

Point

充填か外張りかは建物全体に関係する

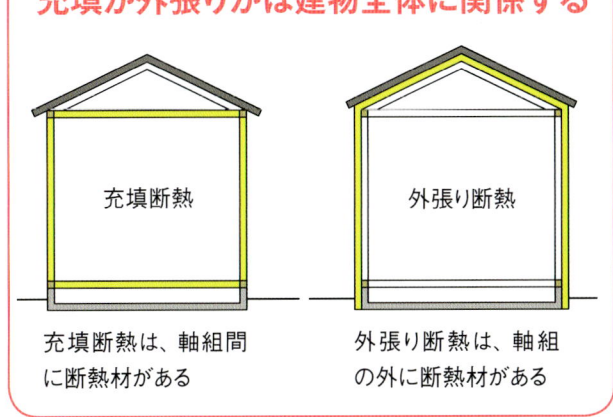

充填断熱

外張り断熱

充填断熱は、軸組間
に断熱材がある

外張り断熱は、軸組
の外に断熱材がある

間仕切壁仕上げの種類

屋内にある部屋の仕切りとなっている壁が、間仕切壁です。間仕切壁は表裏とも内壁で、クロス、左官材、タイルなど、部屋の用途・好みにあわせてさまざまな仕上げが考えられます。浴室や台所などの水廻り以外でタイルを張るなら、外周壁の内壁同様、下地は厚さ1.2cm程度の石膏ボードで可能です。

クロス張り仕上げ ▶▶ 72頁

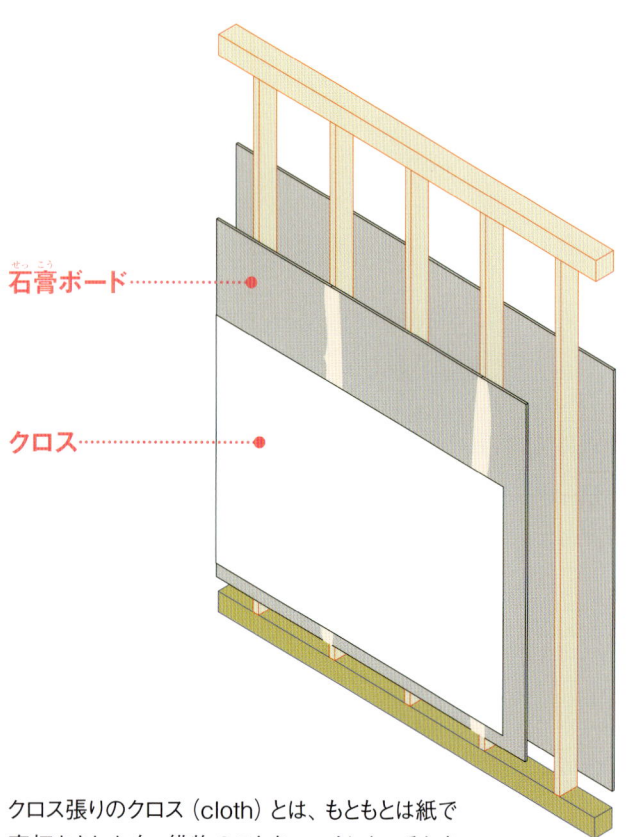

石膏ボード

クロス

クロス張りのクロス（cloth）とは、もともとは紙で裏打ちされた布・織物のことをいいました。それを壁や天井の仕上げとするものです。現在、クロスというと塩化ビニールなどを主材とするビニルクロスを指すことが多いようです。クロス張りには、このほかに和紙や洋紙なども使われます。

板張り仕上げ／たて羽目

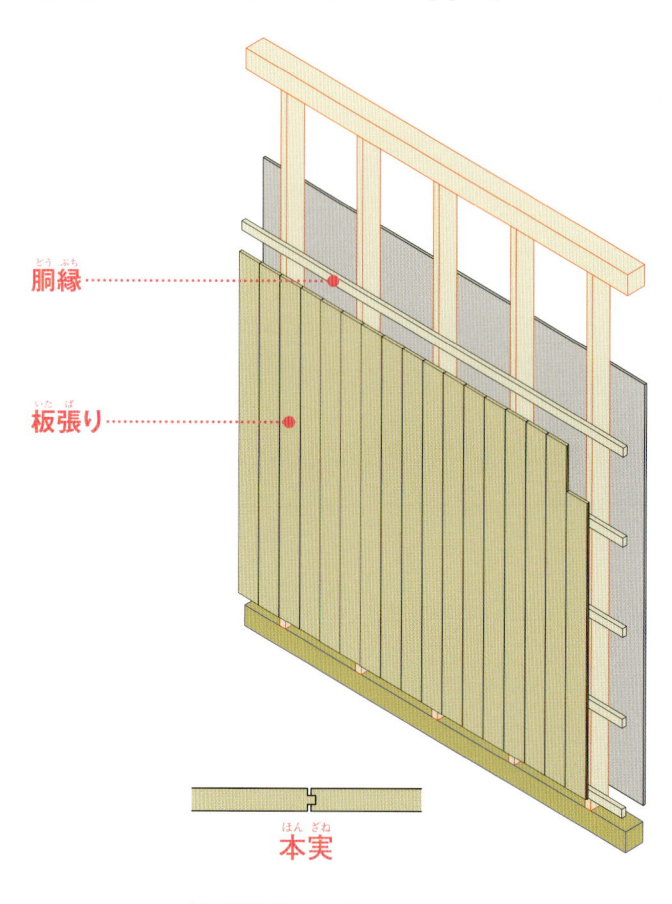

胴縁

板張り

本実

相じゃくり

小幅板（羽目板）をたてに張った、たて羽目の例です。乾燥収縮によって板に隙間ができたり、段がついたりするのを防ぐため、板の継ぎ目部分は「本実」や「相じゃくり」に加工されます。なお、たて羽目の胴縁は水平に設けます。

Point

シックハウスにともなう制限と義務

近年、内壁に関しては内装材に含まれる化学物質の発散とその措置、すなわちシックハウスが注目されています。合板などはその製造過程で使う接着剤が、クロス張りでは使用される接着材や塗料などが問題となります。そのため現在は、この種の材料の使用制限と、換気設備の設置が法律で義務づけられています。

左官仕上げ ▶▶74頁

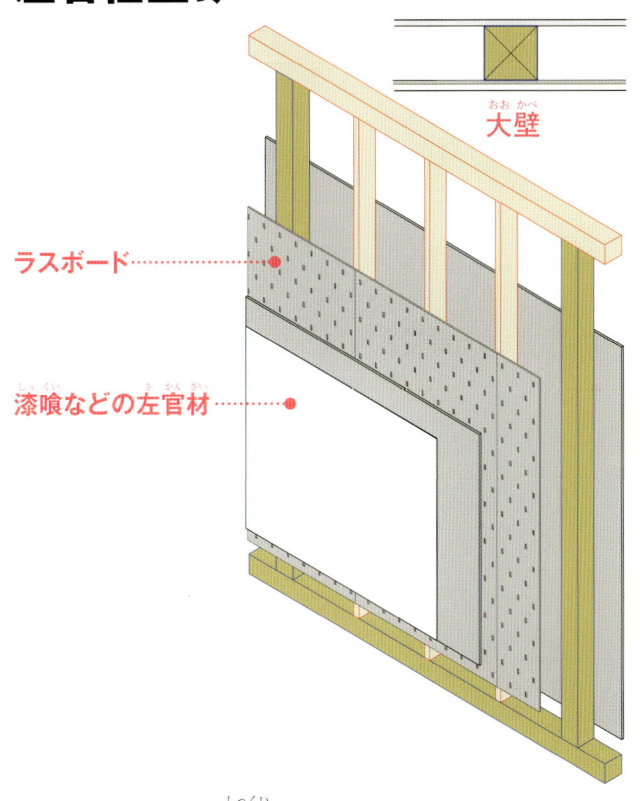

大壁

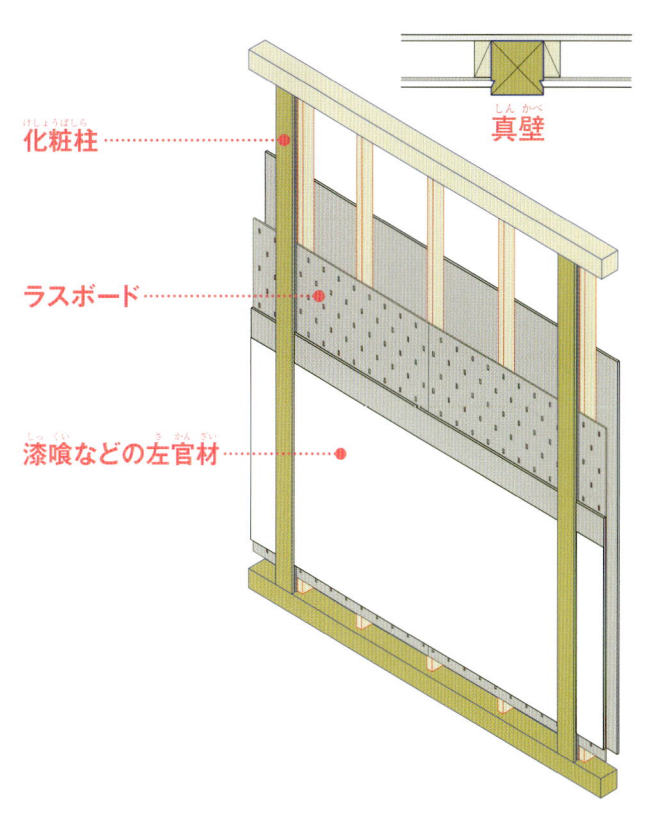

化粧柱

真壁

ラスボード

漆喰などの左官材

ラスボード

漆喰などの左官材

左官材には、伝統的な漆喰、土壁のほか、プラスター、繊維壁、モルタルなどいろいろな種類があります。接着材によるシックハウスが問題になって以後、珪藻土も注目されています。左官の下地には、

左官材が密着するように、表面に凹のあるラスボードなどが必要です。なお、壁が柱より厚く、壁仕上材で柱が隠されるものを「大壁」、壁厚が薄く、柱が室内に現れるものを「真壁」といいます。

タイル張り仕上げ ▶▶76頁

乾式工法

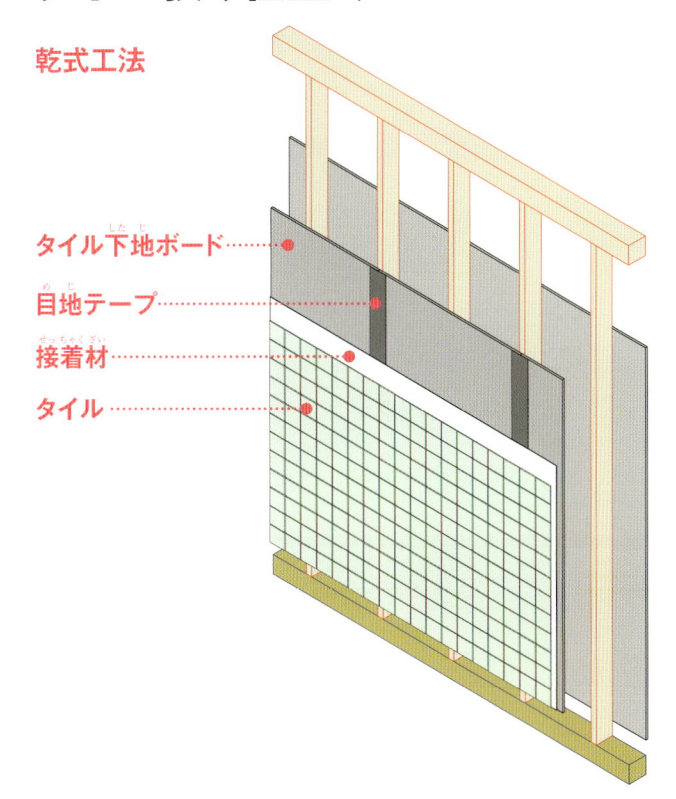

タイル下地ボード

目地テープ

接着材

タイル

湿式工法

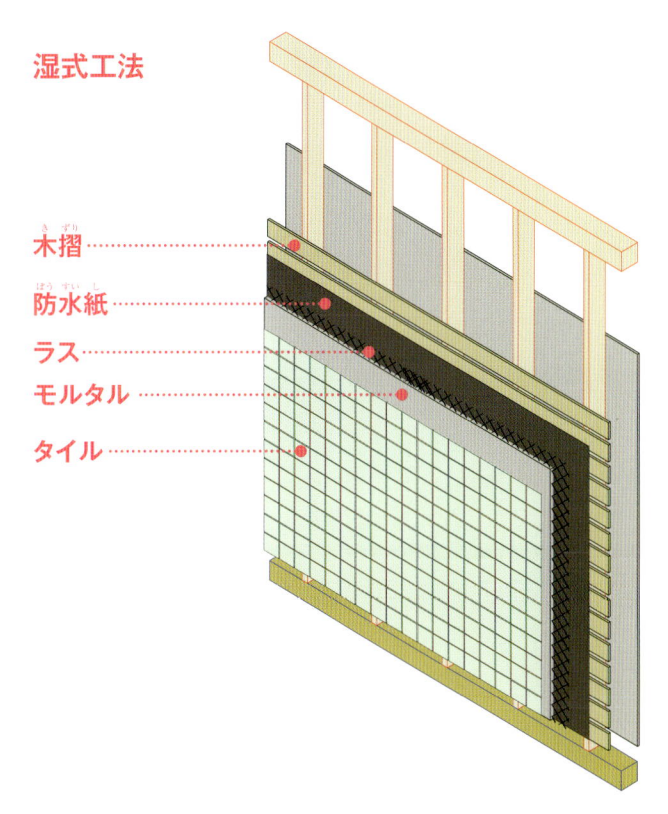

木摺

防水紙

ラス

モルタル

タイル

タイルは、素地質（焼成温度の相違）によって、陶器質、せっ器質、磁器質に分けられます。一般の内装用の主流は、寸法精度が高く、デザインも豊富な陶器質タイルです。これは、焼成温度

が低く、吸水率が高いため、うわぐすりをかけてつくられます。なお、タイル張りの工法には、接着材を使う乾式工法とモルタルを使う湿式工法があります。

クロス張り仕上げ

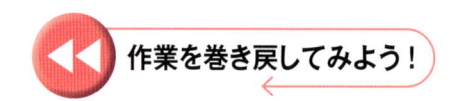 作業を巻き戻してみよう！

布・織物、ビニール、洋紙・和紙、いずれのクロス張りも下地には各種ボードの使用が可能で、一般的には石膏ボードが使われます。

1

完成

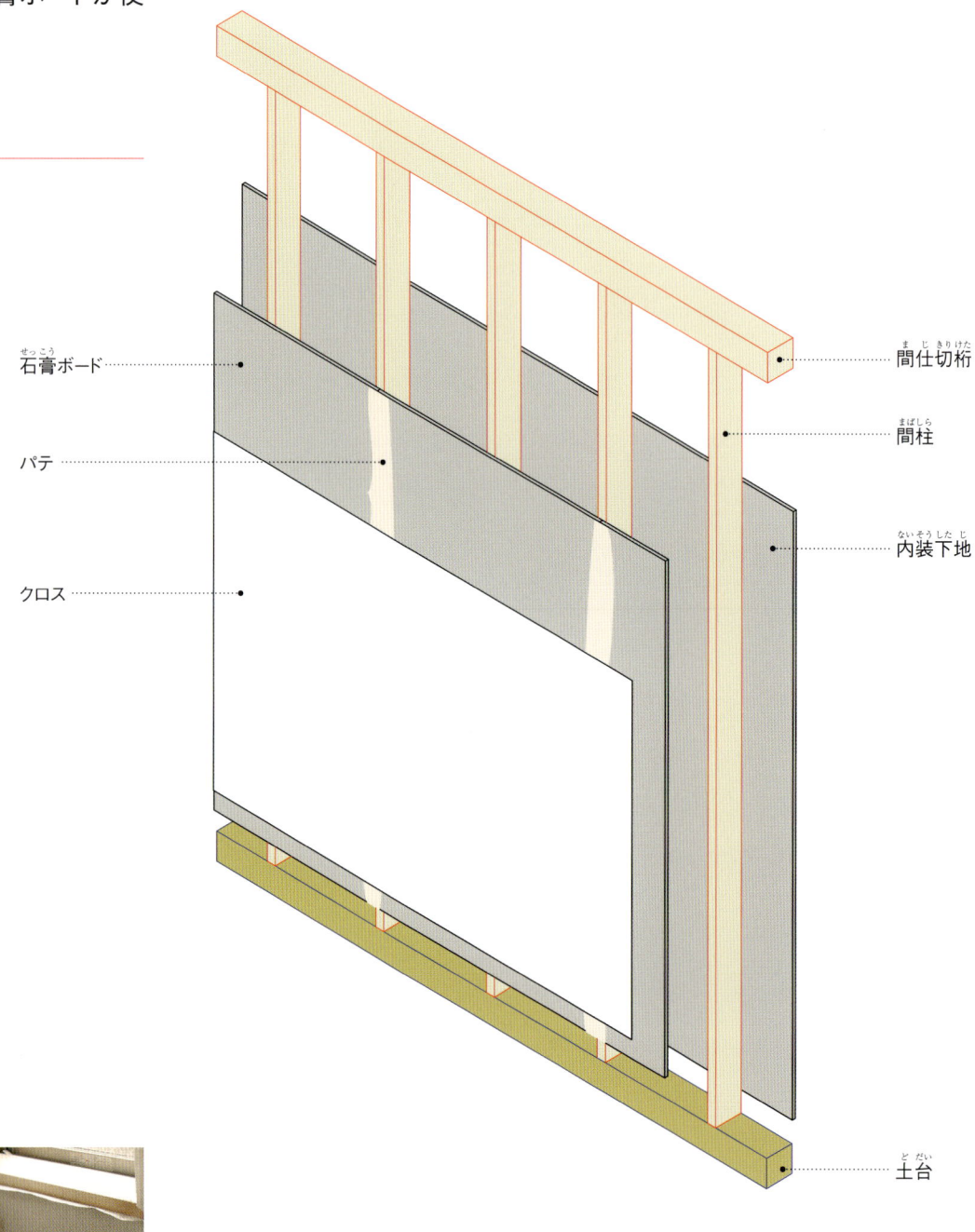

石膏ボード

パテ

クロス

間仕切桁

間柱

内装下地

土台

クロス張りの施工の様子

2 クロスをはがしてみると…
パテ処理をする

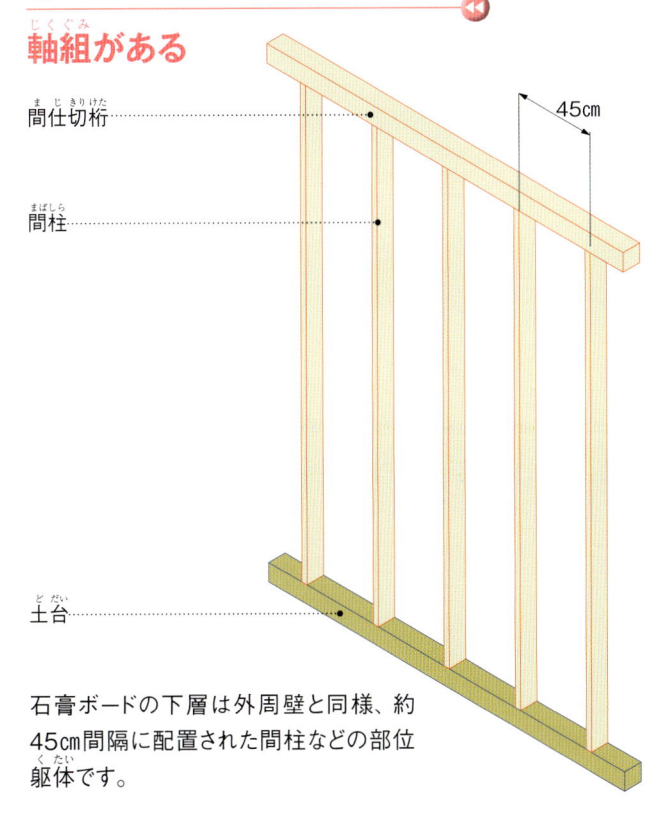

パテ

クロスの下層に見える石膏ボードの継ぎ目には、パテ処理がなされています。パテとは塗料の一種で、材料の凹みやキズなどを補修する材料です。ボードの継ぎ目や留め付け用の釘・ビスなどの頭が、経年により仕上げに影響するのを防止するための措置です。パテ処理をする前に、ジョイントテープ（目地テープ）処理をすることもあります。

4 石膏ボードをはがしてみると…
軸組がある

間仕切桁

間柱

45cm

土台

石膏ボードの下層は外周壁と同様、約45cm間隔に配置された間柱などの部位躯体です。

3 パテ処理の前は…
石膏ボードを張る

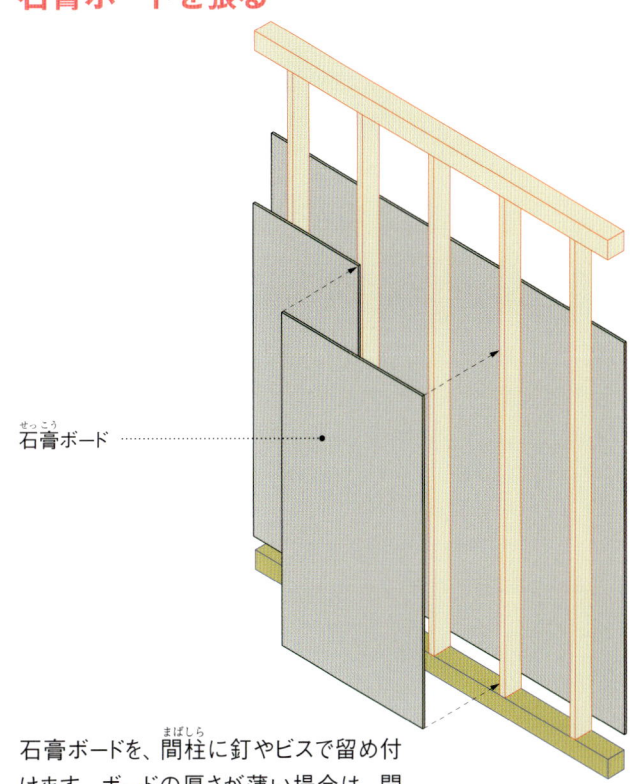

石膏ボード

石膏ボードを、間柱に釘やビスで留め付けます。ボードの厚さが薄い場合は、間柱のほかに胴縁を水平に取り付けて併用します。

Point

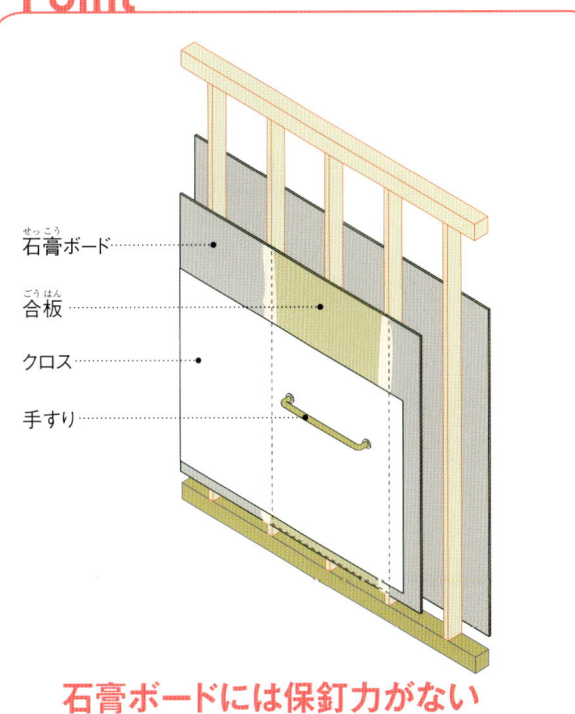

石膏ボード

合板

クロス

手すり

石膏ボードには保釘力がない

石膏ボードは釘やビスなどの保持力がありません（専用の取付金物はあります）。棚や手すりをつけたい場合には、間柱などの部位躯体に固定するか、下地として石膏ボードの代わりに保釘力のある合板などを用いることになります。

左官仕上げ（さかんしあげ）

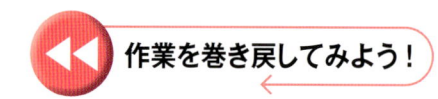
◀◀ 作業を巻き戻してみよう！

左官仕上げは、工事そのものに期日を要するうえ、乾燥で十分な養生期間を見込む必要があるため、工期に大きく影響します。

1

完成

ラスボード下地＋左官仕上げの例

漆喰（しっくい）やプラスターなどの左官材仕上げとする場合は、外周壁のモルタル仕上げの項（62頁参照）で述べたように、足がかりとなる材料が必要です。かつては木摺（きずり）や小舞壁（こまいかべ）が利用されていましたが、現在は石膏ボードの表面を10cm程度の間隔で点状にへこませた石膏ラスボードを下地として採用するのが一般的です。

ラスボード

間仕切桁（まじきりげた）

間柱（まばしら）

内装下地（ないそうしたじ）

漆喰などの左官材（しっくいなどのさかんざい）

ラスボード下地（真壁造）（しんかべぞう）

土台（どだい）

Point

散りじゃくりと コーナービード

左官仕上げは、柱を見せる真壁造でよく採用されます。この場合、壁面は柱などより少し凹んだ納まりとなります（この状態を「散り（ちり）を取る」という）。施工上は、柱などに散りじゃくりという溝を切って納めますが、それは左官壁が乾燥収縮しても柱との間に隙間ができないようにするためです。また、柱を隠す大壁造（おおかべぞう）の場合は、出隅部にコーナービードなどを設けて破損を防止します。

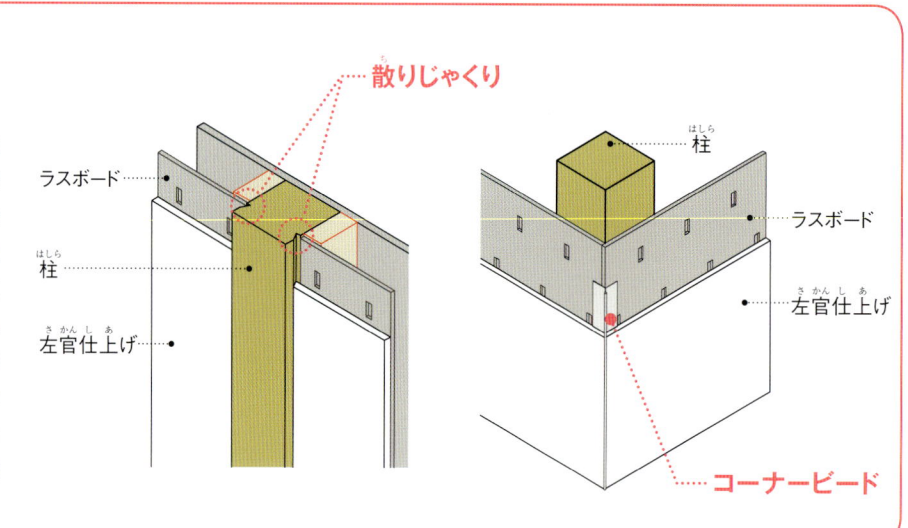

散りじゃくり

ラスボード

柱（はしら）

柱（はしら）

左官仕上げ（さかんしあげ）

ラスボード

左官仕上げ（さかんしあげ）

コーナービード

左官材の下塗りをする

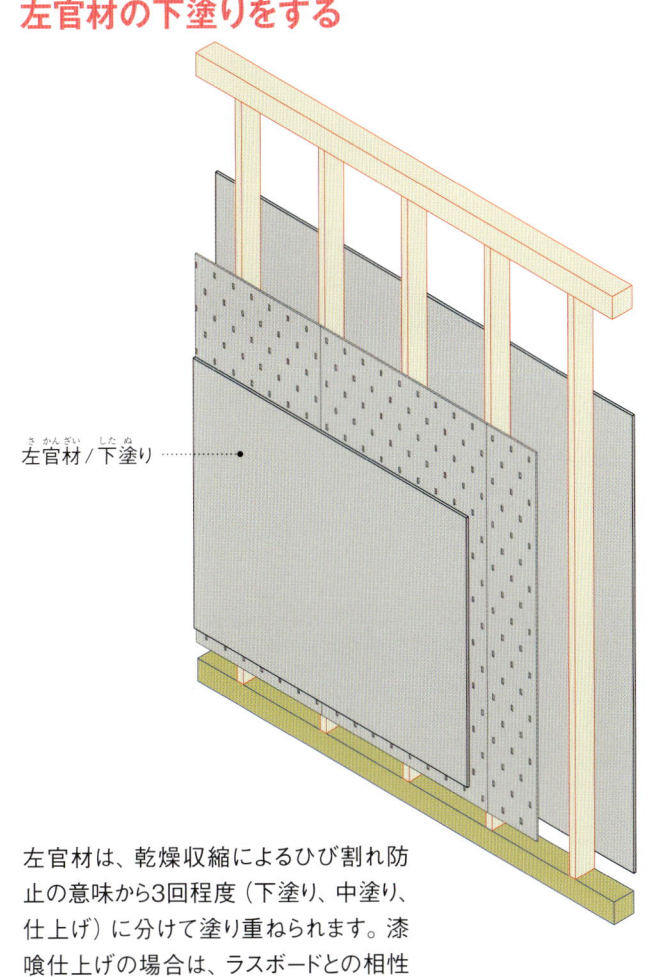

左官材／下塗り

左官材は、乾燥収縮によるひび割れ防止の意味から3回程度（下塗り、中塗り、仕上げ）に分けて塗り重ねられます。漆喰仕上げの場合は、ラスボードとの相性もあって、プラスターなどで下塗りします。

ラスボードを張る

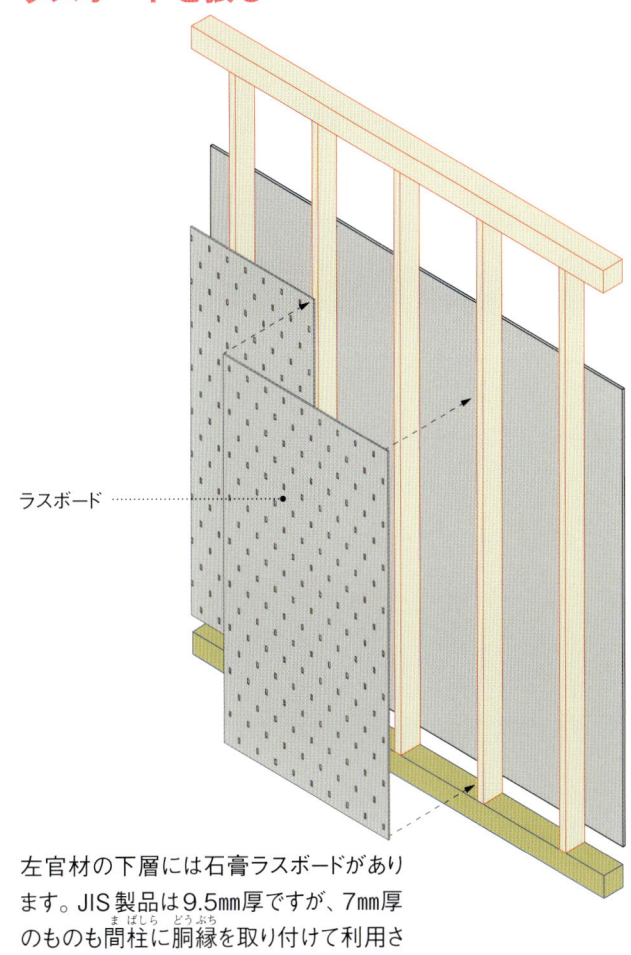

ラスボード

左官材の下層には石膏ラスボードがあります。JIS製品は9.5mm厚ですが、7mm厚のものも間柱に胴縁を取り付けて利用されています。

Point

左官壁の伝統的な下地

左官壁の下地には、伝統的な構法として割竹を格子状に渡し、縄で組む「小舞竹」があります。また、ラスボードが普及する以前は、小幅板を隙間を開けて張った木摺が使われていました。木摺下地では塗り壁と木摺の付着を高めるために、下げお（麻、しゅろ毛などによるひげ状の材料）という材料が壁に塗り込まれていました。

小舞竹下地（真壁造）

木摺下地

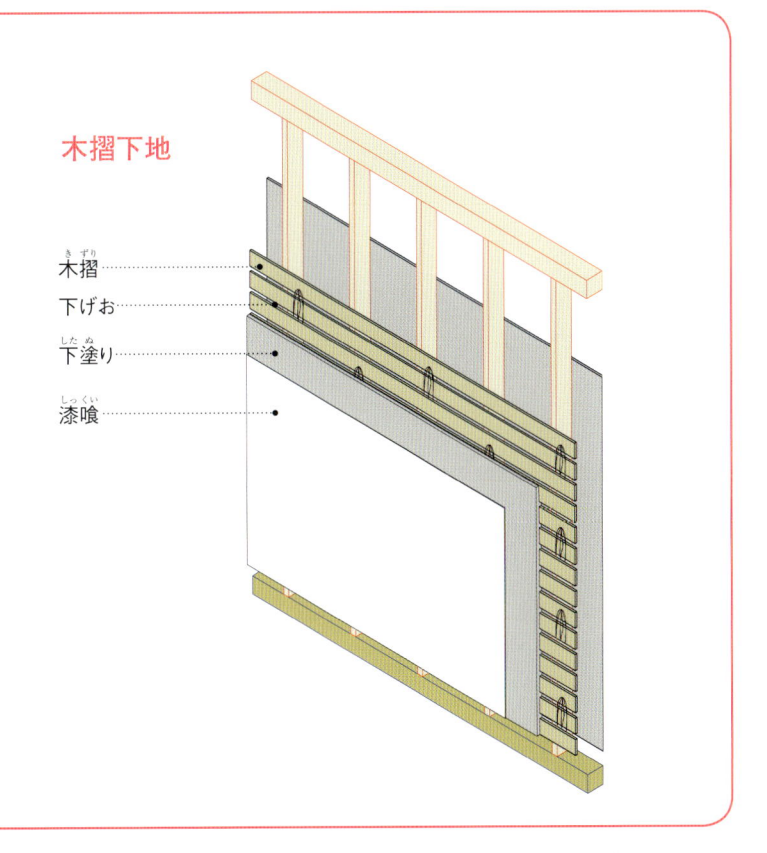

木摺
下げお
下塗り
漆喰

タイル張り仕上げ

作業を巻き戻してみよう！

乾式工法

タイルは主に台所、洗面所のような水廻りでよく使用されます。不燃性能が求められる台所の調理台の前壁にタイルを張る場合には、フレキシブルボードなどの不燃ボードを下地にして、接着材で張る乾式工法が用いられます。

1

完成

Point

火は〇、水は✕な石膏ボード

フレキシブルボードは、正式には繊維強化セメント板といいます。このボードは耐水性があり、不燃材で台所などの火気使用室に適切です。石膏ボードは石膏を紙で挟んだものなので、水廻りには不適です。

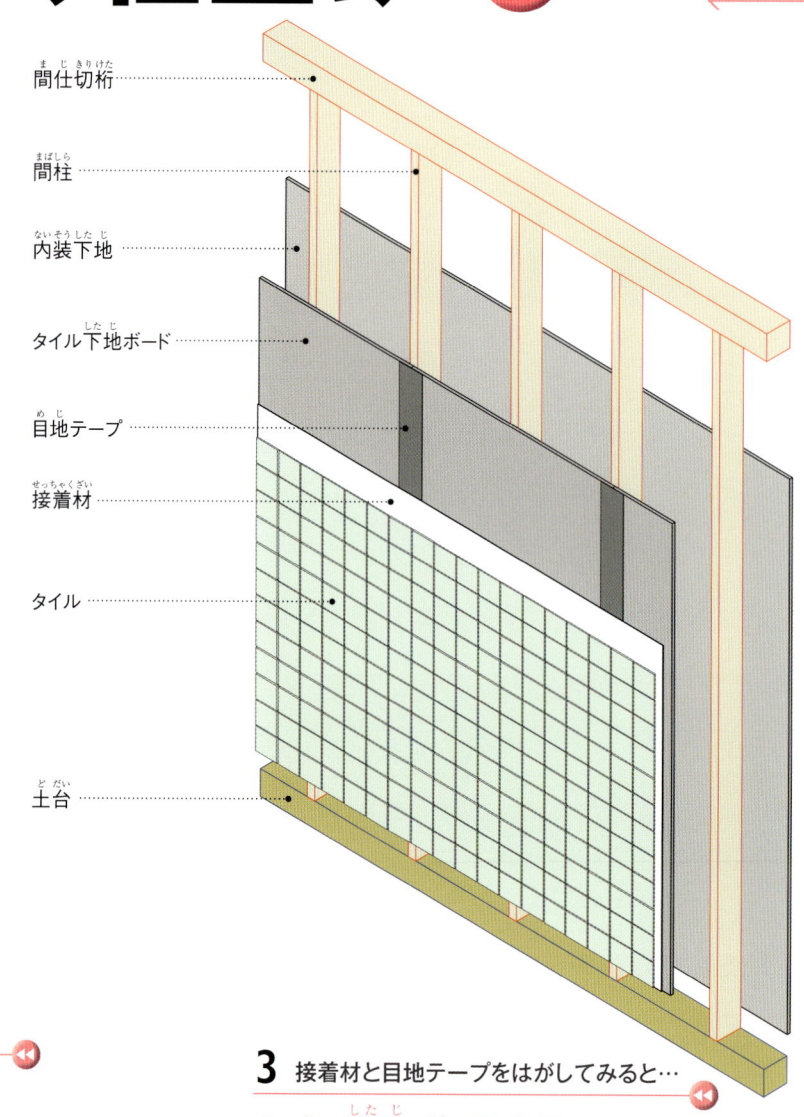

間仕切桁
間柱
内装下地
タイル下地ボード
目地テープ
接着材
タイル
土台

2 タイルをはがしてみると…

接着材を塗る

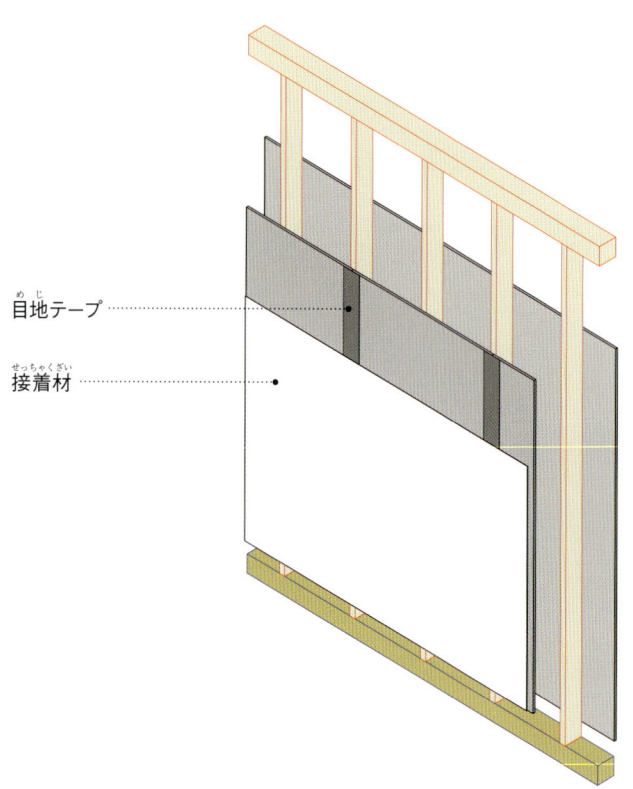

目地テープ
接着材

3 接着材と目地テープをはがしてみると…

タイル下地ボードを張る

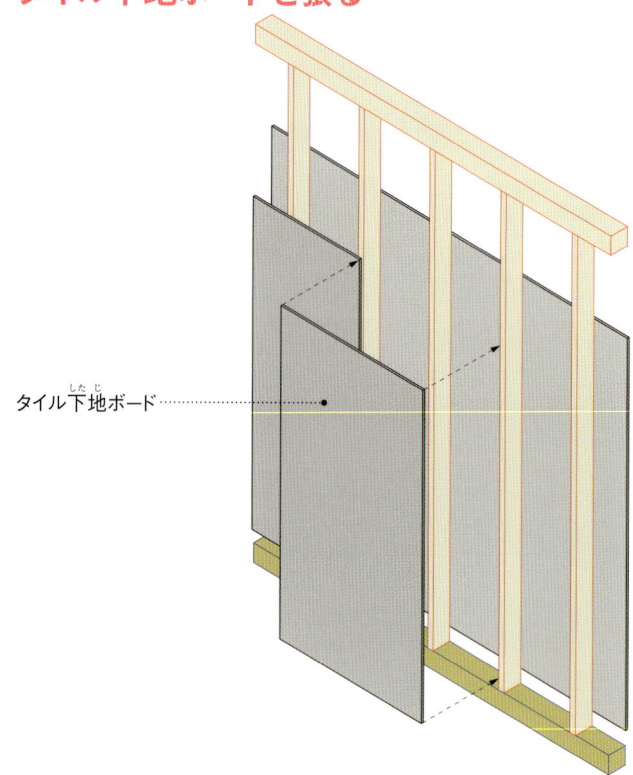

タイル下地ボード

湿式工法

浴室をタイル張りとする場合は、壁内に水が浸入しないよう防水の必要があります。外周壁のモルタル塗り（62頁参照）に準じた構成が必要です。

1
完成

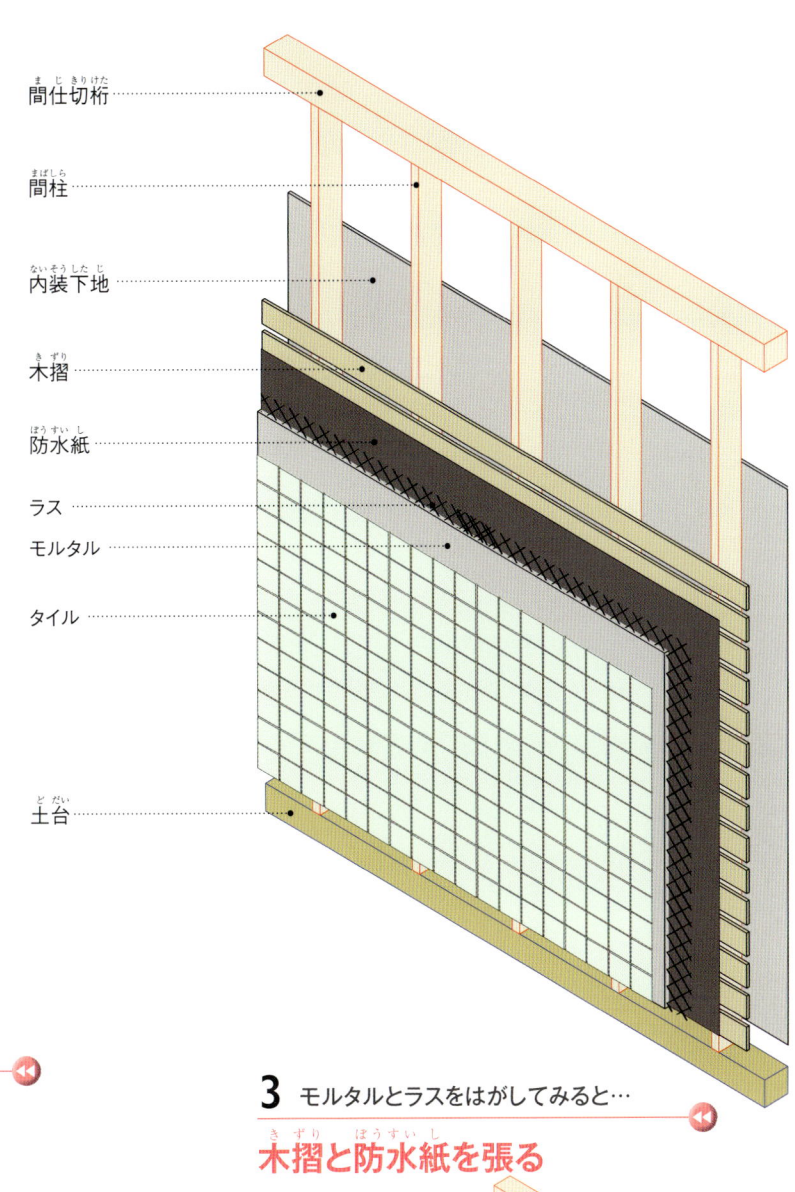

間仕切桁（まじきりけた）
間柱（まばしら）
内装下地（ないそうしたじ）
木摺（きずり）
防水紙（ぼうすいし）
ラス
モルタル
タイル
土台（どだい）

2　タイルをはがしてみると…
ラスを張り、モルタルを塗る

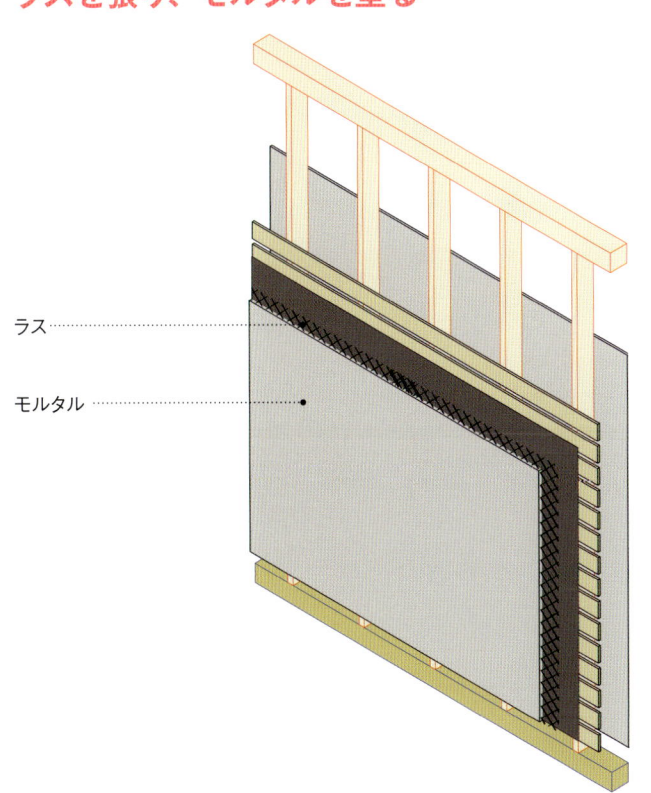

ラス
モルタル

3　モルタルとラスをはがしてみると…
木摺と防水紙を張る

木摺（きずり）
防水紙（ぼうすいし）

天井
てんじょう

◀◀ 作業を巻き戻してみよう！

小屋組や上階床組に支えられる
吊り天井の仕上げは、クロスの
ほか、各種のボードが張られる
こともあります。いずれも基本
的な構成は同じです。

1

完成

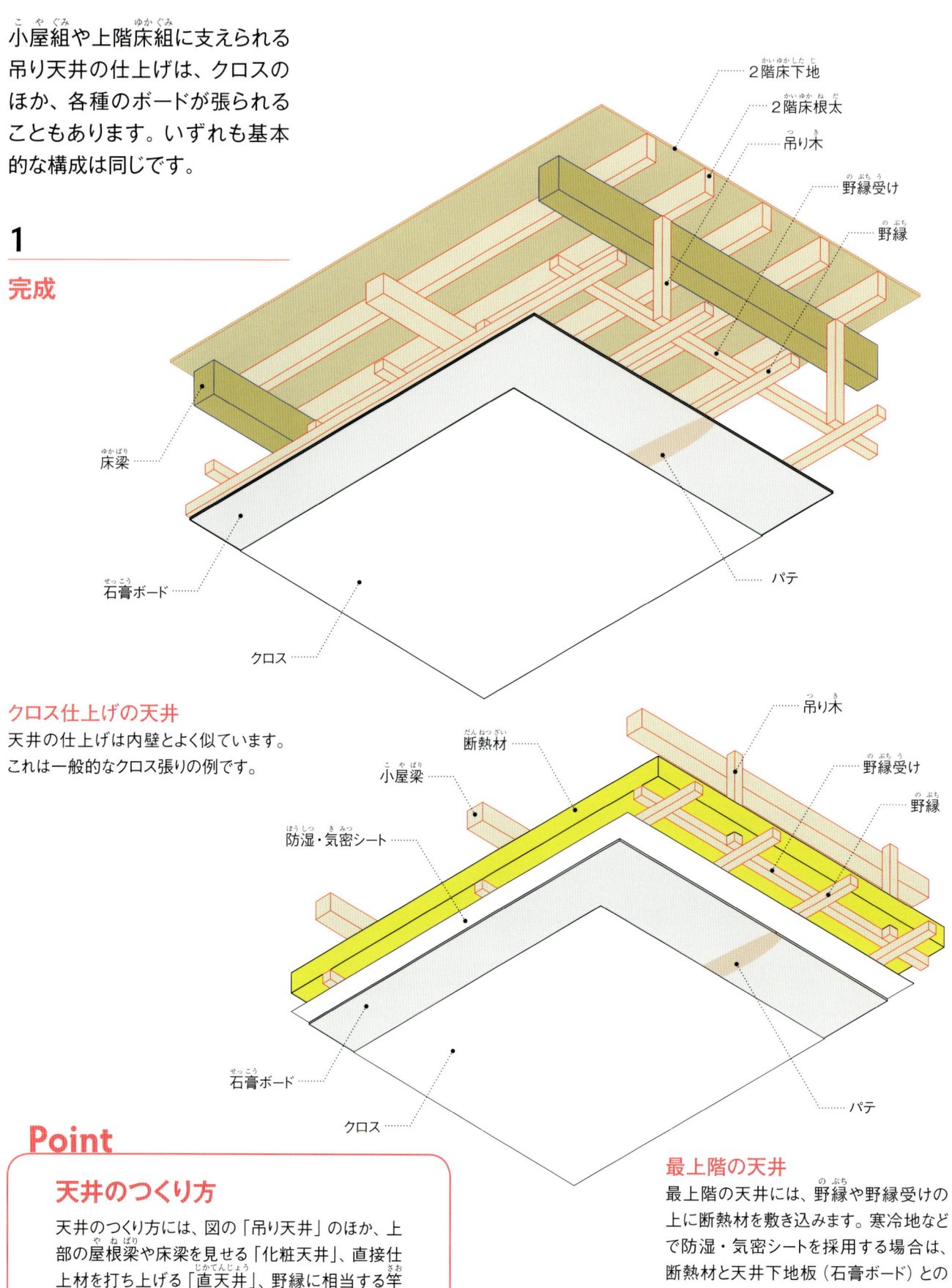

2階床下地

2階床根太

吊り木

野縁受け

野縁

床梁

パテ

石膏ボード

クロス

吊り木

断熱材

小屋梁

野縁受け

野縁

防湿・気密シート

石膏ボード

パテ

クロス

クロス仕上げの天井
天井の仕上げは内壁とよく似ています。
これは一般的なクロス張りの例です。

最上階の天井
最上階の天井には、野縁や野縁受けの
上に断熱材を敷き込みます。寒冷地など
で防湿・気密シートを採用する場合は、
断熱材と天井下地板（石膏ボード）との
間に敷き、野縁に固定します。

Point

天井のつくり方
天井のつくり方には、図の「吊り天井」のほか、上
部の屋根梁や床梁を見せる「化粧天井」、直接仕
上材を打ち上げる「直天井」、野縁に相当する竿
縁の上に天井板を載せる「竿縁天井」などがあり
ます。

2 クロスをはがしてみると…

パテ処理をする

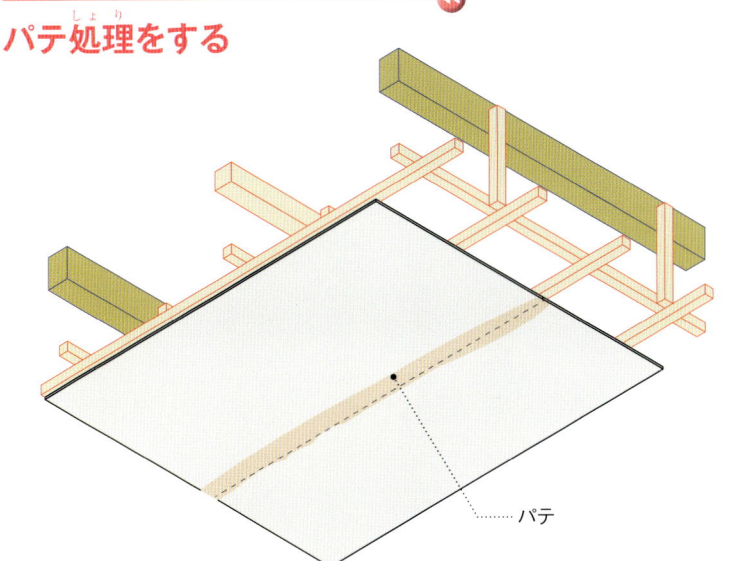

パテ

クロスの下層には全面に天井下地板（その多くは石膏ボード）が張ってあります。ボードの継ぎ目には壁のクロス張り同様、パテ処理を行います。

3 パテ処理の前は…

石膏ボードを張る

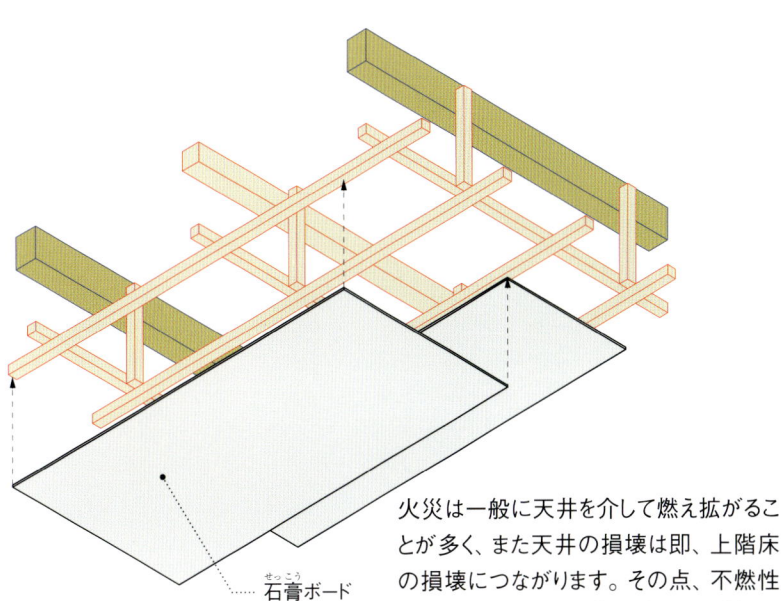

石膏ボード

火災は一般に天井を介して燃え拡がることが多く、また天井の損壊は即、上階床の損壊につながります。その点、不燃性の石膏ボードは、天井下地として適切です。実際、最上階以外にある火気使用室（台所など）の天井は、不燃材もしくは準不燃材とすることが建築基準法で定められています。

4 石膏ボードをはがしてみると…

野縁があり、その上部には小屋組や床組が見える

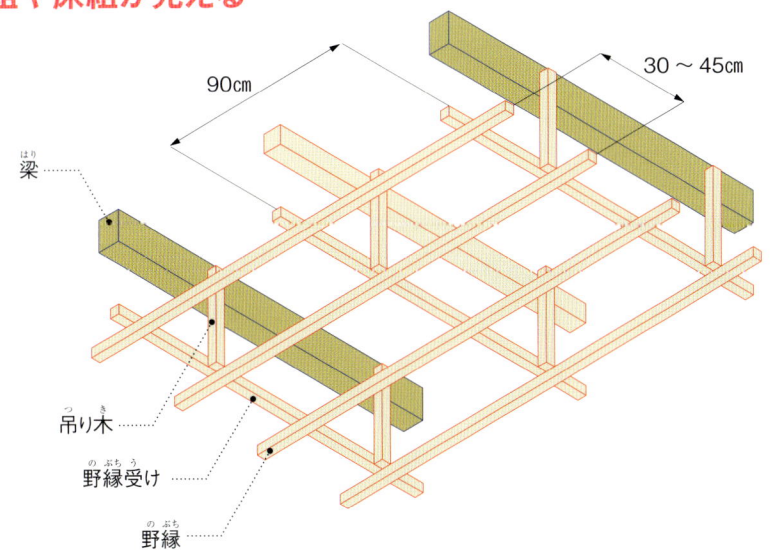

90cm
30 〜 45cm
梁
吊り木
野縁受け
野縁

石膏ボードの下（といっても天井では上）は図のような構成です。石膏ボードを直接支えている材を、野縁といいます。野縁は30〜45cm間隔に配置されます。野縁は野縁受けに支えられ、野縁受けは吊り木に支えられます。このように天井は、全体に吊り木を介して、上部の屋根梁や床梁から吊られています。

野縁などは仕上げの下地になることから根太や垂木に似た存在ですが、全体の工程では内装工事の際に施工されることが多くなります。

上階床

じょうかいゆか

◀◀ 作業を巻き戻してみよう！

下が地面でない、2階や3階の床、いわゆる「上階床」と、下が地面の1階の床、いわゆる「接地床」とではつくり方が異なります。床仕上げは、かつては畳敷きが多かったですが、近年はフローリングやカーペットが多くなりました。

1

完成

フローリング、すなわち木材床の材料は、大きく2つに分けられます。1つはいわゆる無垢の単板で、もう1つは合板などの上に薄板を張ったものです。前者の代表がフローリングボードで、幅が10cmに満たない短板です。後者の代表は複合フローリングで、幅が30cmの長尺板です。いずれも下地板を併用する工法が主流ですが、根太に直接張る工法もあります。

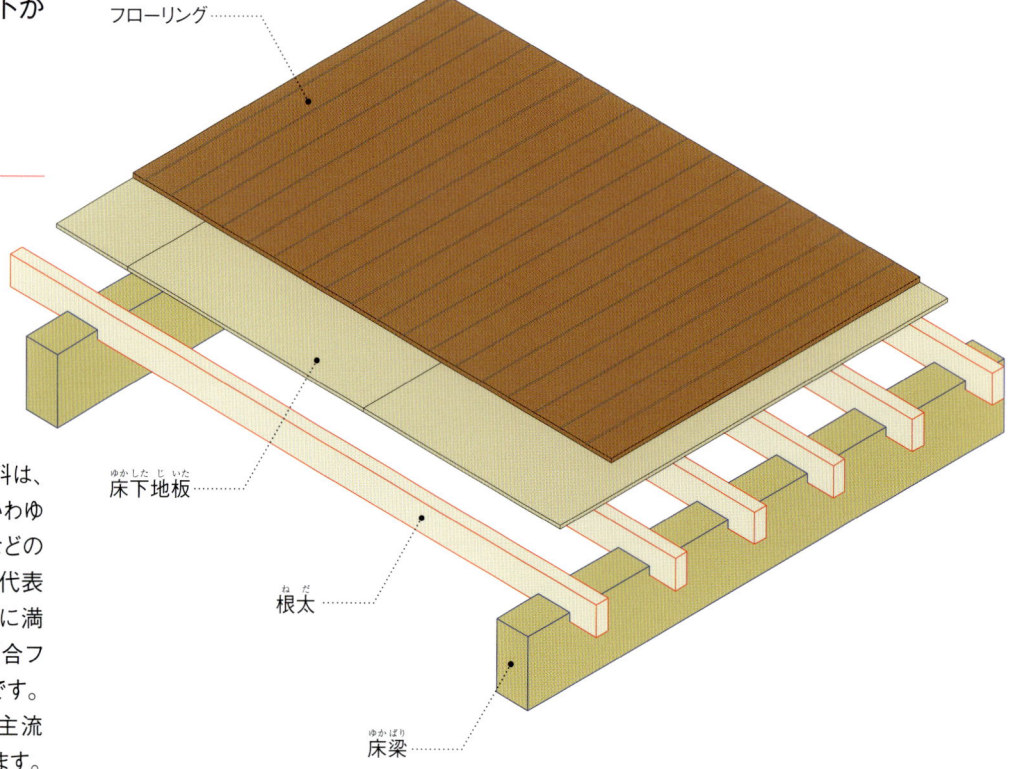

フローリング

床下地板
ゆかしたじいた

根太
ねだ

床梁
ゆかばり

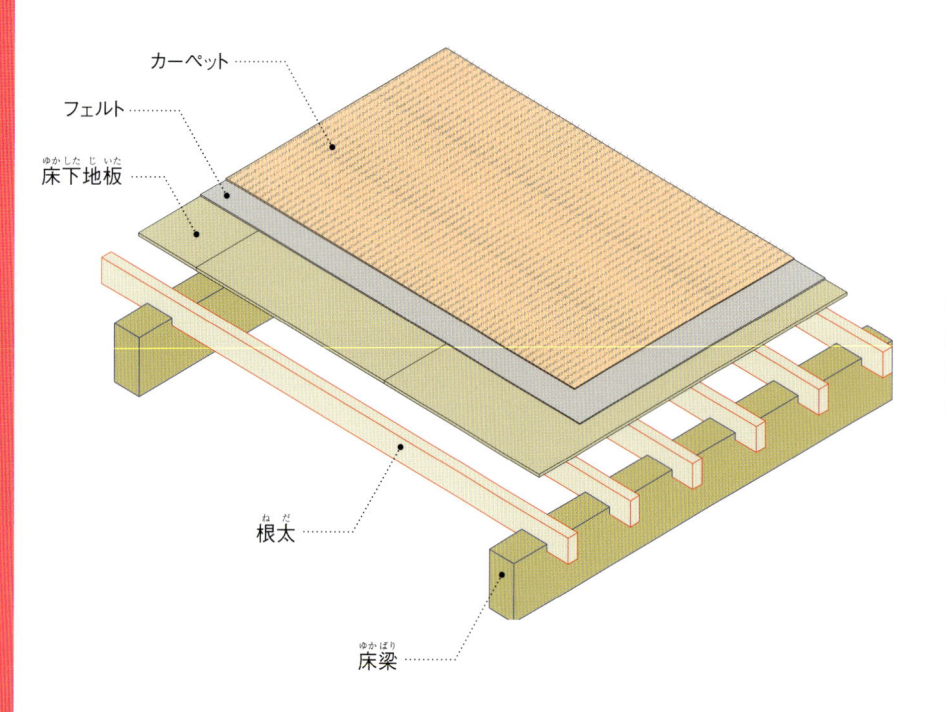

カーペット

フェルト

床下地板
ゆかしたじいた

根太
ねだ

床梁
ゆかばり

左はカーペット仕上げの図です。カーペットを敷き込む場合は、衝撃を和らげたり、断熱性や吸音性を上げるためにフェルトを下敷きにします。

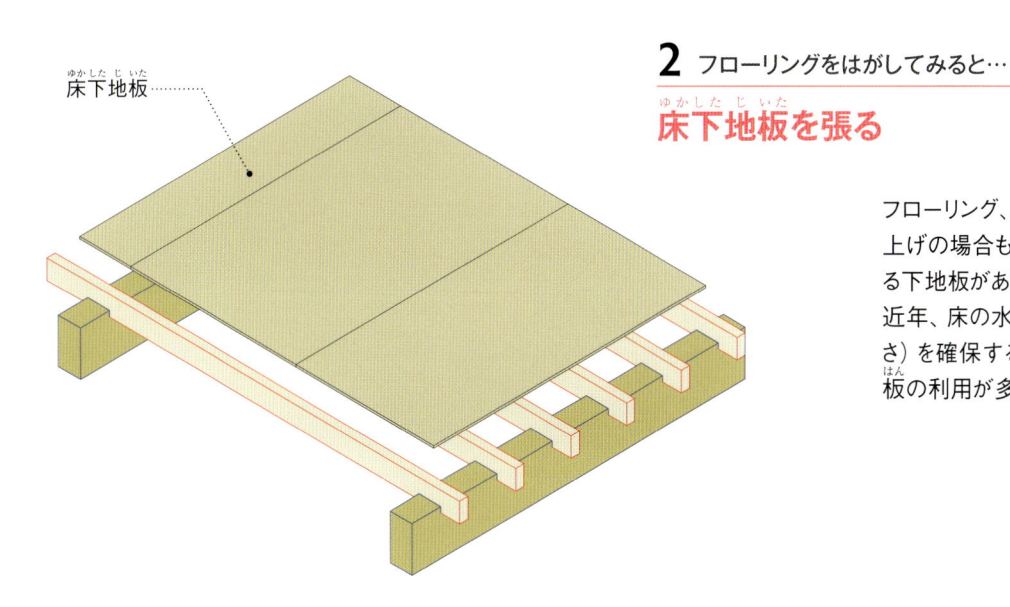

床下地板

2 フローリングをはがしてみると…

床下地板を張る

フローリング、カーペット、いずれの床仕上げの場合も、その下には床全面を受ける下地板があります。

近年、床の水平方向の剛性（変形しにくさ）を確保する意味から、下地板には合板の利用が多くなっています。

3 床下地板をはがしてみると…

根太がある

床下地板の下には部位躯体である、根太と呼ばれる4.5×10.5cm程度の木材が、30～45cm間隔で配置されています。根太は建物躯体で、約180cm間隔で配置されている床梁（32頁参照）に支えられています。床梁から上の構成が床組と呼ばれるものです。

床梁の断面寸法は幅が約12cmで、丈は支えている下階の柱の間隔（スパン）に応じて変わります。

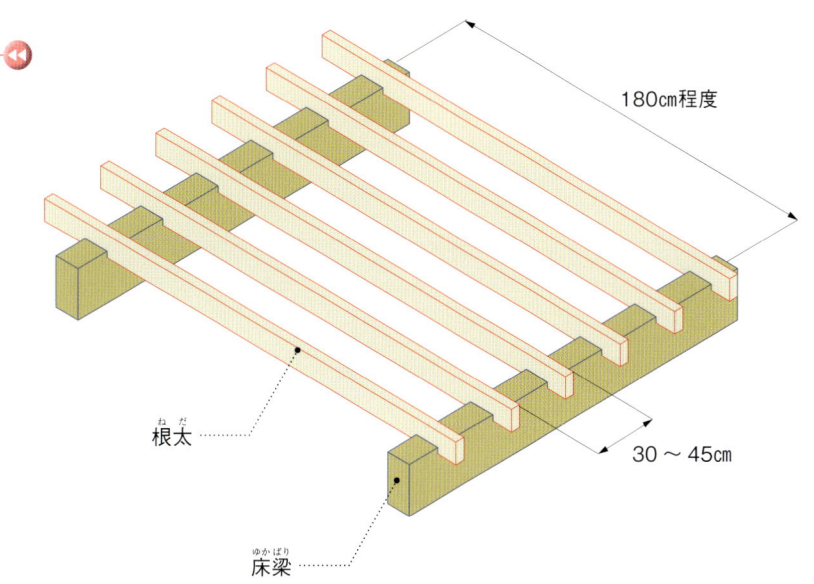

180cm程度

根太

床梁

30～45cm

Point

温水式床暖房の仕組み

最近は、床暖房の採用が増えています。床暖房には主に温水式と電気式があり、温水式であれば床仕上げと下地合板との間に、温水パイプが組み込まれたパネルを設置します。その下に断熱材を設けるとより効果的です。フローリングは、床暖房対応のものでも材が反るなどの問題が生じることがあるので注意が必要です。図は温水式の例です。

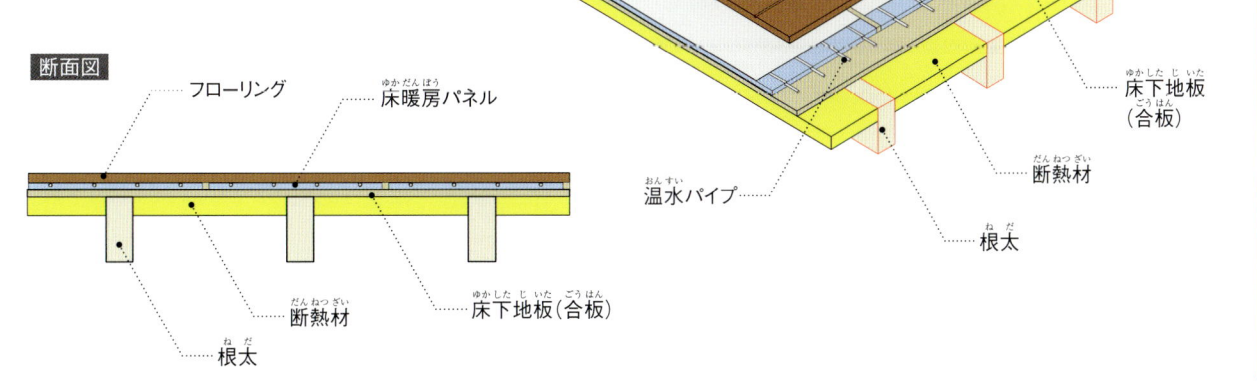

フローリング

床暖房パネル

床下地板（合板）

断熱材

温水パイプ

根太

断面図

フローリング

床暖房パネル

断熱材

床下地板（合板）

根太

接地床

せっちゆか

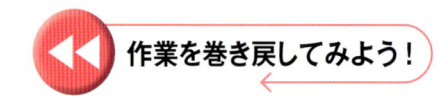 作業を巻き戻してみよう！

下が地面の最下階の床を「接地床」と呼びます。ここでは畳敷き床を例に説明します。一番下の束石の下が地面になります。布基礎で防湿コンクリートを設けた場合や、ベタ基礎による場合は束石の下はコンクリートとなります。

1

完成

畳（たたみ）

大引（おおびき）

床下地板（ゆかしたじいた）

断熱材（だんねつざい）

根太（ねだ）

床束（ゆかづか）

束石（つかいし）

Point

断熱材の取り付け方法

左の図は、根太の下面に受け木を取り付け、断熱材を落とし込む方法です。しかし、作業性がよくないため、右の図のような金属製のクリップを根太に取り付けて固定する方法も普及しています。

寒冷地などで防湿・気密シートを採用する場合は、床下地板と断熱材の間に入れて、根太に固定します。

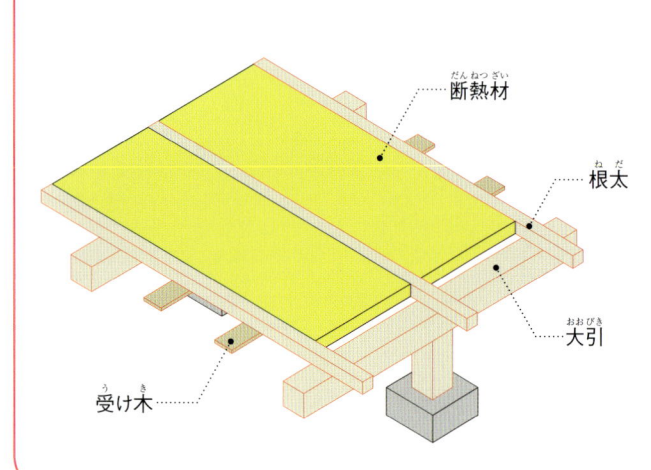

断熱材（だんねつざい）

根太（ねだ）

大引（おおびき）

受け木（うけき）

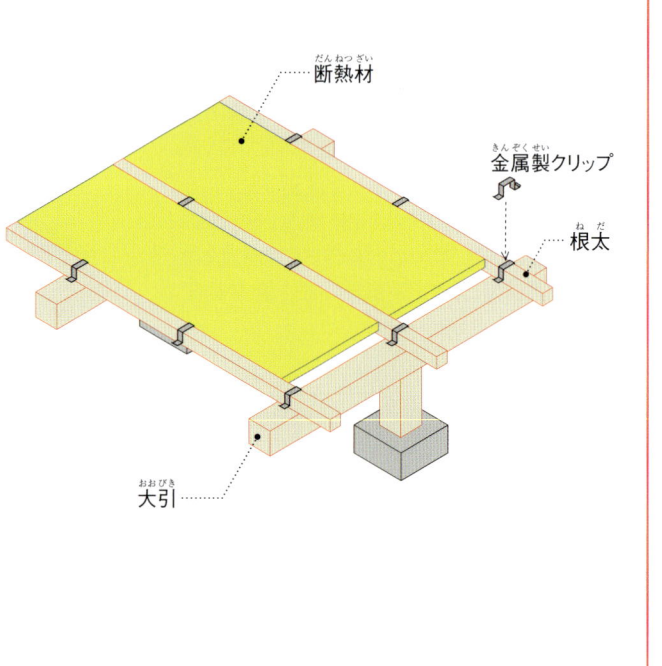

断熱材（だんねつざい）

金属製クリップ（きんぞくせい）

根太（ねだ）

大引（おおびき）

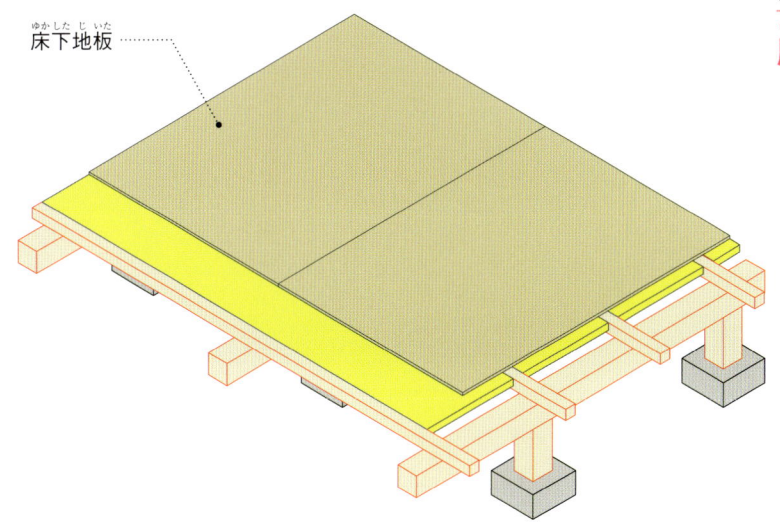

床下地板

2 畳をはがしてみると…

床下地板を張る

畳の下には上階床と同様、床下地板が全面に張ってあります。

床下地板の下には上階床と同様、部位躯体である根太と呼ばれる木材が、やはり30 〜 45㎝間隔で配置されています。通常、根太の間には、断熱材が入っています。下階床は、屋根や外周壁と同様、外気と接する外廻りだからです。

3 床下地板をはがしてみると…

根太がある

根太の下には大引が約90㎝間隔に配置され、床を支えています。大引の下には床束がやはり約90㎝間隔にあり、その下には束石があり全体を支えています。

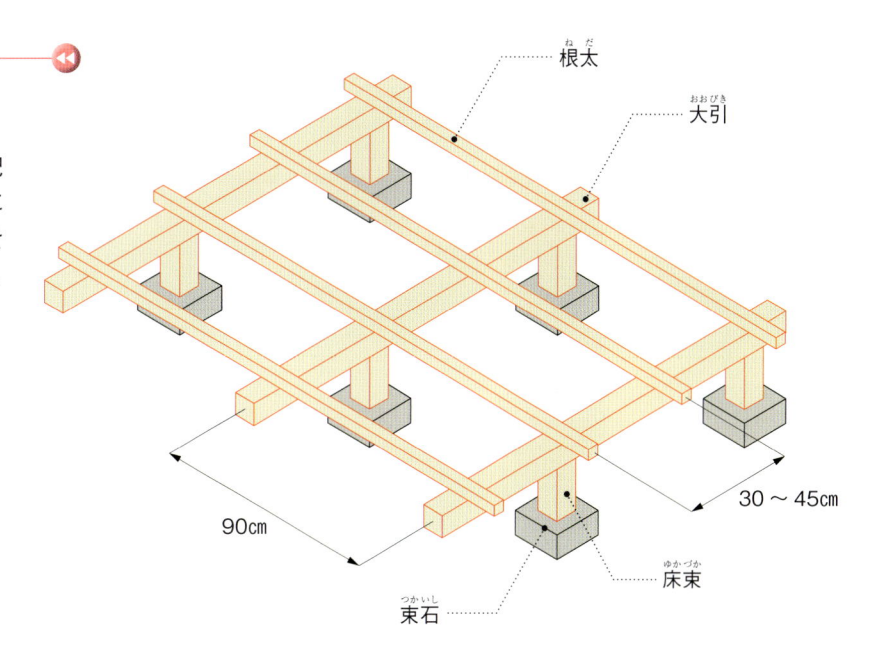

根太
大引
90㎝
30 〜 45㎝
束石
床束

鋼製、合成樹脂製の床束

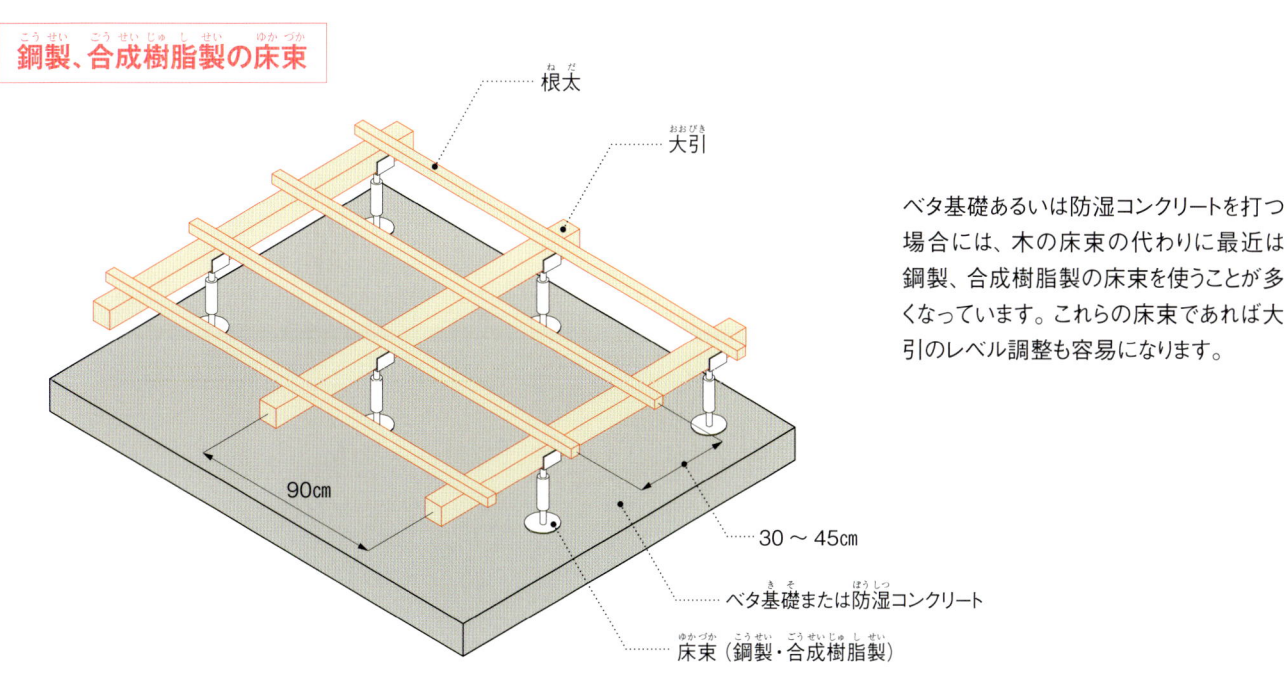

根太
大引
90㎝
30 〜 45㎝
ベタ基礎または防湿コンクリート
床束（鋼製・合成樹脂製）

ベタ基礎あるいは防湿コンクリートを打つ場合には、木の床束の代わりに最近は鋼製、合成樹脂製の床束を使うことが多くなっています。これらの床束であれば大引のレベル調整も容易になります。

引違いサッシ
ひきちがい

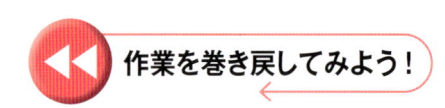

作業を巻き戻してみよう！

窓や戸のことをまとめて「開口部」といいます。開閉するものの可動部分を「引き戸」（障子）や「開き戸」（扉）といい、壁に取り付けてそれらを保持する固定部分を「枠」といいます。

屋外の雨戸やシャッター、窓、そして屋内の障子やカーテンという外部に面する開口部の構成は、これまで紹介してきた仕上げ・下地の関係と似ていますが、取り付けはそれぞれ独立しています。

1

完成

外部に面する窓は、ガラスの入った障子と枠とが一体になったサッシ（多くはアルミ合金製）です。障子や扉の周囲の枠材を框（かまち）といいますが、サッシは枠と框を一体にすることで高い気密性・水密性を確保しています。

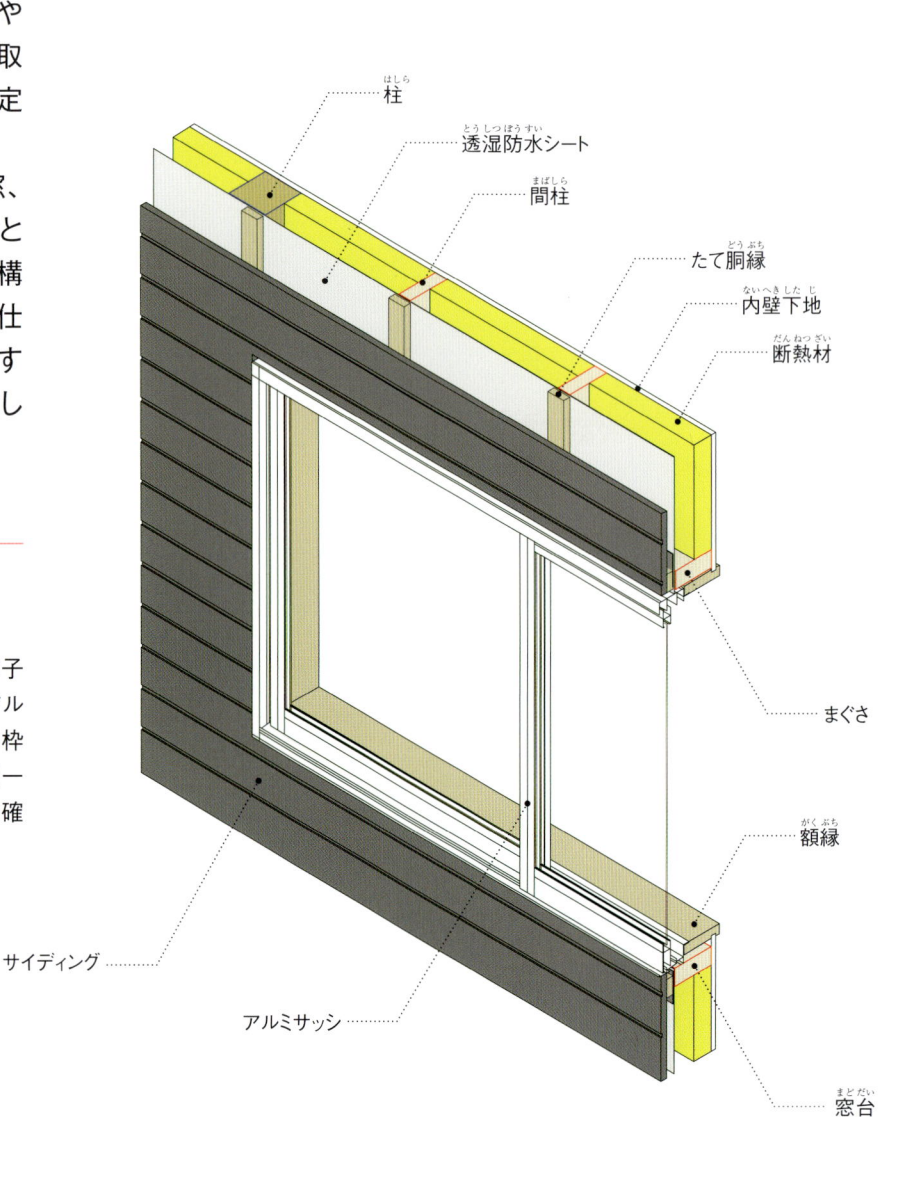

- 柱（はしら）
- 透湿防水シート（とうしつぼうすい）
- 間柱（まばしら）
- たて胴縁（どうぶち）
- 内壁下地（ないへきしたじ）
- 断熱材（だんねつざい）
- まぐさ
- 額縁（がくぶち）
- サイディング
- アルミサッシ
- 窓台（まどだい）

Point

窓の開閉方式の種類

窓の開閉方式には、引違い、開き、回転、滑り出しなどがあります。その性能や使い勝手は、開閉方式に大きく左右されます。日本で多い引違い窓は、開く際に余分なスペースがいらないという長所がありますが、その一方、高い気密性を確保しにくいという短所があります。

サッシ廻りの防水テープ

2 外壁に着目してみると…

サイディングを張る

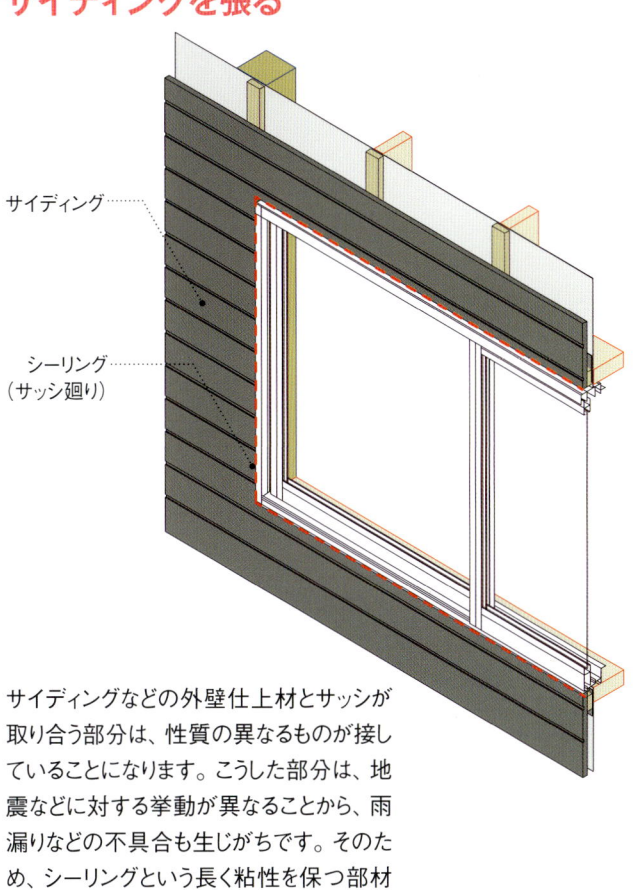

サイディング

シーリング
（サッシ廻り）

サイディングなどの外壁仕上材とサッシが取り合う部分は、性質の異なるものが接していることになります。こうした部分は、地震などに対する挙動が異なることから、雨漏りなどの不具合も生じがちです。そのため、シーリングという長く粘性を保つ部材で全周を覆い、その対策としています。

3 サイディングをはがしてみると…

透湿防水シートを張る

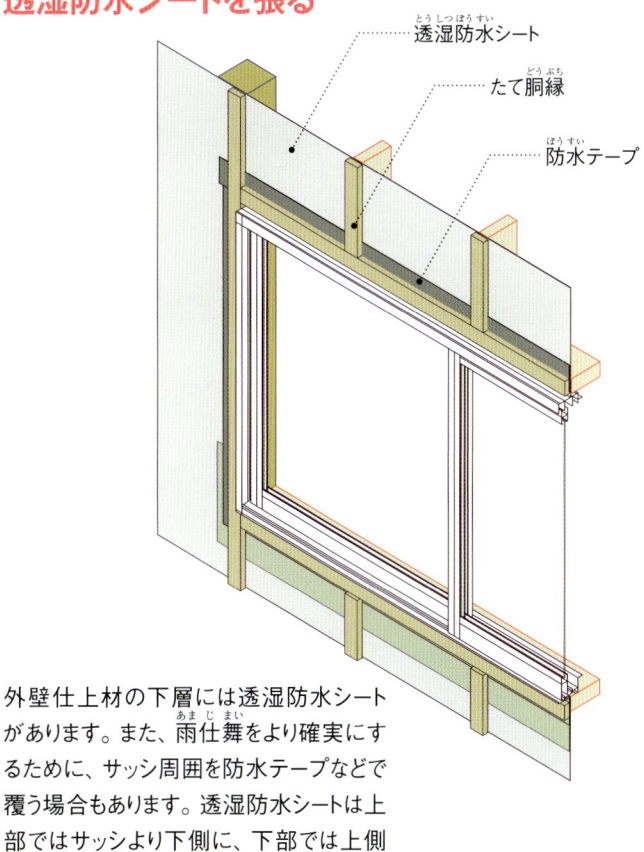

透湿防水シート

たて胴縁

防水テープ

外壁仕上材の下層には透湿防水シートがあります。また、雨仕舞をより確実にするために、サッシ周囲を防水テープなどで覆う場合もあります。透湿防水シートは上部ではサッシより下側に、下部では上側にという複雑な張り方をします。

4 透湿防水シートをはがしてみると…

先張り防水シートとアルミサッシを取り付ける

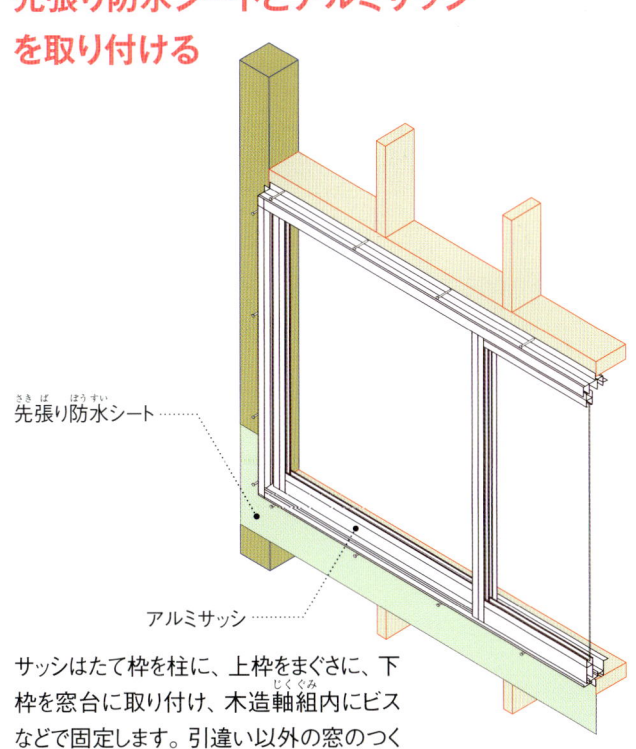

先張り防水シート

アルミサッシ

サッシはたて枠を柱に、上枠をまぐさに、下枠を窓台に取り付け、木造軸組内にビスなどで固定します。引違い以外の窓のつくり方も基本的には同じような仕組みです。先張りの防水シートは窓台に先に張っておきます。

5 アルミサッシを外してみると…

軸組がある

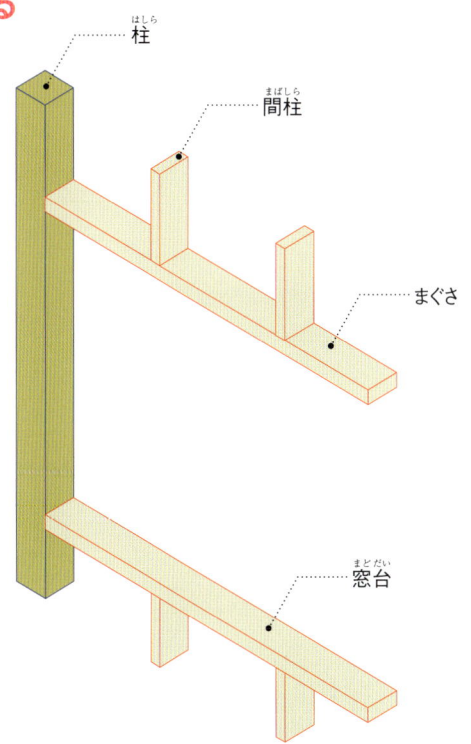

柱

間柱

まぐさ

窓台

玄関ドア
（げんかん）

◀◀ 作業を巻き戻してみよう！

日本では、窓は引違いが多く、玄関は開き戸、それも外開きが多いです。内部開口部と同様、周辺の枠までを大工さんがつくり、その後に建具屋さんがドアを建て込むという形式の場合もありますが、開閉する扉と周辺の枠とが一体となった部材を現場に持ち込み、窓サッシに準じて吊り込むという形式が現在では多く採用されています。

1

完成

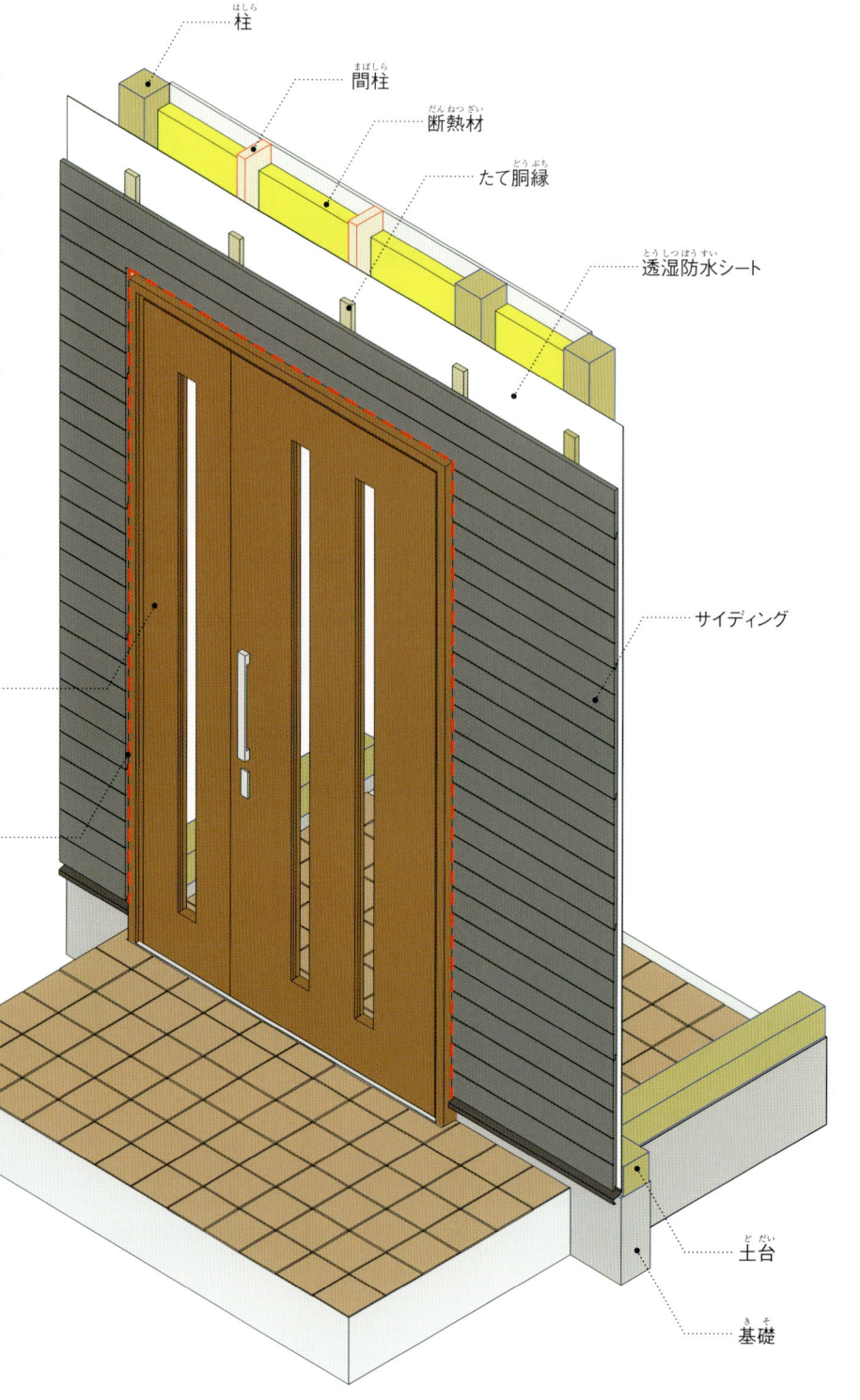

柱（はしら）
間柱（まばしら）
断熱材（だんねつざい）
たて胴縁（どうぶち）
透湿防水シート（とうしつぼうすい）
サイディング
玄関ドア（げんかん）
土台（どだい）
基礎（きそ）

シーリング
サイディングなどの仕上材とサッシの取り合い部分は、全周をシーリングという長く粘性を保つ材で覆います

玄関ドアに限りませんが、日本では外壁同様、外廻りの建具に防火的な配慮が必要となることが多々あります。その場合は、玄関ドアの面材としてアルミやスチールなどの金属材が多く採用されます。

Point

玄関ドアが外開きなのは…

玄関に外開きドアが多い理由として、開き戸のほうが引き戸に比べて使い勝手のよい錠が多い、玄関に脱いだ履きものを置くスペースを確保するには外開きのほうがよい、などが挙げられます。

2 サイディングをはがしてみると…

たて胴縁を取り付ける

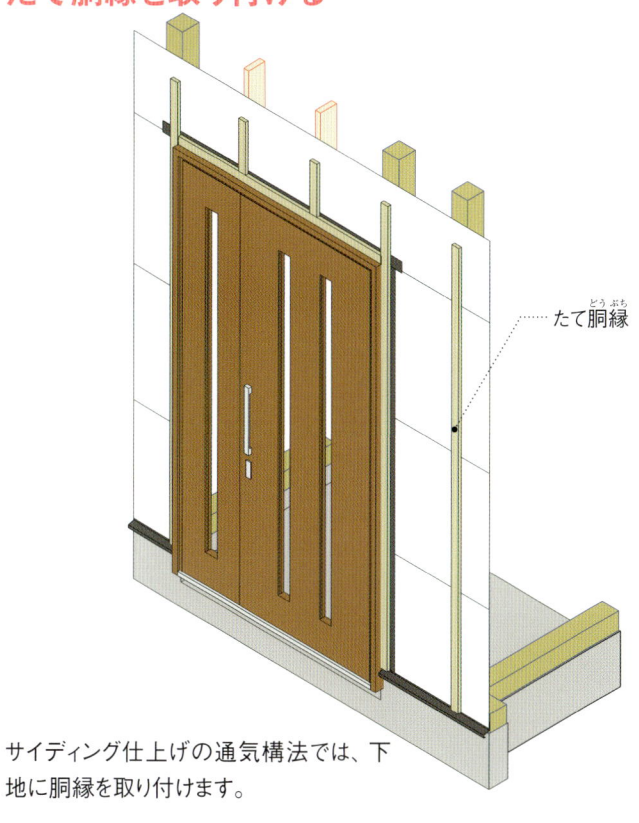

たて胴縁

サイディング仕上げの通気構法では、下地に胴縁を取り付けます。

3 たて胴縁をはがしてみると…

透湿防水シート、防水テープを張る

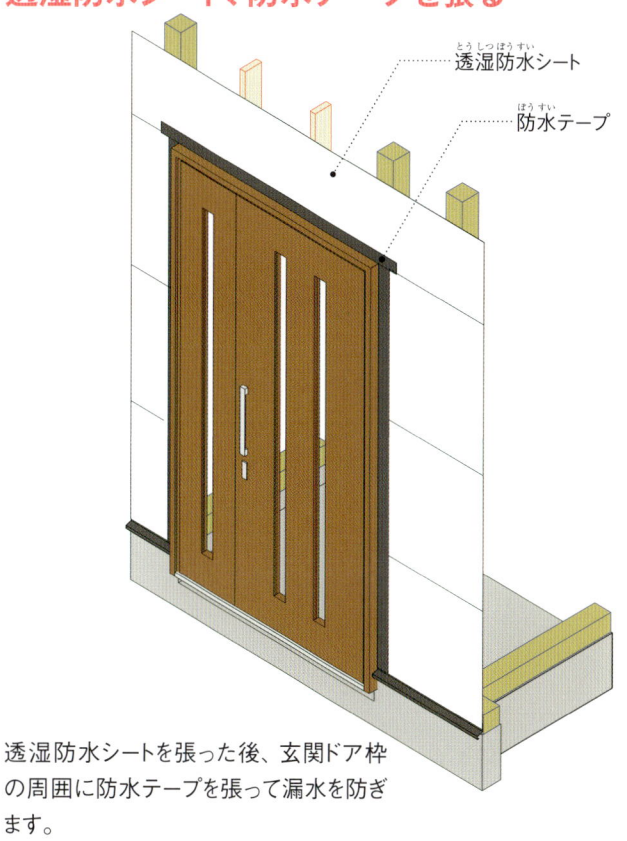

透湿防水シート

防水テープ

透湿防水シートを張った後、玄関ドア枠の周囲に防水テープを張って漏水を防ぎます。

4 透湿防水シートをはがしてみると…

玄関ドアの枠を取り付ける

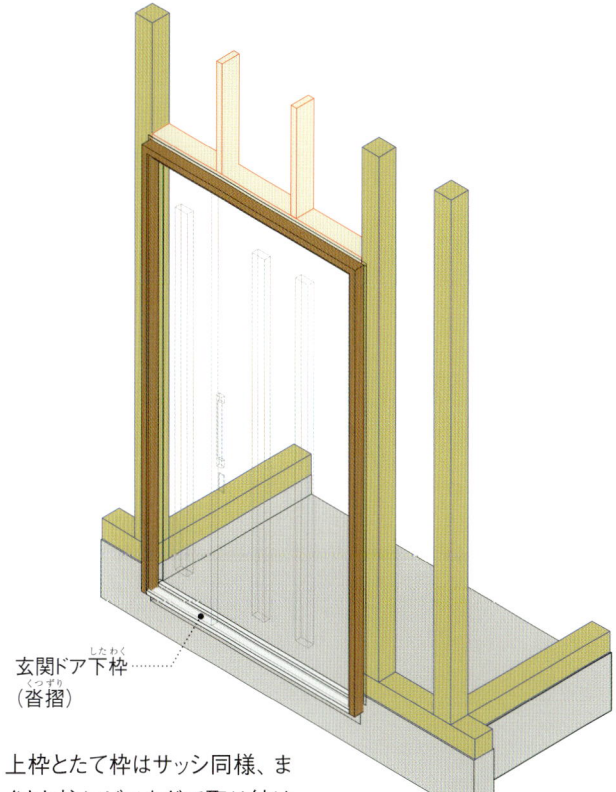

玄関ドア下枠
（沓摺）

上枠とたて枠はサッシ同様、まぐさと柱にビスなどで取り付けます。ドアのスムーズな開閉には精度よく建て込むことが必要です。下枠はアンカー金物を介して、玄関内外を仕切る床仕上材の下地モルタルに埋め込み、固定します。

5 玄関ドア枠を外してみると…

軸組がある

間柱

柱

まぐさ

土間コンクリート

土台

基礎

開き戸

ひらど

作業を巻き戻してみよう！

内部開口部の場合、開閉方式のほとんどは引き戸か開き戸です。日本ではこれまで引き戸が主流でしたが、和室の減少とともに開き戸の採用が増えてきました。枠と扉が一体となったものを現場に持ち込み、外廻り開口部と同様の仕組みで取り付ける場合もありますが、ここでは後述する引き戸と同様、大工さん中心につくる場合について紹介します。

1

完成

開き戸には丁番やドアノブ、錠などの建具金物が必須です。建具屋さんは、大工さんがつくった枠の中に納まるよう、あらかじめ開口寸法を測ります。そのうえで、ドアノブや錠をつけた扉を持ち込み、倒れ（傾き）などがないように調整しながら丁番で戸を吊り込みます。

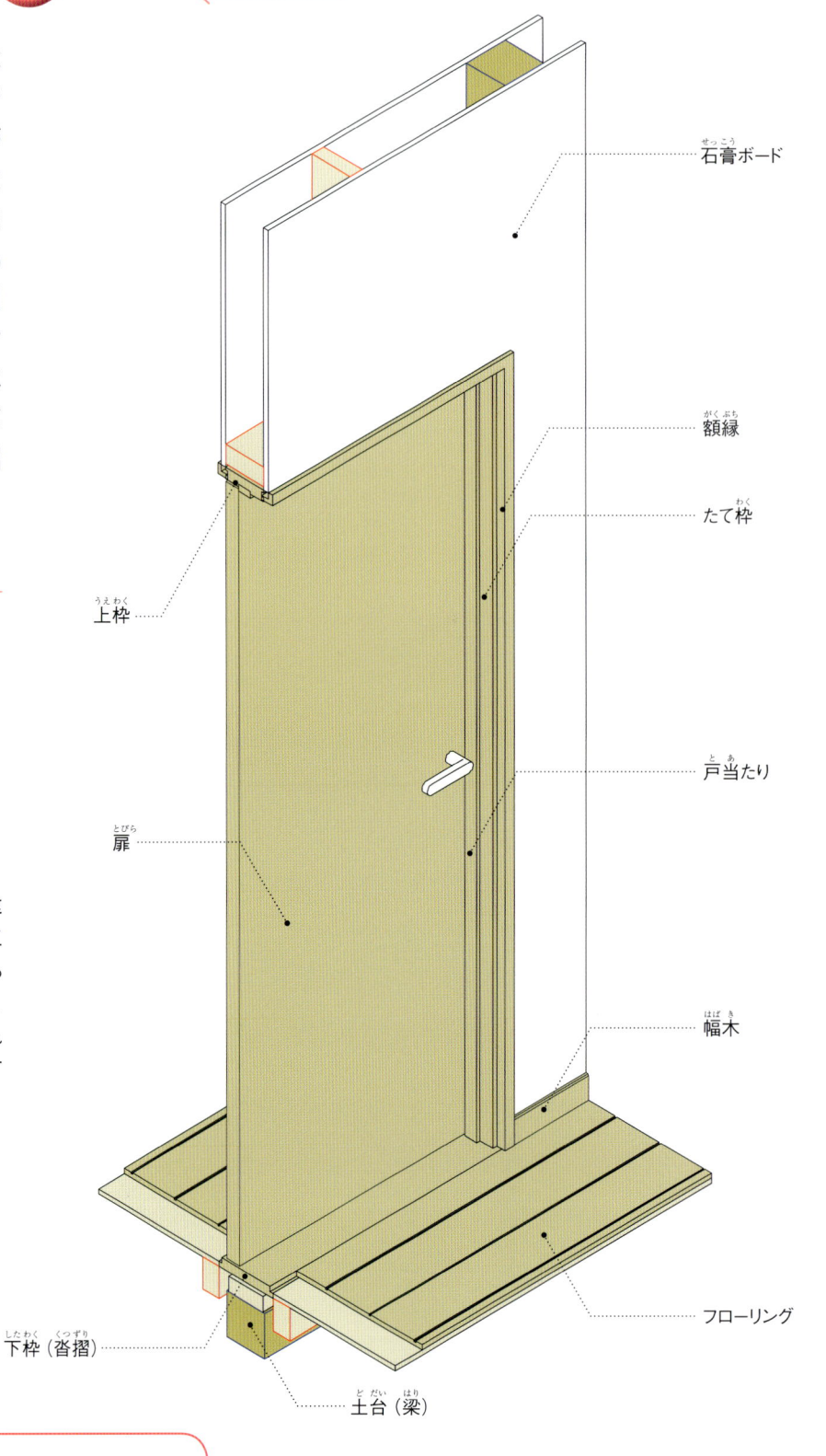

石膏ボード（せっこう）

額縁（がくぶち）

たて枠（わく）

上枠（うえわく）

戸当たり（と あ）

扉（とびら）

幅木（はば き）

フローリング

下枠（沓摺）（したわく くつずり）

土台（梁）（ど だい はり）

Point

枠の問題点

枠には、閉鎖時に気密性や遮音性が確保されるというプラス面と、開扉時に開口部分が小さくなるというマイナス面とがあります。扉厚やノブなどによっても、開口幅が狭くなることに注意が必要です。また、下枠の凸部はバリアフリーの観点から問題となることもあります。

2 扉を外してみると…

石膏ボードを張る

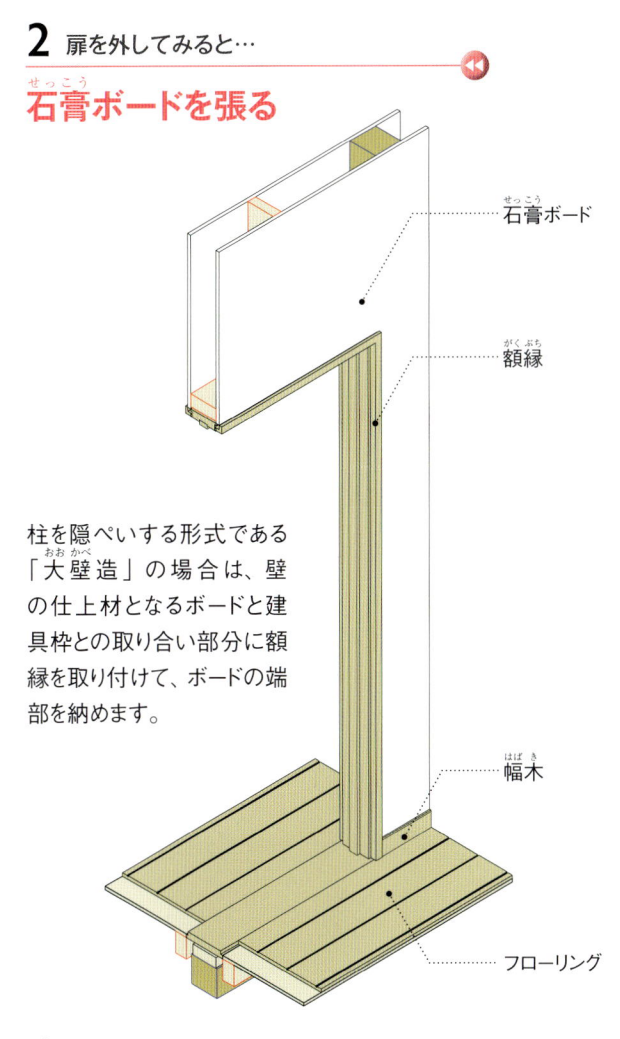

石膏ボード

額縁

柱を隠ぺいする形式である「大壁造」の場合は、壁の仕上材となるボードと建具枠との取り合い部分に額縁を取り付けて、ボードの端部を納めます。

幅木

フローリング

3 石膏ボードをはがしてみると…

建具・枠を取り付ける

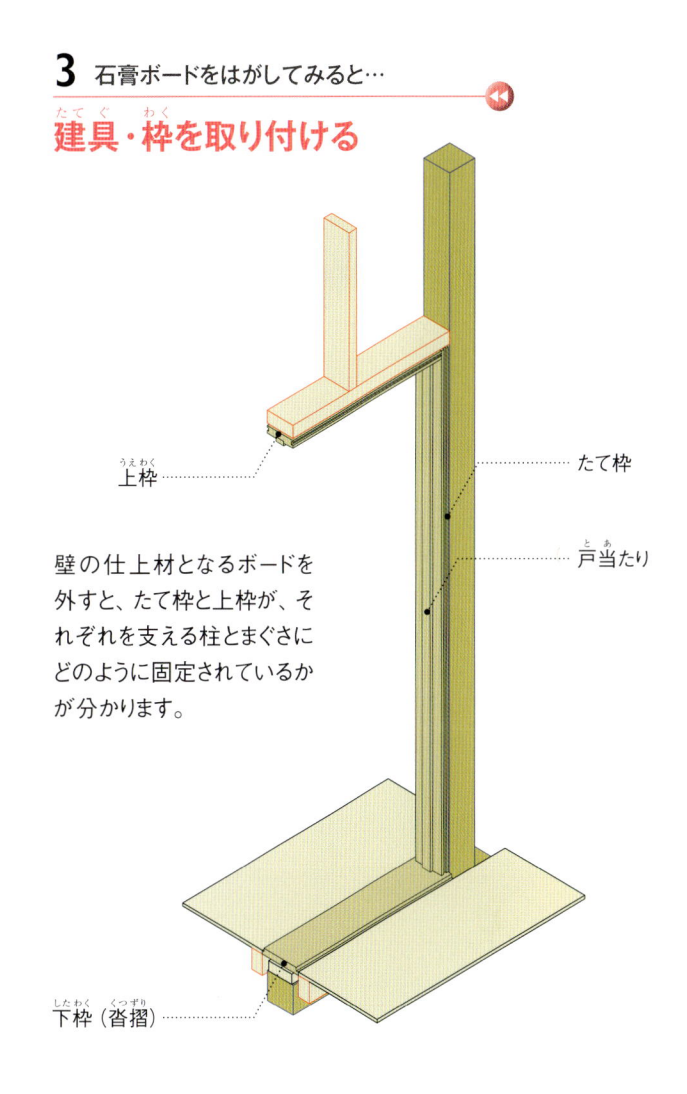

上枠

たて枠

戸当たり

壁の仕上材となるボードを外すと、たて枠と上枠が、それぞれを支える柱とまぐさにどのように固定されているかが分かります。

下枠（沓摺）

4 枠を外してみると…

軸組がある

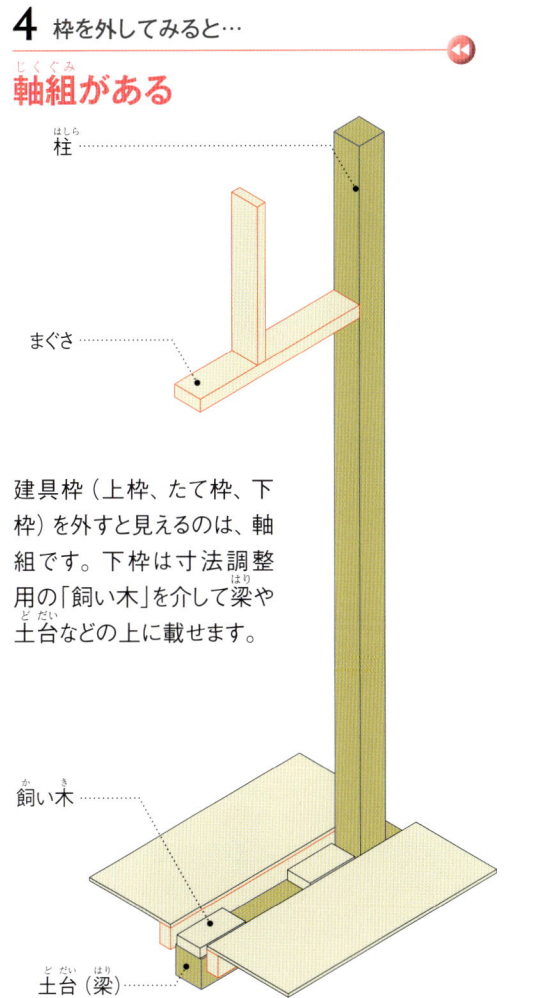

柱

まぐさ

建具枠（上枠、たて枠、下枠）を外すと見えるのは、軸組です。下枠は寸法調整用の「飼い木」を介して梁や土台などの上に載せます。

飼い木

土台（梁）

寸法の調整

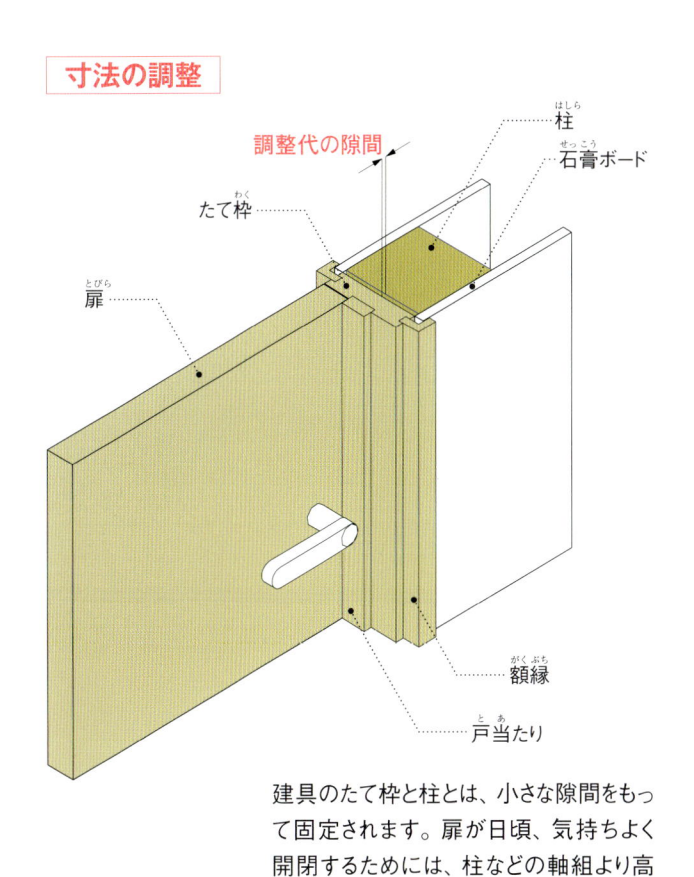

調整代の隙間

柱

石膏ボード

たて枠

扉

額縁

戸当たり

建具のたて枠と柱とは、小さな隙間をもって固定されます。扉が日頃、気持ちよく開閉するためには、柱などの軸組より高い建て入れ精度が必要です。隙間はそのための調整代です。

引き戸

<ruby>引<rt>ひ</rt></ruby>き<ruby>戸<rt>ど</rt></ruby>

作業を巻き戻してみよう！

住まいが洋室中心となるにつれ、建具には室の独立性確保が容易な開き戸が多くなりました。しかし近年、バリアフリーの観点から、開閉時に身体の移動が少ないという特徴を持つ引き戸が見直されています。

なお、開口部材を総称して「建具」と呼ぶことがありますが、木造では、かつて枠に相当する部分はもっぱら大工さんがつくっていたことから、建具屋さんがつくる可動部分だけを建具と呼ぶことがあります。

1

完成

間柱（まばしら）

ラスボード

左官仕上げ（さかんしあげ）

柱（化粧）（はしら けしょう）

鴨居（かもい）

内法高（うちのりだか）

引き戸（ふすま）（ひきど）

畳寄せ（たたみよせ）

敷居（しきい）

畳（たたみ）

根太（ねだ）

土台（梁）（どだい はり）

床下地合板（ゆかしたじごうはん）

Point

内法と内法高

うちのり　うちのりだか

敷居の上端から鴨居の下端までを内法、その間の寸法を内法高といいます。現在も、6尺＝約182㎝を軸組寸法として、内法高を5尺8寸＝約176㎝などとする尺貫法の寸法をメートル法で読み替えた、規格にあった障子・ふすまが広く流通しています。なお内法は、敷居、鴨居間にかかわらず、枠と枠の間など、部材の（中心間距離ではなく）実際の間を示す呼称として広く使われています。

2 引き戸を外してみると…
壁仕上げをする

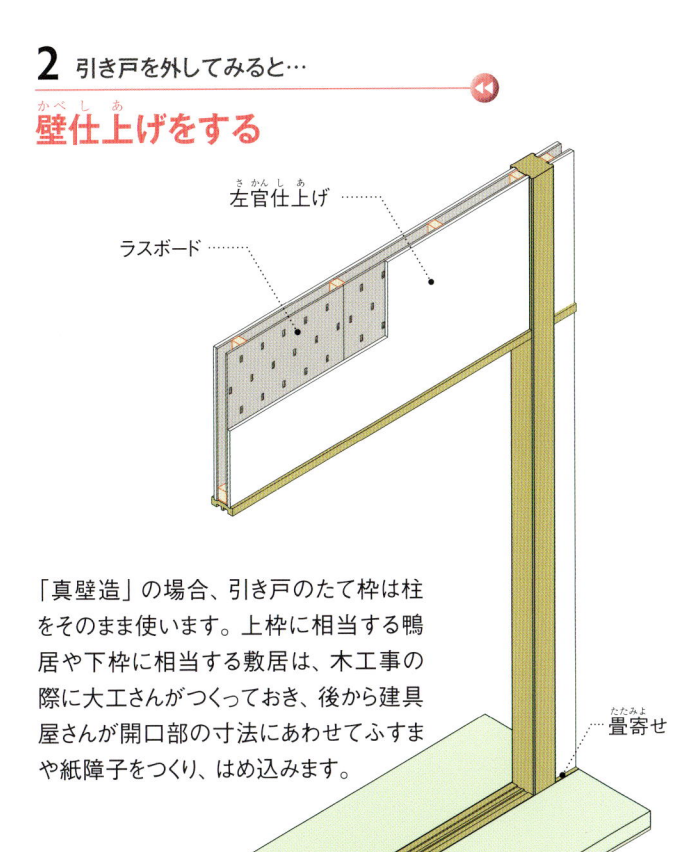

左官仕上げ
ラスボード
畳寄せ
畳

「真壁造」の場合、引き戸のたて枠は柱をそのまま使います。上枠に相当する鴨居や下枠に相当する敷居は、木工事の際に大工さんがつくっておき、後から建具屋さんが開口部の寸法にあわせてふすまや紙障子をつくり、はめ込みます。

3 壁仕上げをはがしてみると…
敷居、鴨居を取り付ける

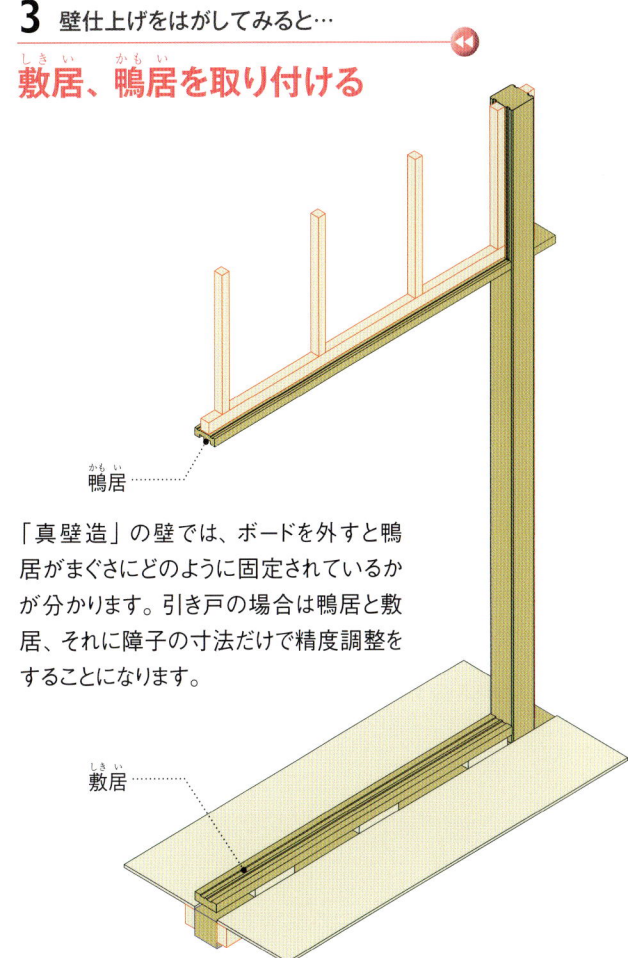

鴨居
敷居

「真壁造」の壁では、ボードを外すと鴨居がまぐさにどのように固定されているかが分かります。引き戸の場合は鴨居と敷居、それに障子の寸法だけで精度調整をすることになります。

4 鴨居と敷居を外してみると…
軸組がある

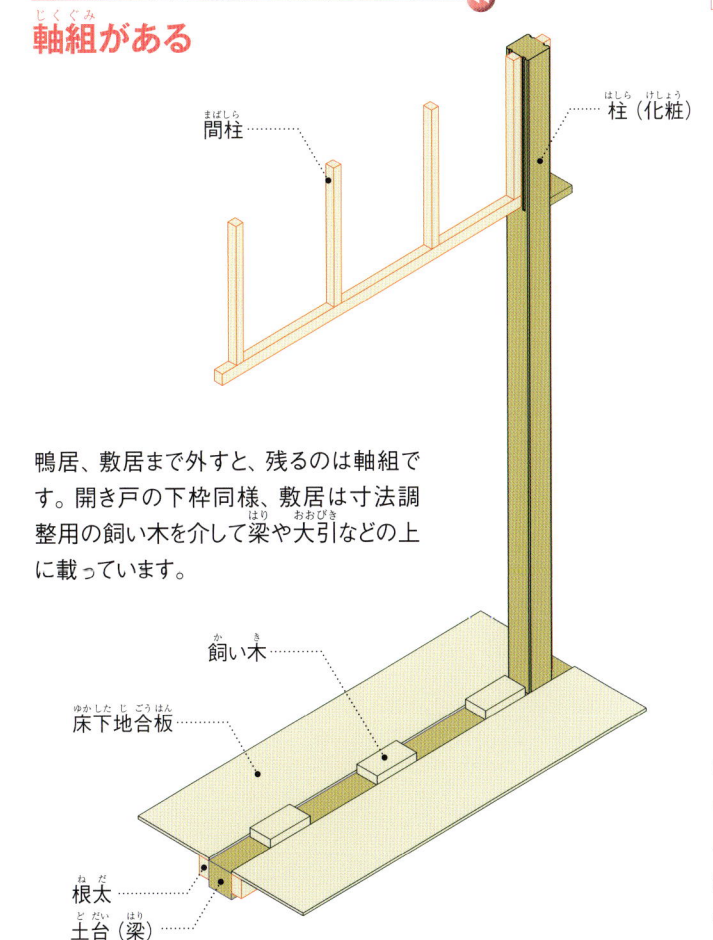

間柱
柱（化粧）
飼い木
床下地合板
根太
土台（梁）

鴨居、敷居まで外すと、残るのは軸組です。開き戸の下枠同様、敷居は寸法調整用の飼い木を介して梁や大引などの上に載っています。

レールを使った引き戸の例

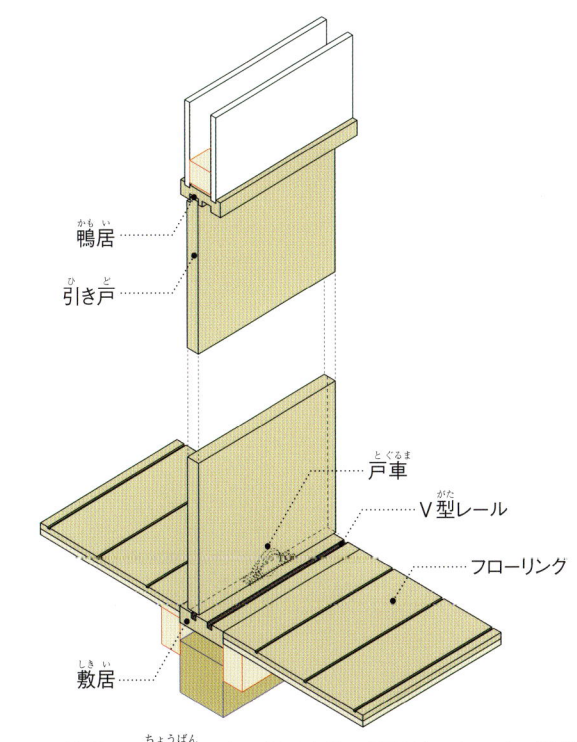

鴨居
引き戸
戸車
V型レール
フローリング
敷居

引き戸の特徴は、丁番などの建具金物が不要なことです。通常は上下の溝の間を滑らせて開閉しますが、開閉をより容易にするため、敷居にV型のレールを敷き、戸の下部に戸車を入れる方式や、鴨居に吊り戸車を利用する方式もあります。後者は、収納などでよく採用されます。

第3章

枠組壁工法の住宅ができるまで

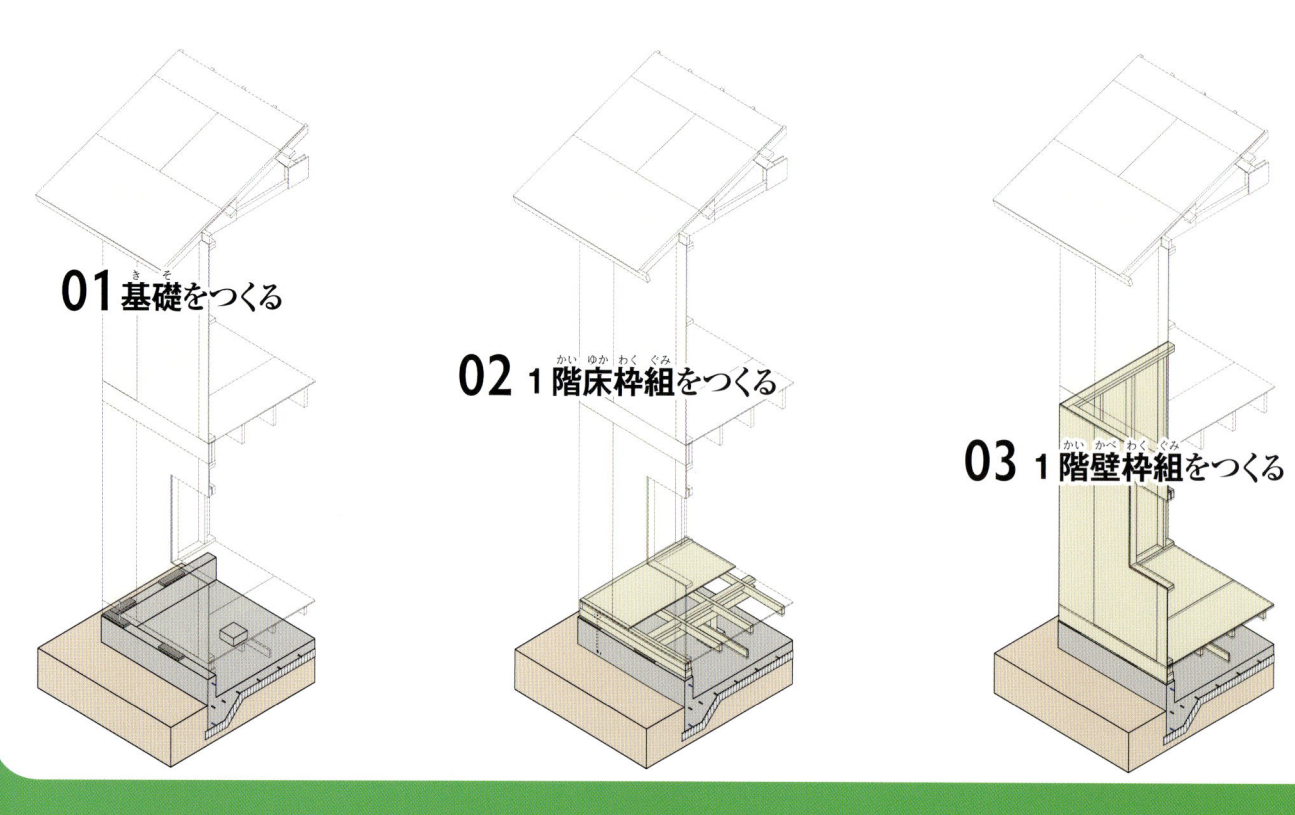

01 基礎をつくる

02 1階床枠組をつくる

03 1階壁枠組をつくる

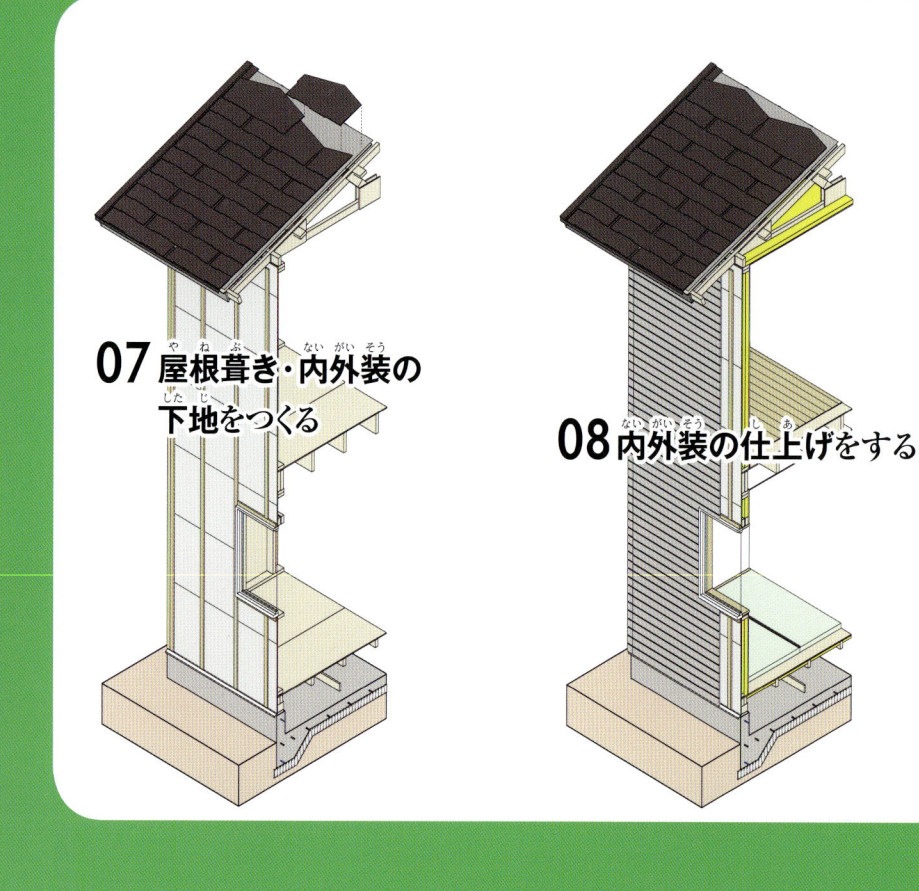

07 屋根葺き・内外装の下地をつくる

08 内外装の仕上げをする

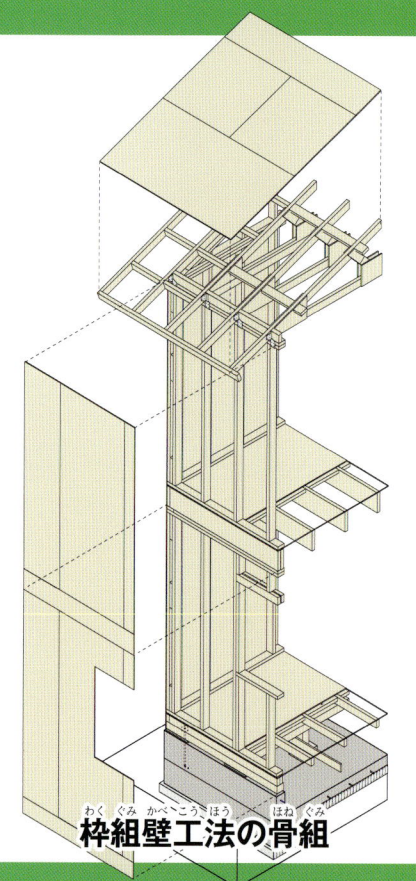

枠組壁工法の骨組

ツーバイフォーとも呼ばれる北米由来の在来工法、枠組壁工法の住宅が
できるまでを順を追って見ていきましょう。
在来軸組工法のように「線」ではなく、「面」で構成することが特徴です。

04 2階床枠組をつくる

05 2階壁枠組をつくる

06 小屋組をつくる

枠組壁工法とは、柱に相当する主要な枠材の断面が呼
称寸法2×4インチ（実寸法は約4×9cm）のものを使用
する工法です。すでに19世紀には日本にも導入され
ていましたが（遺構：札幌農学校など）、本格的に普及
していくのは1960年代後半で、その施工性のよさな
どが再び注目されました。ここでは1974年に整備さ
れ、現在、最も普及しているわが国独自の技術基準に
基づく「通し柱のないプラットフォーム工法」について
紹介します。

01 基礎をつくる

基礎の手順は在来軸組工法と
まったく同様です。地鎮祭から
始まって、水盛り・遣り方で高さ
の基準点・敷地への建物配置を
決め、次に所定の個所を根切り
し、割栗地業へと続きます。そ
の後は配筋工事、型枠工事、コ
ンクリート打ち、そして脱型とな
ります。

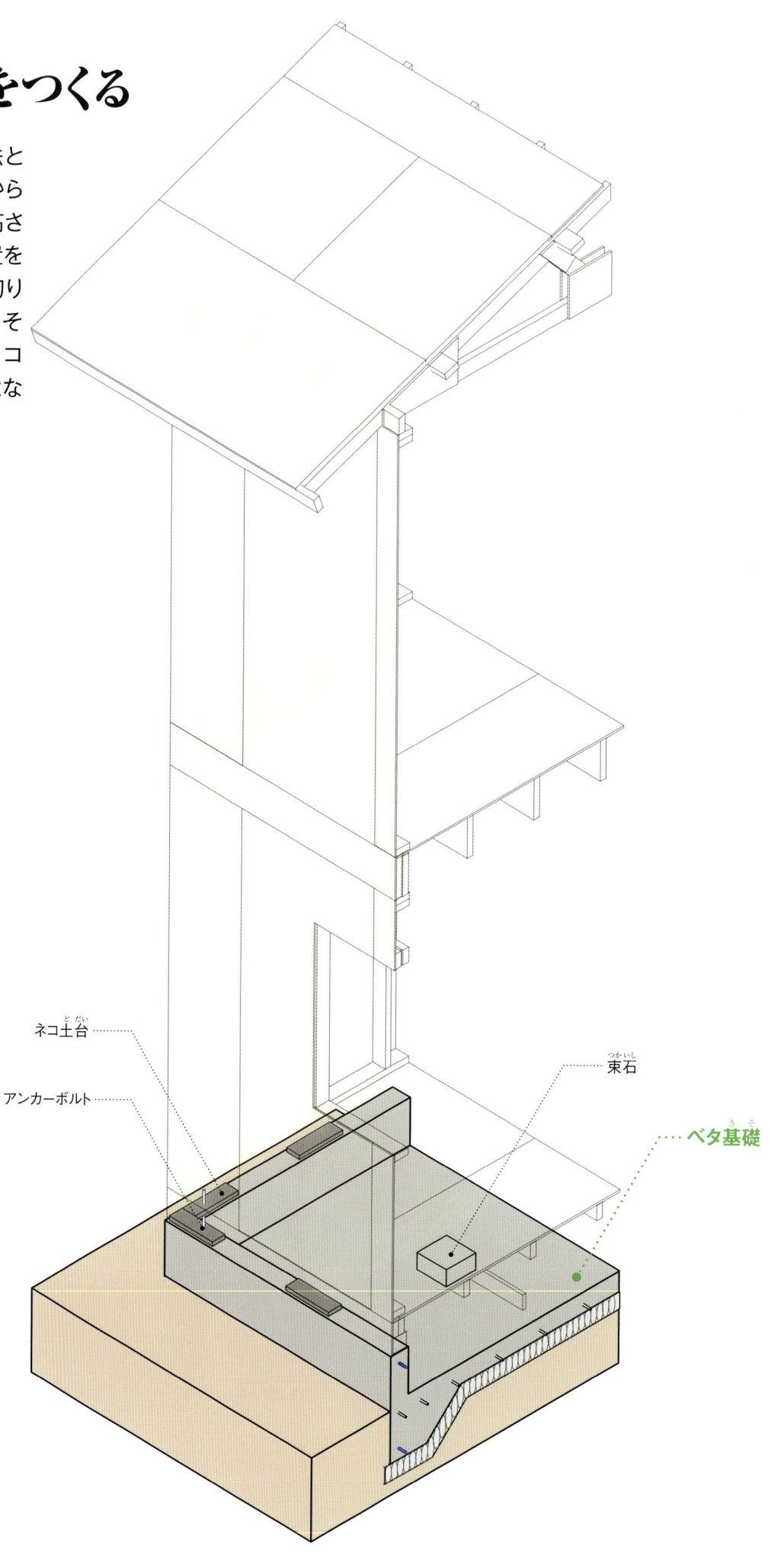

ネコ土台

アンカーボルト

束石

ベタ基礎

　部材　ネコ土台・アンカーボルト・束石・ベタ基礎

ベタ基礎＋ネコ土台

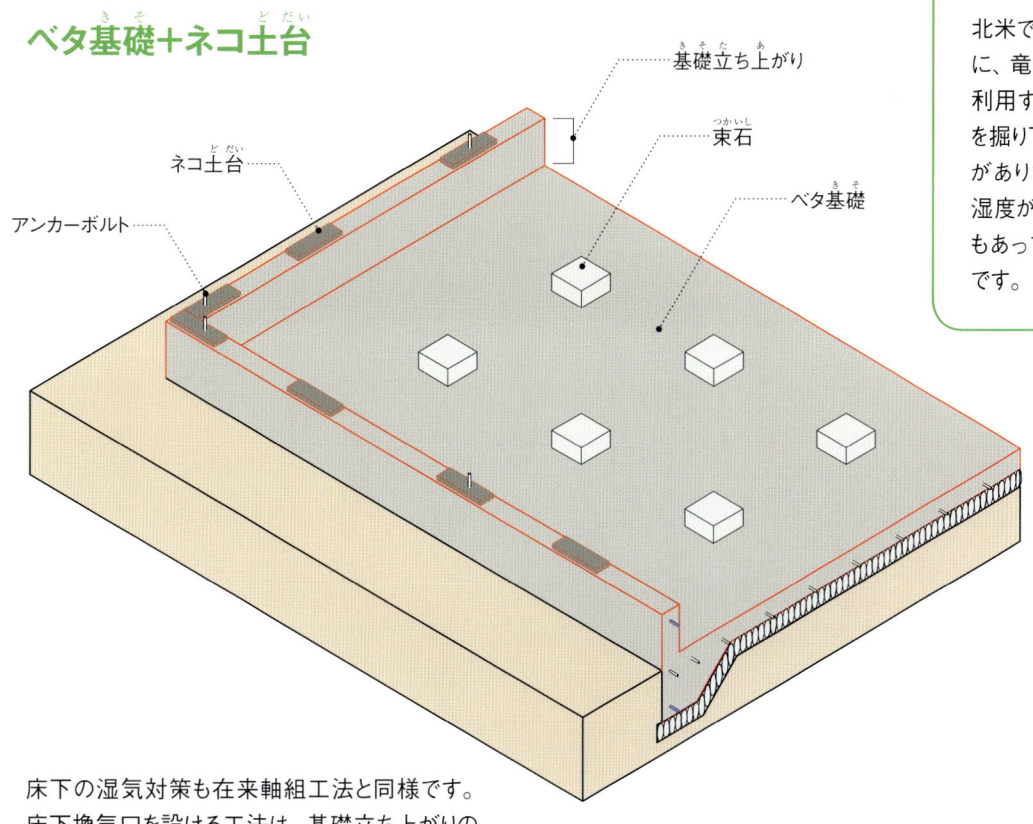

基礎立ち上がり
ネコ土台
アンカーボルト
束石
ベタ基礎

床下の湿気対策も在来軸組工法と同様です。床下換気口を設ける工法は、基礎立ち上がりの換気口周辺部にひび割れなどの問題が生じがちなので、最近は合成樹脂製パッキンなどを介する「ネコ土台」とするケースが多くなっています。

ベタ基礎の配筋

基礎は逆T字型の鉄筋コンクリート造の布基礎（連続基礎ともいう）が一般的ですが、地盤の弱いところでは床下全面に所定の耐力を有する鉄筋コンクリート造のベタ基礎を選択します。いずれも上部が耐力壁となる個所に基礎立ち上がりが必要です。

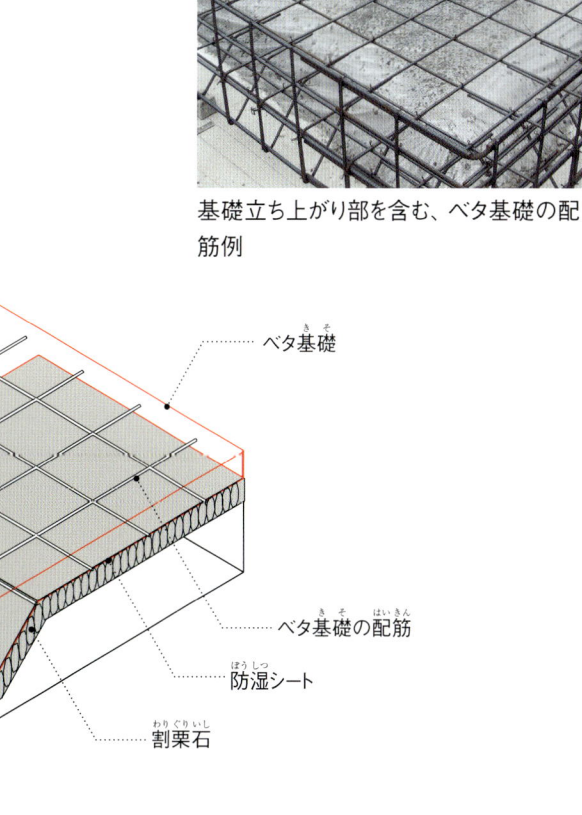

基礎立ち上がり部を含む、ベタ基礎の配筋例

ベタ基礎
ベタ基礎の配筋
防湿シート
割栗石

02 1階床枠組
をつくる

<ruby>か<rt></rt></ruby>い<ruby>ゆ<rt></rt></ruby>か<ruby>わ<rt></rt></ruby>く<ruby>ぐ<rt></rt></ruby>み

基礎工事の次は、1階の床枠組
工事です。

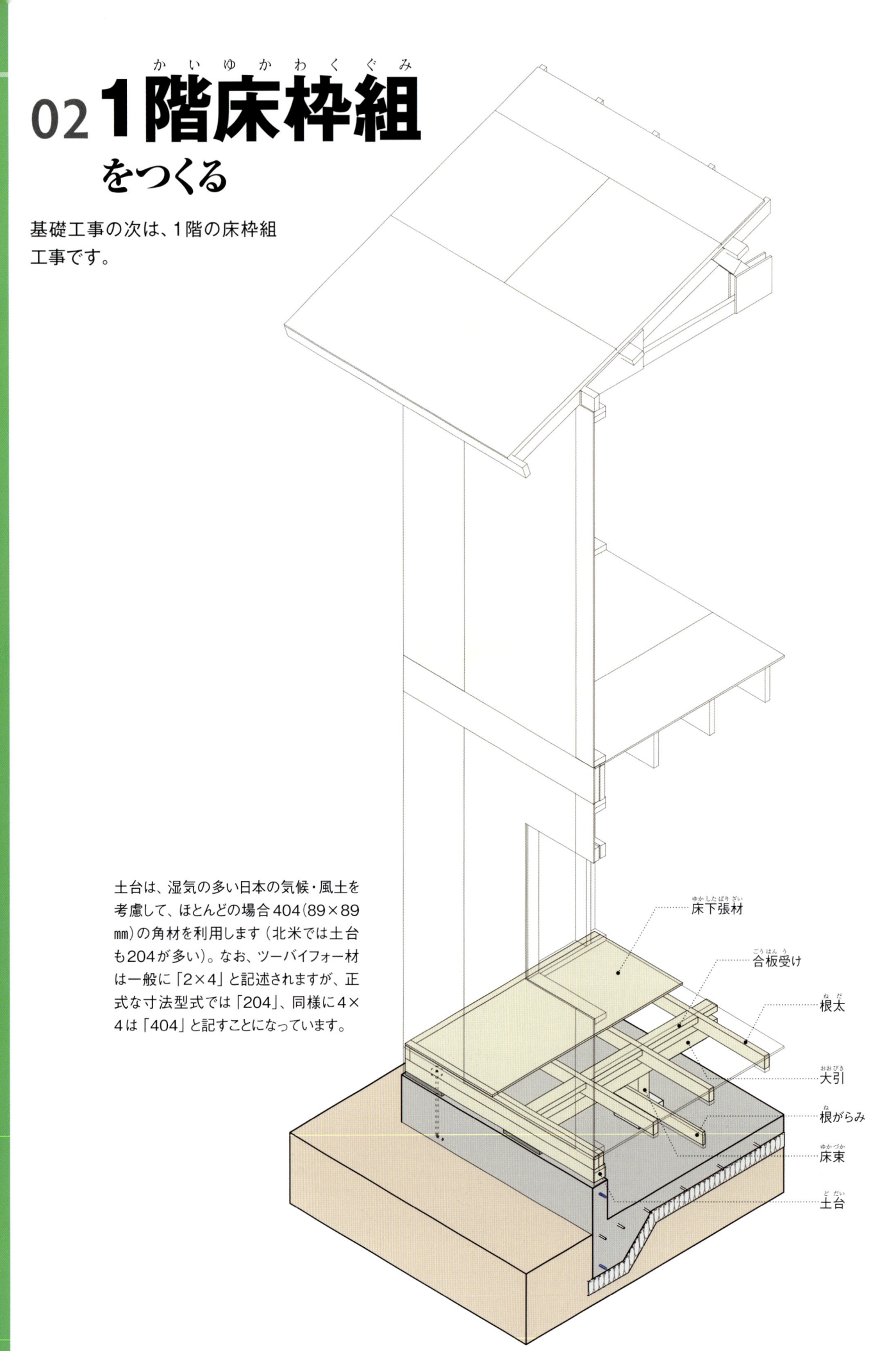

土台は、湿気の多い日本の気候・風土を
考慮して、ほとんどの場合404（89×89
mm）の角材を利用します（北米では土台
も204が多い）。なお、ツーバイフォー材
は一般に「2×4」と記述されますが、正
式な寸法型式では「204」、同様に4×
4は「404」と記すことになっています。

床下張材（ゆかしたばりざい）

合板受け（ごうはんうけ）

根太（ねだ）

大引（おおびき）

根がらみ（ね）

床束（ゆかづか）

土台（どだい）

部材 床下張材・合板受け・根太・大引・根がらみ・床束・土台

土台の取り付け

防腐・防蟻処理をした土台を、在来軸組工法と同様に、合成樹脂製パッキンなど（ネコ土台の場合）、もしくはコンクリートからの湿気防止用の防水紙を基礎と土台の間に挟んで、アンカーボルトで基礎立ち上がりに固定します。

根太の取り付け

基礎立ち上がりのない個所は、コンクリート（束石）の上に床束、床束の上に大引、大引の上に根太という、在来軸組工法とほぼ同じ構成になります。北米にならって床束や大引を省略し、隣接する土台をたよりに土台間隔に見合った丈の根太を設ける、後述する2階床組に準じた構成とする場合もあります。
根太には204や206（38×140mm）な

どを用い、約45cm間隔で配置します。

床下張材の取り付け

根太の次は床下張材の取り付けです。柱を立てる前に床板を設置するところが、在来軸組工法とは大きく異なる点です。床下張材は多くの場合、厚さ12mm程度の構造用合板をワンフロア全体に段差なく根太に取り付けます。これで「プラットフォーム」の出来上がりです。プラットフォームといえば駅の乗り降り場ですが、床の中で一段高くなっている平場についても比喩的に用い、床下張材を張り終えた床枠組をプラットフォームと呼びます。
このプラットフォームは地震や台風などの際、水平方向の剛性を確保するとともに、次の壁枠組を製作する作業台の役割も果たします。

鋼製の床束を使用した1階床枠組の例

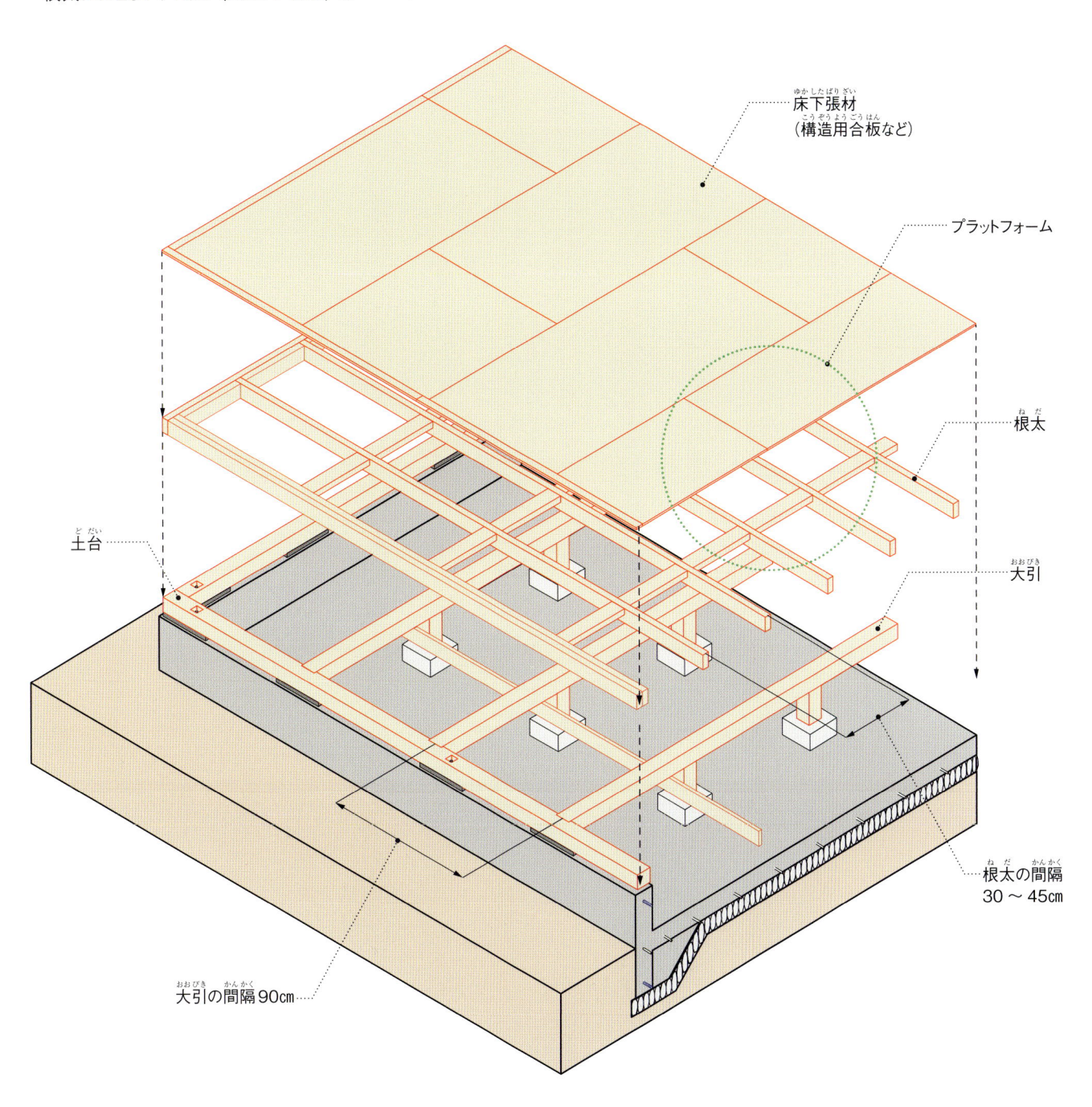

床下張材（構造用合板など）

プラットフォーム

根太

大引

根太の間隔 30〜45cm

大引の間隔90cm

土台

03 1階壁枠組をつくる

をつくる

<ruby>壁枠組<rt>かいかべわくぐみ</rt></ruby>

出来上がったプラットフォームの上に下枠・たて枠・上枠、そして開口部上部にまぐさとなる材を配置し、釘打ちして壁枠とします。その上に所定の構造用合板や各種ボードの外壁下張材を釘打ちします。その後、プラットフォーム上に建て起こし、壁枠組とします。

枠材には204（38×89mm）などを使用し、たて枠の間隔は、在来軸組工法と同様、約45cmとします。

なお、壁と壁の交差部および開口部脇は、たて枠を複数用いて補強します。大きな開口部のまぐさは、204（38×89mm）のほか、その幅に見合った断面寸法の材を2枚合わせ、その間に寸法調整用に薄板（合板）を挟んだりします。このまぐさは、たて枠脇に設けたまぐさ受けで直接支えます。

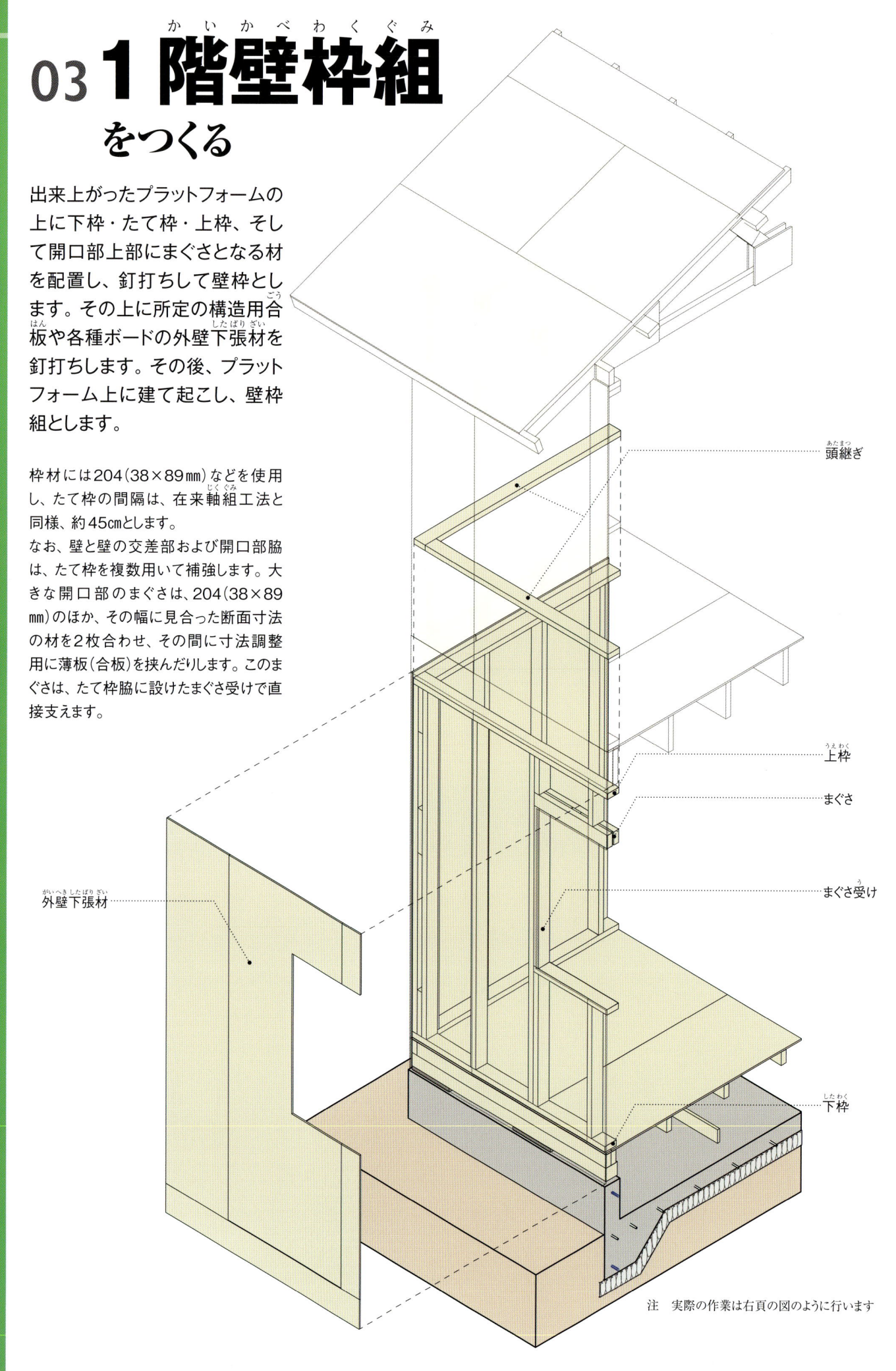

頭継ぎ

上枠

まぐさ

まぐさ受け

下枠

外壁下張材

注　実際の作業は右頁の図のように行います

98　**部材**　たて枠・下枠・上枠・まぐさ・まぐさ受け・頭継ぎ・外壁下張材

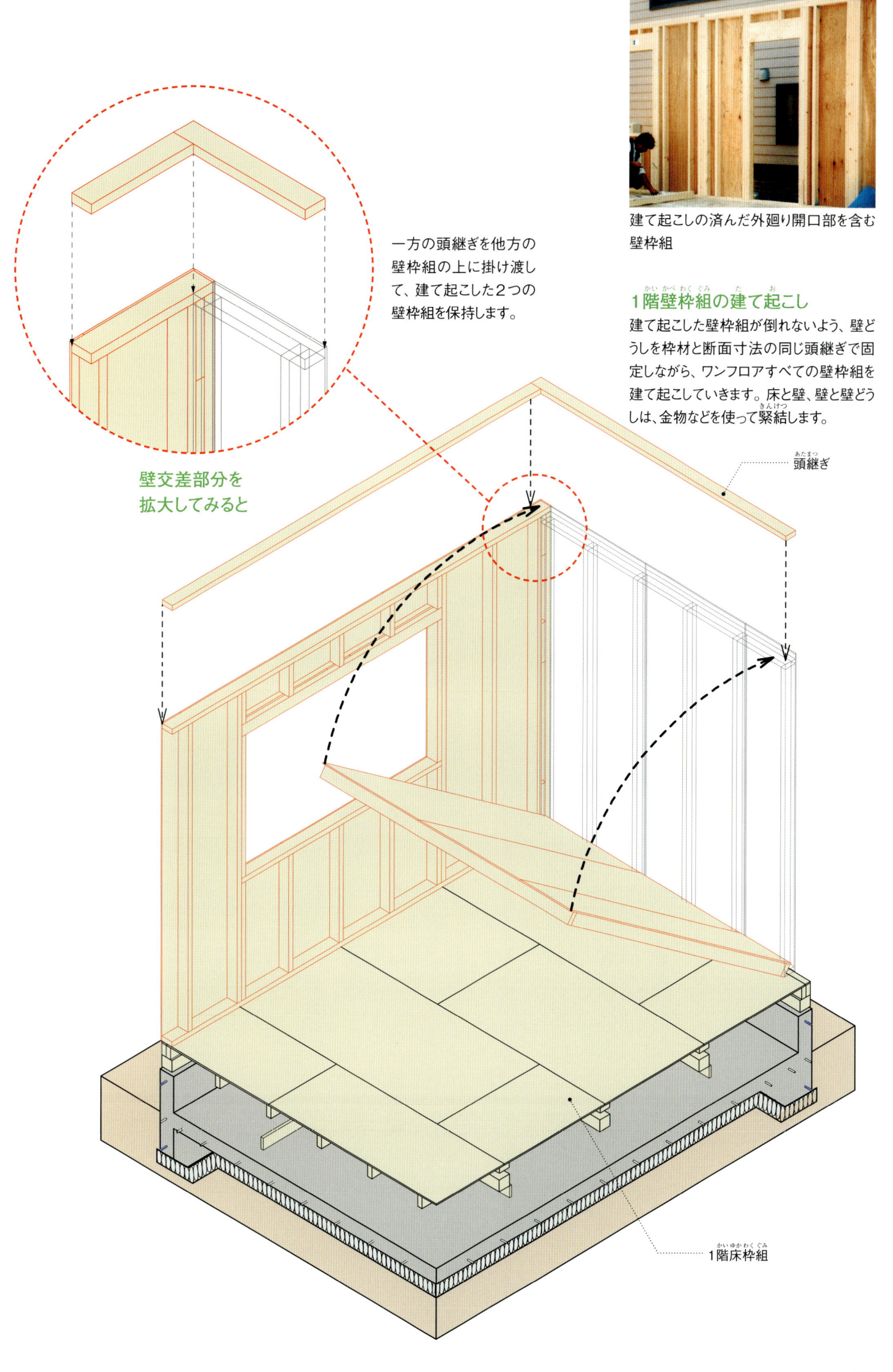

一方の頭継ぎを他方の
壁枠組の上に掛け渡し
て、建て起こした2つの
壁枠組を保持します。

壁交差部分を
拡大してみると

建て起こしの済んだ外廻り開口部を含む
壁枠組

1階壁枠組の建て起こし

建て起こした壁枠組が倒れないよう、壁ど
うしを枠材と断面寸法の同じ頭継ぎで固
定しながら、ワンフロアすべての壁枠組を
建て起こしていきます。床と壁、壁と壁どう
しは、金物などを使って緊結します。

頭継ぎ

1階床枠組

04 2階床枠組 をつくる

（かいゆかわくぐみ）

1階のすべての壁枠組工事が終わると、2階床枠組工事に入ります。

完成した壁枠組をたよりに、2階床枠組を架けます。

いわゆる204（ツーバイフォー）より丈の高い208（38×184mm）、210（38×235mm）、212（38×286mm）などの材から、支えとなる壁枠組間（この種のものをスパンという）に見合った根太材を選び、取り付けます。

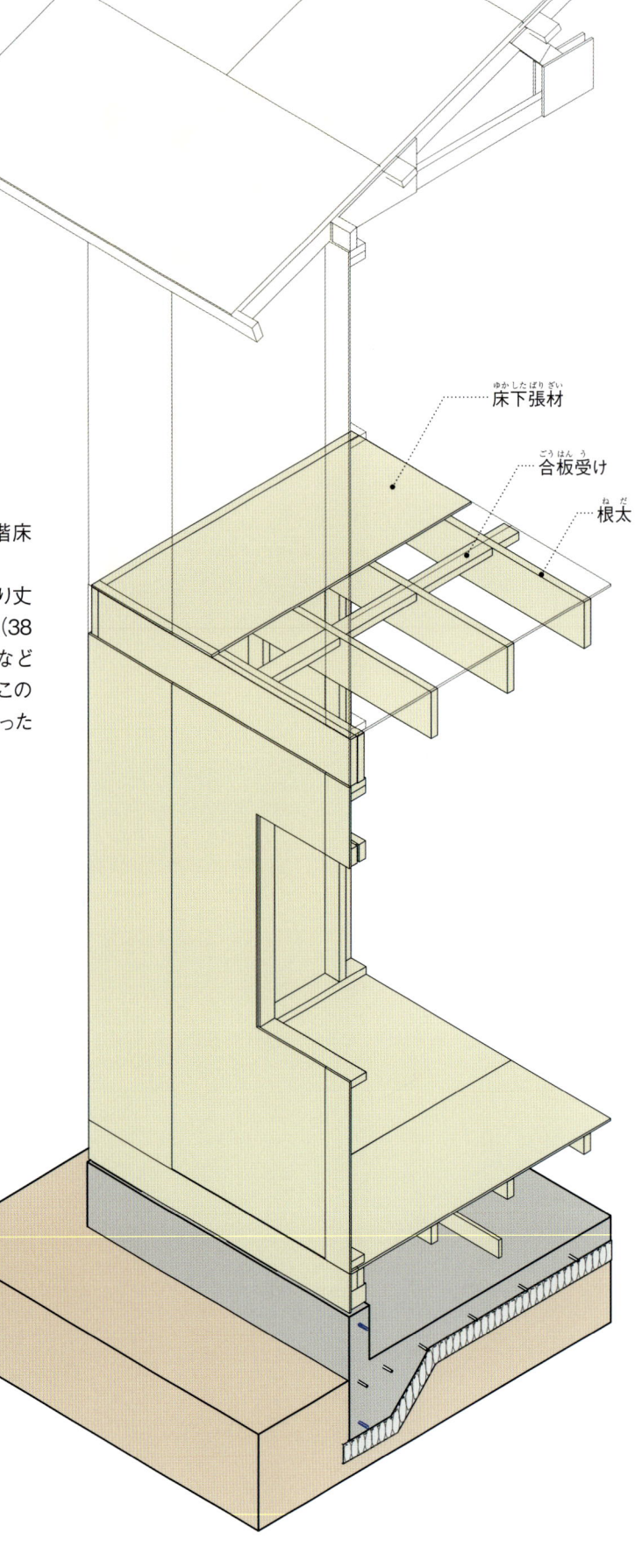

床下張材（ゆかしたばりざい）

合板受け（ごうはんうけ）

根太（ねだ）

部材 床下張材・合板受け・根太

転び止めの設置

根太の丈が大きくなると、倒れやはらみが生じやすくなります。それを防止するため、根太と根太の間には、転び止めを設けます。このほか、根太の直角方向には合板の端部を保持する合板受けを設けます。その後、根太の上には1階同様、構造用合板などによる床下張材を取り付けます。これで、ワンフロアすべてフラットな2階プラットフォームの完成です。

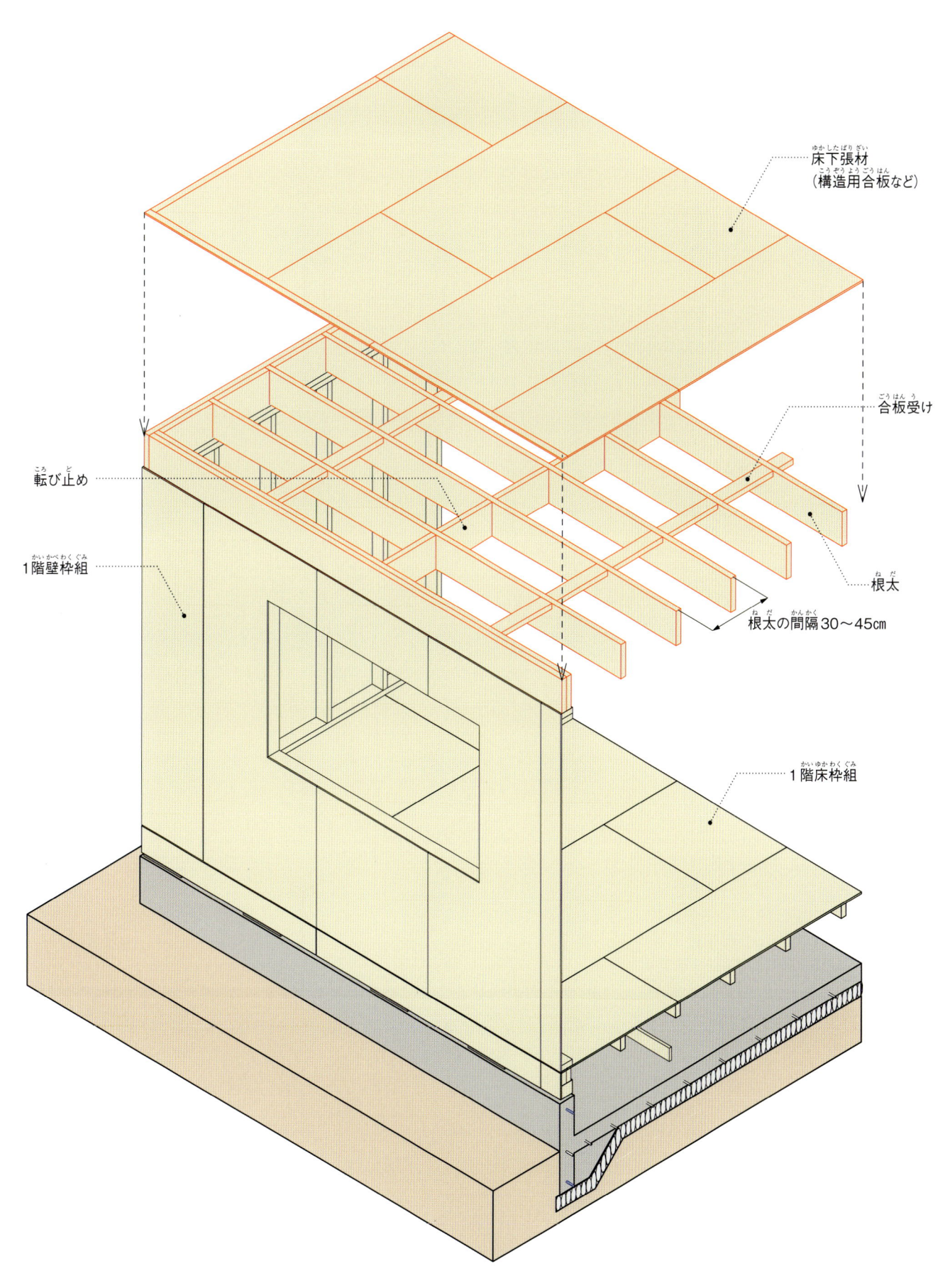

床下張材
（構造用合板など）

合板受け

転び止め

1階壁枠組

根太

根太の間隔30〜45cm

1階床枠組

05 2階壁枠組をつくる

かいかべわくぐみ

2階の床枠組工事が終わると、
次は2階の壁枠組工事です。

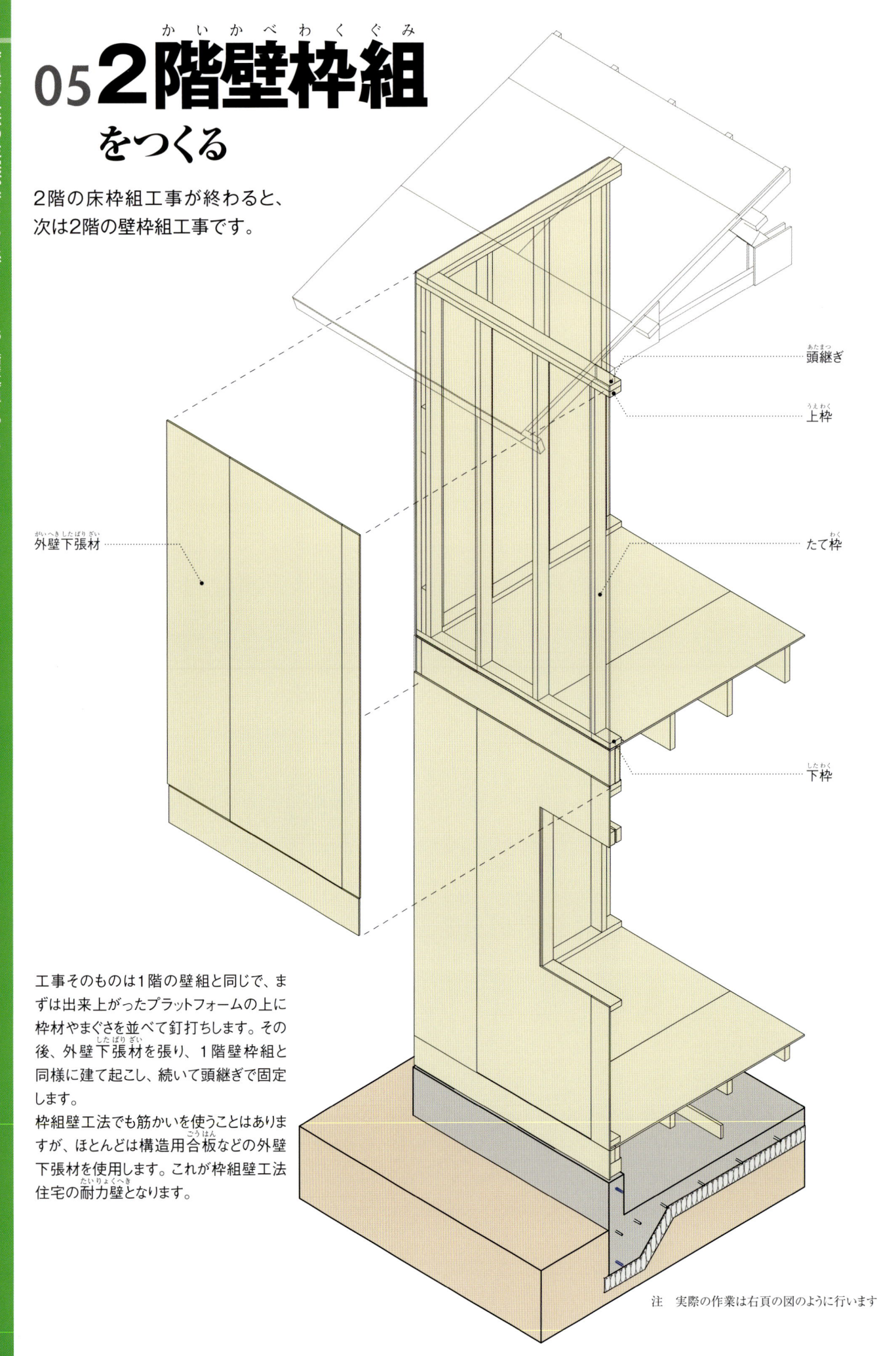

頭継ぎ
あたまつぎ

上枠
うえわく

たて枠
わく

外壁下張材
がいへきしたばりざい

下枠
したわく

工事そのものは1階の壁組と同じで、まずは出来上がったプラットフォームの上に枠材やまぐさを並べて釘打ちします。その後、外壁下張材を張り、1階壁枠組と同様に建て起こし、続いて頭継ぎで固定します。

枠組壁工法でも筋かいを使うことはありますが、ほとんどは構造用合板などの外壁下張材を使用します。これが枠組壁工法住宅の耐力壁となります。

ごうはん

たいりょくへき

注　実際の作業は右頁の図のように行います

部材　たて枠・上枠・下枠・上枠・頭継ぎ・外壁下張材

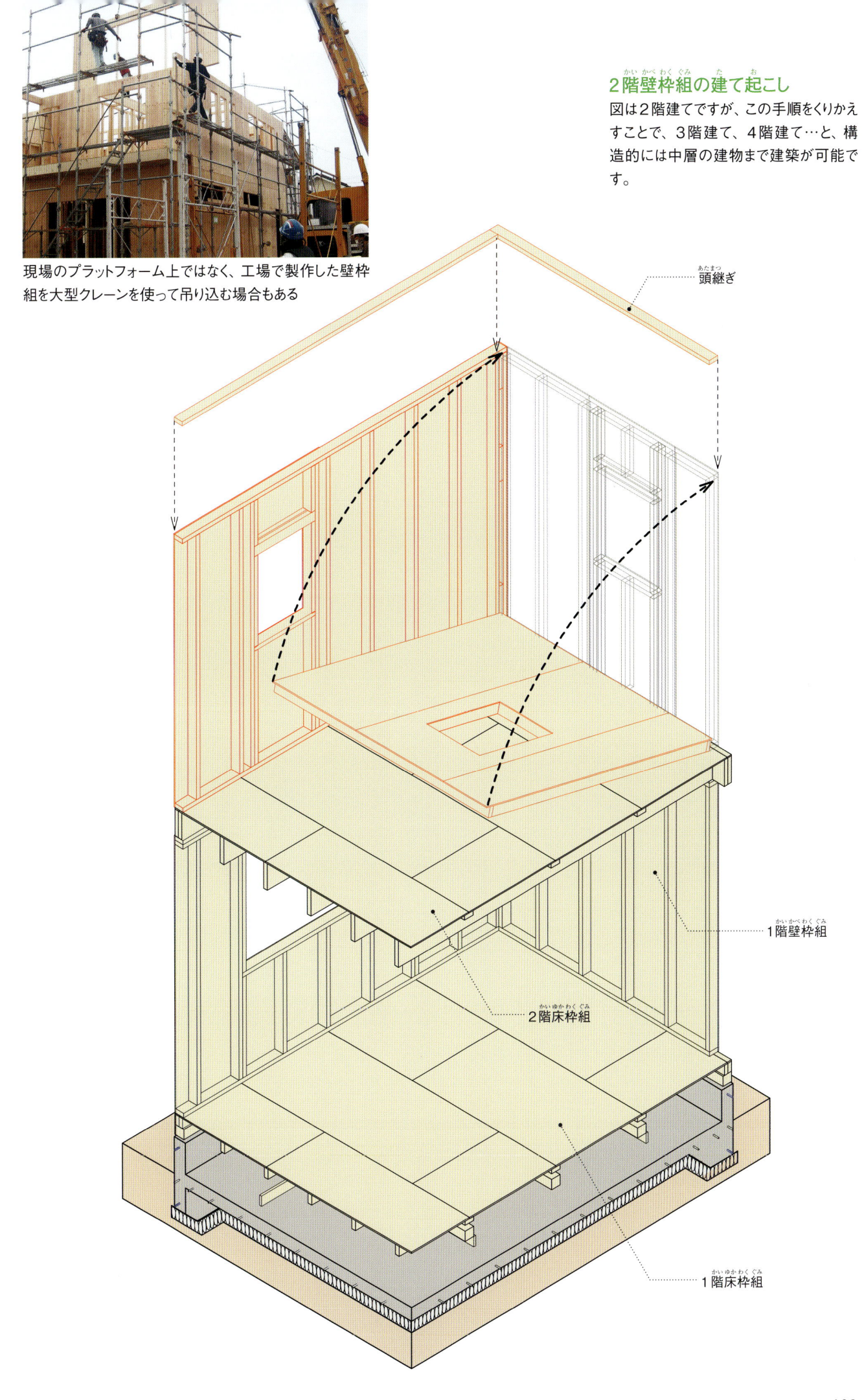

現場のプラットフォーム上ではなく、工場で製作した壁枠組を大型クレーンを使って吊り込む場合もある

2階壁枠組の建て起こし

図は2階建てですが、この手順をくりかえすことで、3階建て、4階建て…と、構造的には中層の建物まで建築が可能です。

頭継ぎ

1階壁枠組

2階床枠組

1階床枠組

06 小屋組をつくる

次は小屋組・屋根下地の工事です。まずは小屋組をつくり、その後、屋根下張材を張ります。下張材は勾配なりに張り付けますが、これは床下張材と同様、建物を一体化するうえで重要な役割を担うものです。

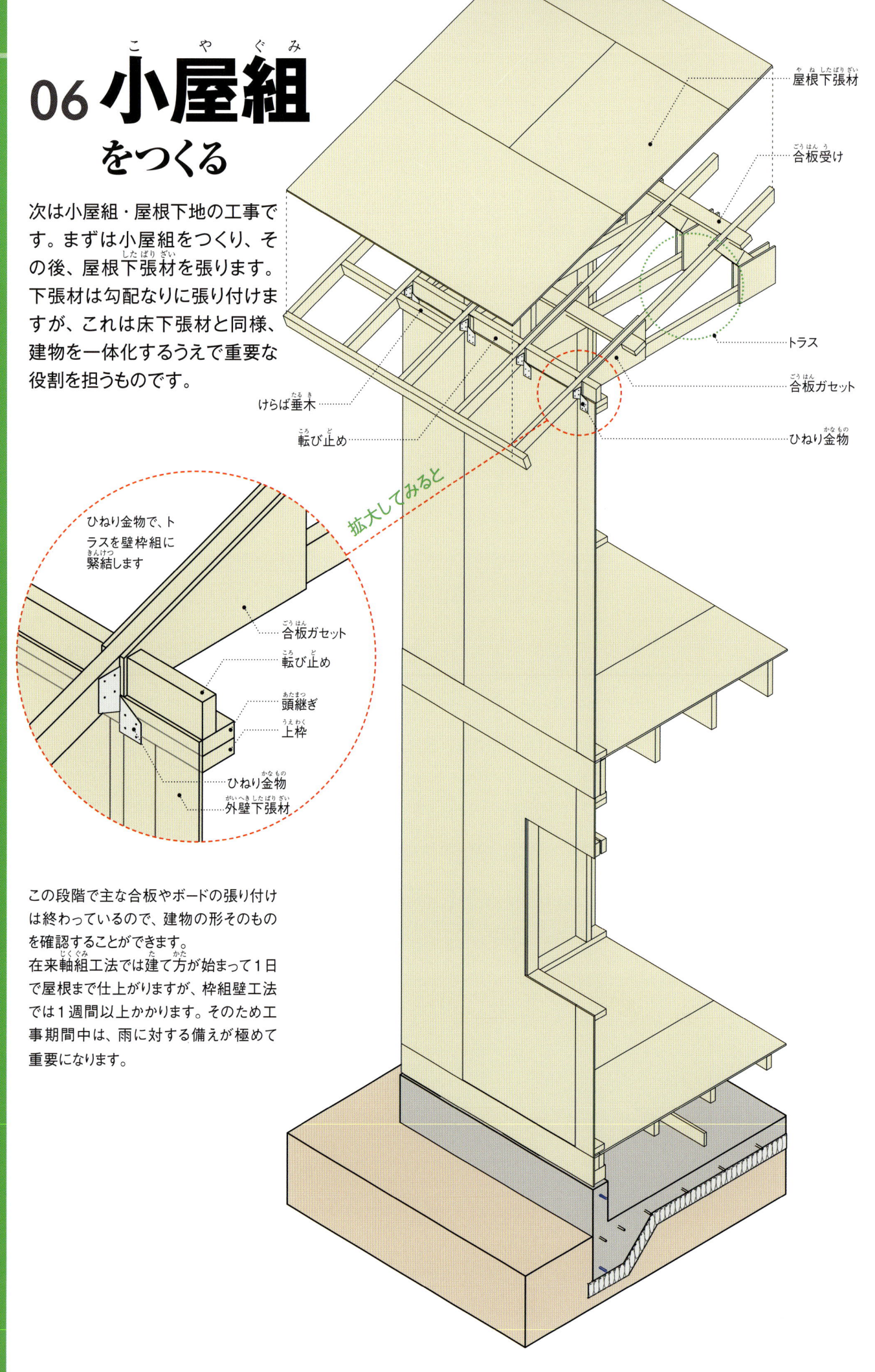

屋根下張材

合板受け

トラス

合板ガセット

ひねり金物

けらば垂木

転び止め

拡大してみると

ひねり金物で、トラスを壁枠組に緊結します

合板ガセット

転び止め

頭継ぎ

上枠

ひねり金物

外壁下張材

この段階で主な合板やボードの張り付けは終わっているので、建物の形そのものを確認することができます。
在来軸組工法では建て方が始まって1日で屋根まで仕上がりますが、枠組壁工法では1週間以上かかります。そのため工事期間中は、雨に対する備えが極めて重要になります。

部材 屋根下張材・合板受け・トラス・ひねり金物・けらば垂木・転び止め

トラスによる小屋組。合板ガセットのかわりに、木材緊結金物（ギャングネイル）を使用した例

小屋組の種類

枠組壁工法の小屋組は、トラスによる方式と垂木による方式の2つに大別されます。

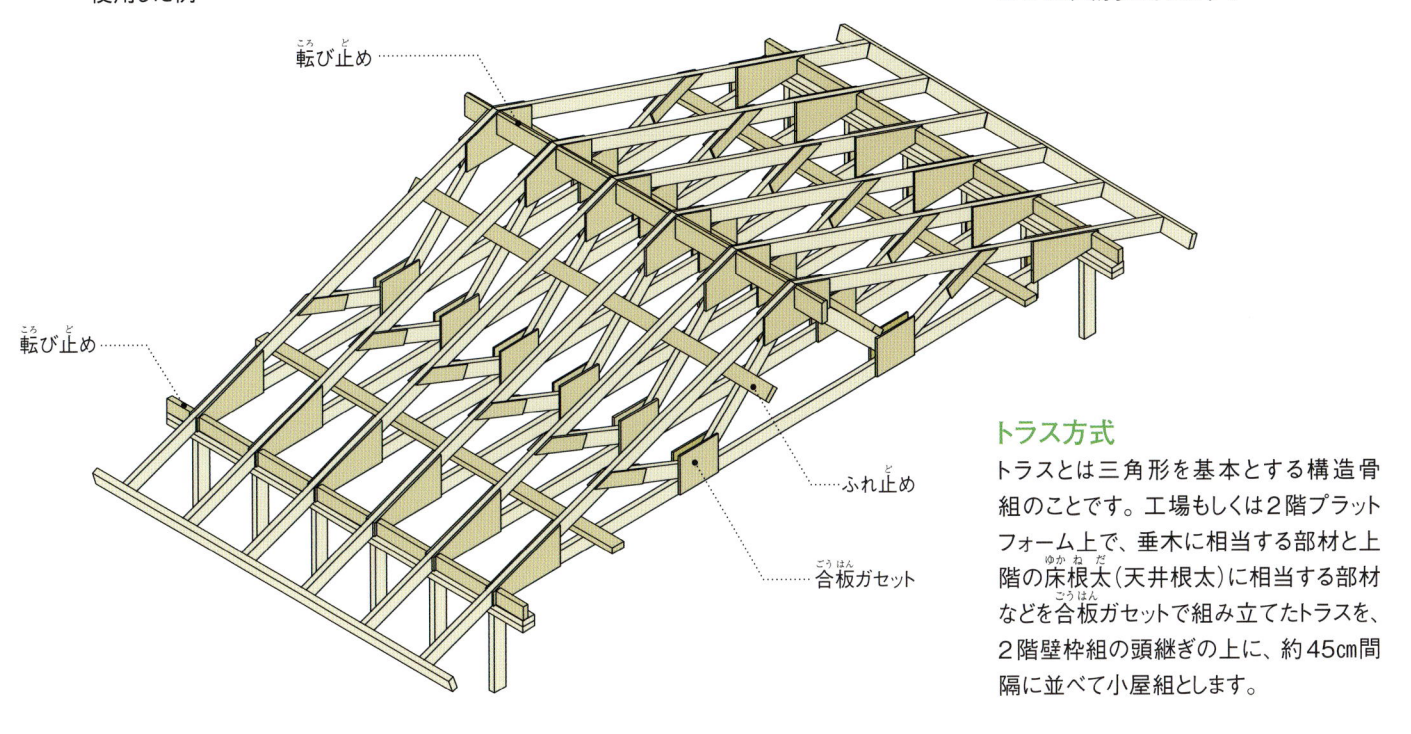

転び止め

転び止め

ふれ止め

合板ガセット

トラス方式

トラスとは三角形を基本とする構造骨組のことです。工場もしくは2階プラットフォーム上で、垂木に相当する部材と上階の床根太（天井根太）に相当する部材などを合板ガセットで組み立てたトラスを、2階壁枠組の頭継ぎの上に、約45cm間隔に並べて小屋組とします。

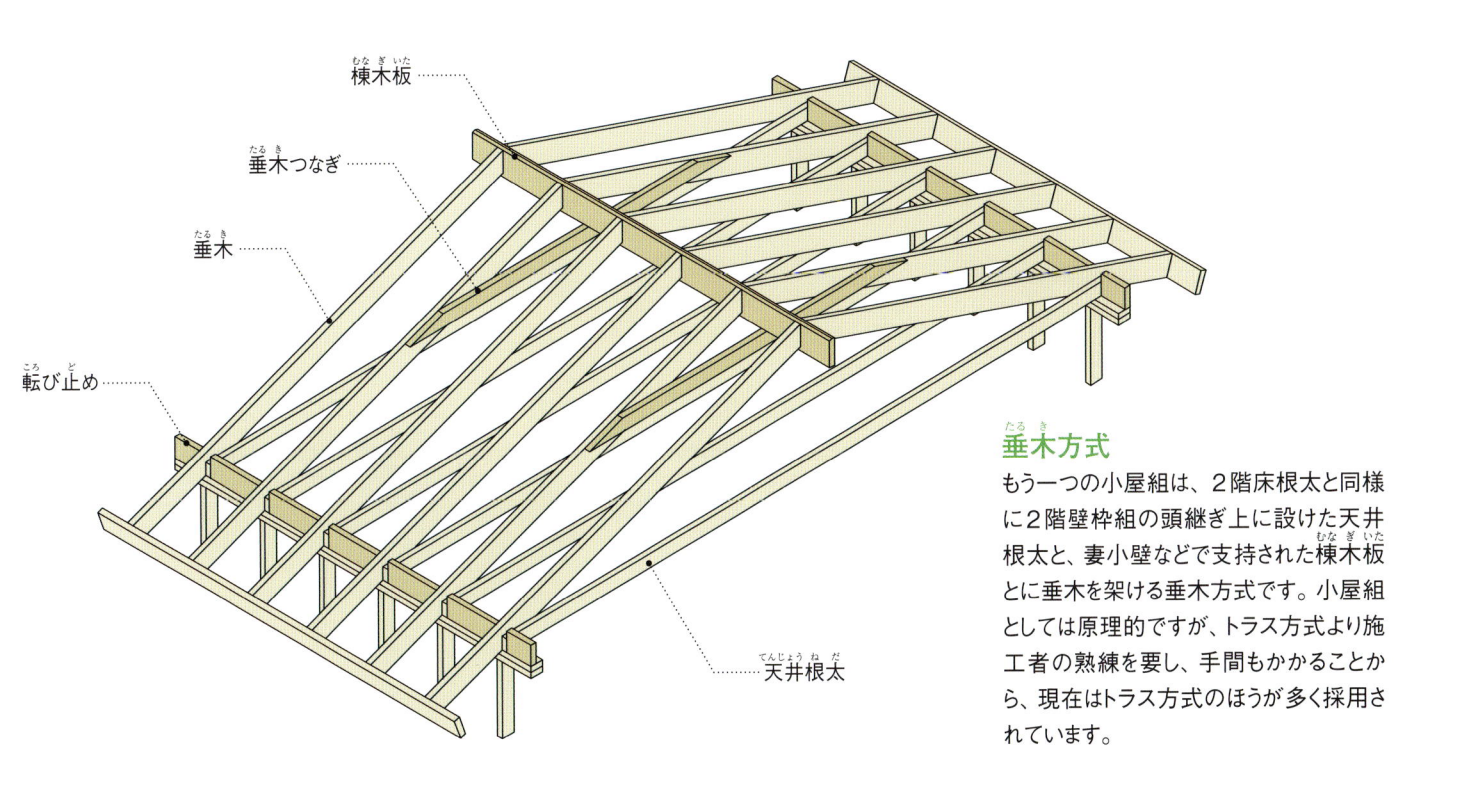

棟木板

垂木つなぎ

垂木

転び止め

天井根太

垂木方式

もう一つの小屋組は、2階床根太と同様に2階壁枠組の頭継ぎ上に設けた天井根太と、妻小壁などで支持された棟木板とに垂木を架ける垂木方式です。小屋組としては原理的ですが、トラス方式より施工者の熟練を要し、手間もかかることから、現在はトラス方式のほうが多く採用されています。

07 屋根葺き・内外装の下地をつくる

補強金物による各部の緊結が終わると、下地、仕上げの作業は、在来軸組工法に順じて行われます。屋根の防水紙張り、外壁の防水シート張り、そして屋根葺き、サッシの取り付けです。ここまでくると一応、風雨の心配はなくなり、安心して内装工事に入れます。

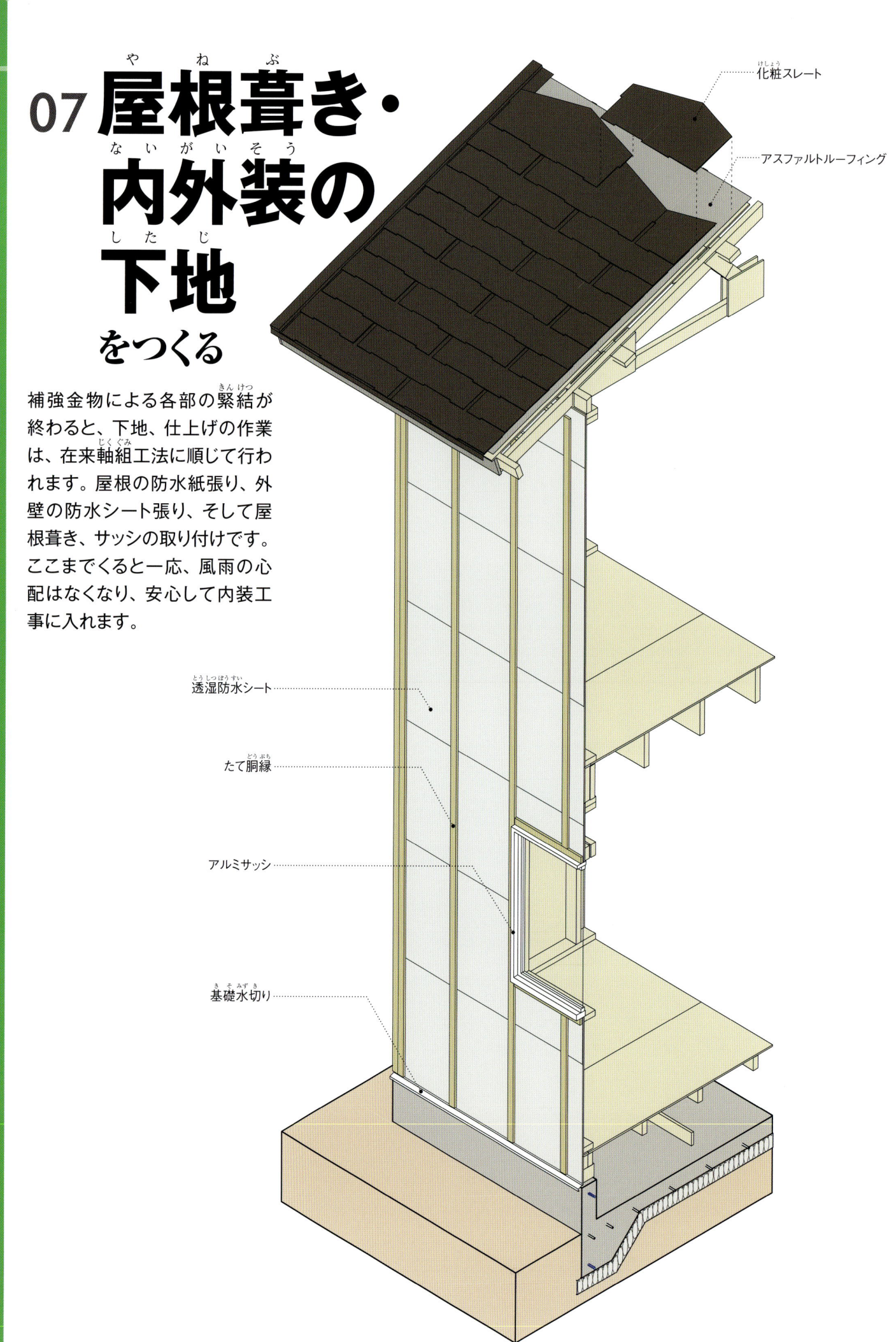

化粧スレート

アスファルトルーフィング

透湿防水シート

たて胴縁

アルミサッシ

基礎水切り

部材　化粧スレート・アスファルトルーフィング・透湿防水シート・たて胴縁・アルミサッシ・基礎水切り

床衝撃音対策と準耐火構造

枠組壁工法の天井の構成は、一般的に屋根トラスの下弦材や床根太の下端を天井野縁の代わりに使っています。

在来軸組工法でも枠組壁工法でも、木造の場合、床天井の遮音性や床衝撃音の遮断性はあまり期待できませんが、床根太に天井材を直張りする場合は、衝撃音の影響がさらに大きくなります。

右図は、その対策として、在来軸組工法と同様に、吊り天井による下地を床枠組の下に設けた場合です。敷地・環境によっては防火・耐火性も気になりますが、近年は、石膏ボードのような耐火被覆材を厚くしたり、重ね張りして用いることにより、準耐火構造や耐火構造の建築物をつくることが可能になっています。

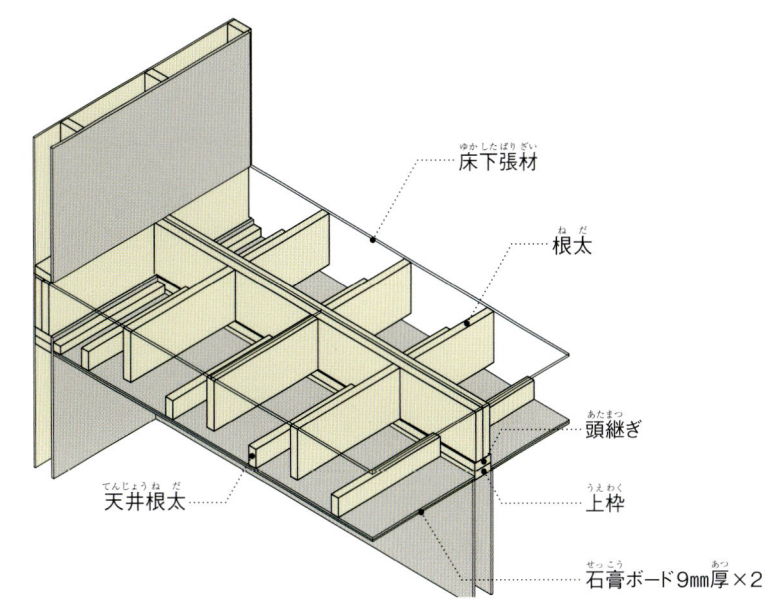

床下張材
根太
頭継ぎ
天井根太
上枠
石膏ボード9mm厚×2

断面図

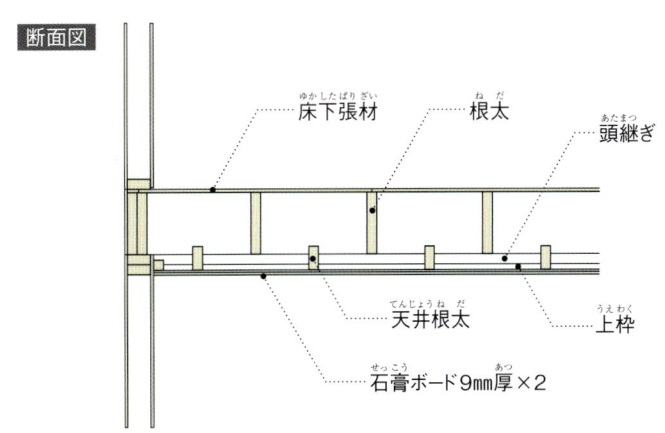

床下張材　　根太
頭継ぎ
天井根太　　上枠
石膏ボード9mm厚×2

床根太を用いない1階床組

1階の床組については、最近は根太を省略した工法が用いられるようになっています。404の大引を約90cm間隔に配置して、床下張材として28mmの構造用合板を土台と大引に取り付ける工法です。

このとき、合板のエッジを凸凹に加工した本実合板を使うと合板受けが省略でき、床組、壁枠組に限らず、この種の施工が簡略化できます。

在来軸組工法の剛床（43頁参照）と同じ考え方といえます。

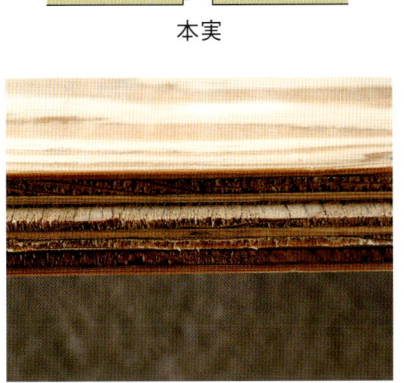

本実

本実合板

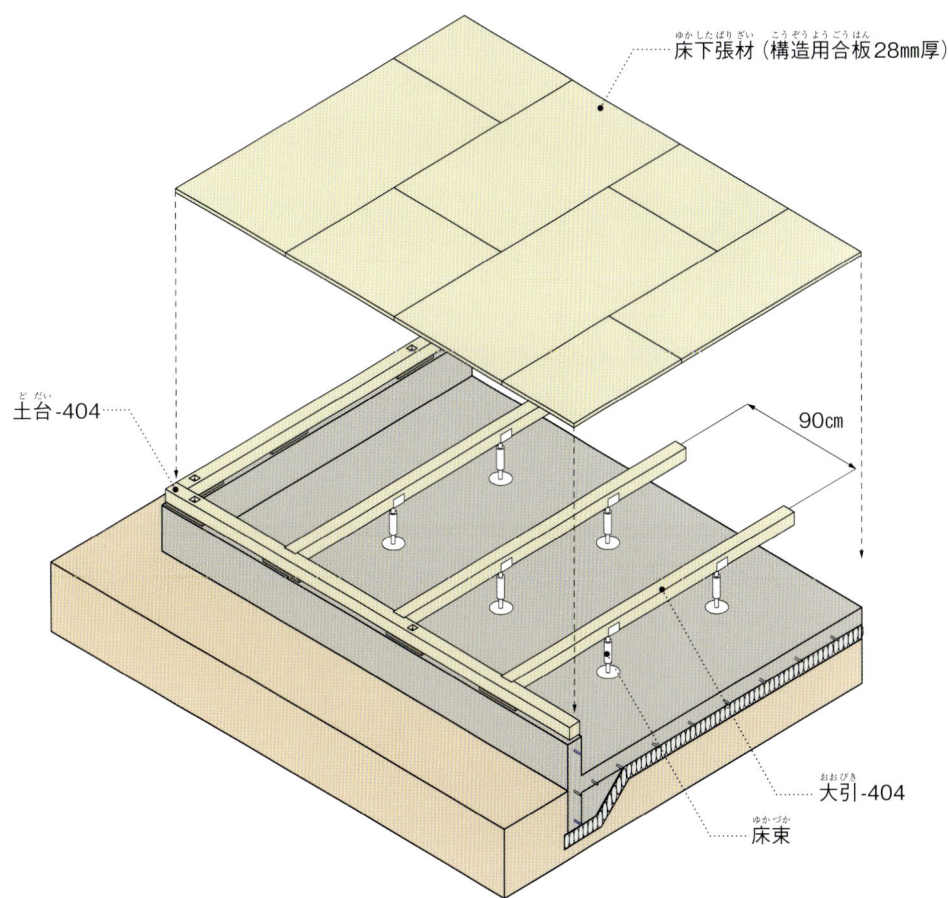

床下張材（構造用合板28mm厚）
土台-404
90cm
大引-404
床束

08 内外装の仕上げをする

屋根は化粧スレート、外壁は窯業系サイディングです。屋根は桟瓦葺きとすることも可能です。そのほかにも、枠組壁工法と在来軸組工法は共通の仕上げが可能です。

これまでの図では断熱材を省略していましたが、実際には、最下階の床枠組、外周の壁枠組、小屋組には断熱材を枠組間に取り付けます（充填断熱）。

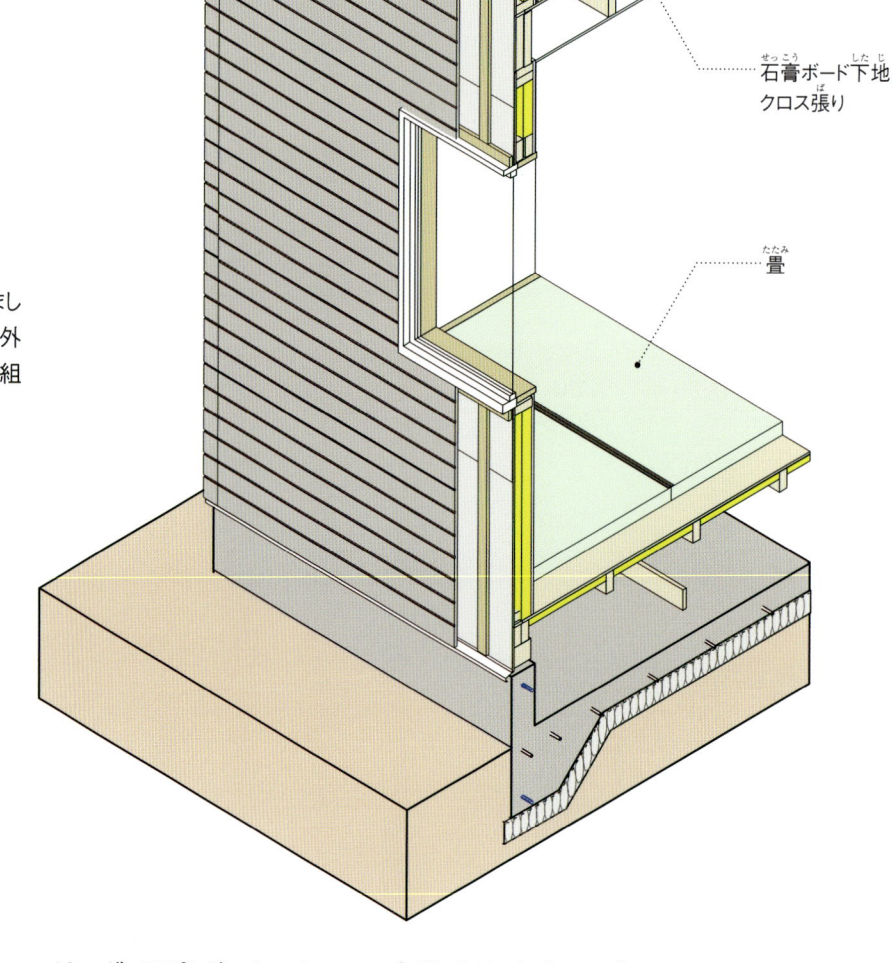

断熱材

フローリング

窯業系サイディング

石膏ボード下地
クロス張り

畳

部材 断熱材・フローリング・石膏ボード・クロス・窯業系サイディング

外張り断熱工法

在来軸組工法の外張り断熱工法については2章で紹介していますが（68頁参照）、枠組壁工法も施工の方法は同様です。図は、サイディング仕上げで通気構法とした例です。在来軸組工法では、外張りの断熱材の受け材として、面材（構造用合板など）を壁面に取り付けましたが、枠組壁工法では、すでに外壁下張材がありますので、これを利用します。

なお、外壁下張材に用いられる構造用合板などは透湿抵抗が高く、壁の中からの湿気の排出を妨げます。そのため、ファイバーボードのような透湿抵抗の低い材料を外壁下張材に採用したり、壁の中に湿気が浸入しないように、室内側の下地板を張る前に防湿・気密シートを設けるなどの措置がとられます。

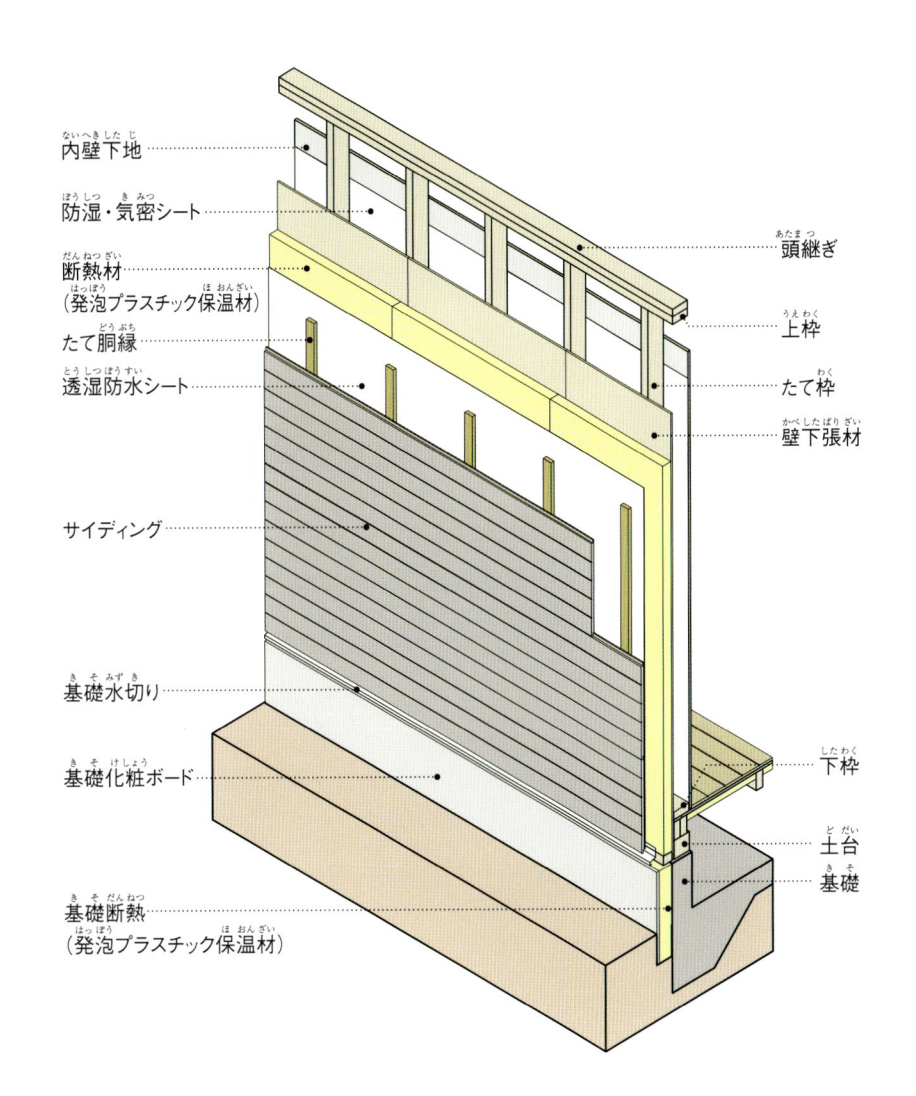

内壁下地
防湿・気密シート
断熱材（発泡プラスチック保温材）
たて胴縁
透湿防水シート
サイディング
基礎水切り
基礎化粧ボード
基礎断熱（発泡プラスチック保温材）

頭継ぎ
上枠
たて枠
壁下張材
下枠
土台
基礎

床段差をなくす

枠組壁工法の床は、根太の上に直接、床下張材を張って「プラットフォーム」とするのが特徴です。このとき畳とフローリング仕上げが隣り合う場合は、床下張材の上にそのままフローリングを張ると床に段差が生じてしまいます。バリアフリーに対応するには、図のようにフローリングの下地に調整部材を設けるなどの工夫が必要です。ちなみに在来軸組工法では、根太の取り付け高さを調整して床段差をなくしていました（43頁参照）。

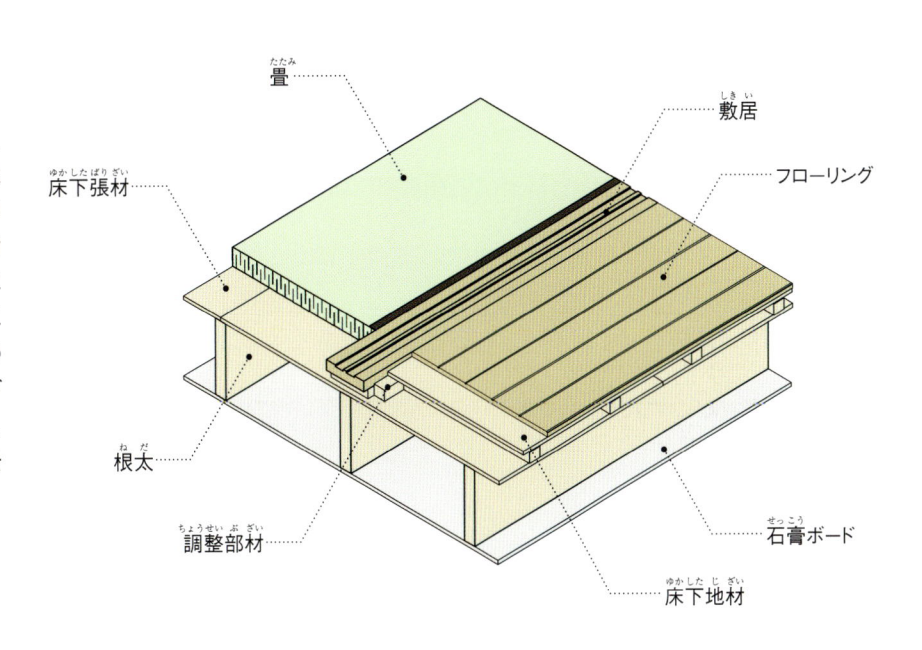

畳
床下張材
根太
調整部材
床下地材
敷居
フローリング
石膏ボード

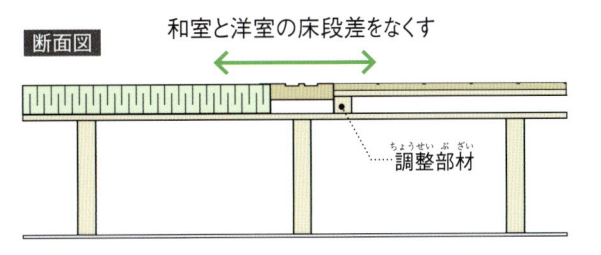

断面図　和室と洋室の床段差をなくす

調整部材

枠組壁工法の骨組

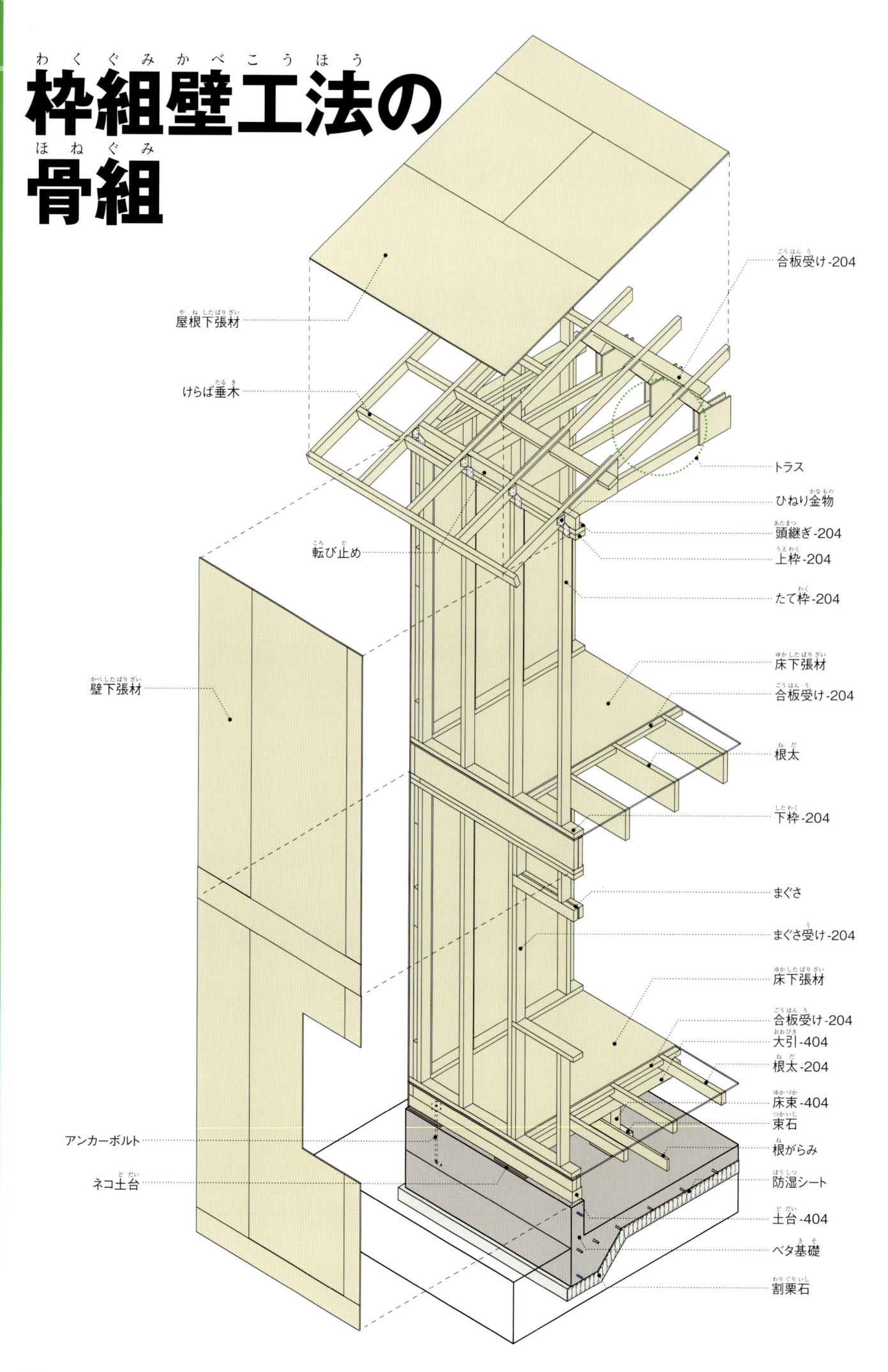

合板受け-204

屋根下張材

けらば垂木

トラス

ひねり金物

頭継ぎ-204

上枠-204

転び止め

たて枠-204

床下張材

合板受け-204

壁下張材

根太

下枠-204

まぐさ

まぐさ受け-204

床下張材

合板受け-204

大引-404

根太-204

床束-404

束石

根がらみ

アンカーボルト

防湿シート

ネコ土台

土台-404

ベタ基礎

割栗石

枠組壁工法の枠組材

使用する木材は原則、以下の断面材だけです。在来軸組工法に比べ種類が少なく、樹種の使い分けなどもほとんどありません。SPF材（スプルース、パイン、ファー）が一様に使われます（在来軸組工法では土台にヒノキ、柱にベイツガ、梁にベイマツなどと使い分けます）。

また、枠組壁工法に使われる部材は、在来軸組工法の柱・梁に比べて"薄い"材なので、耐久性にはより注意が必要です。また、雨の多い日本では、施工中に壁枠組の内部に雨水が浸入したり、床に雨水が溜まったりしないように、十分な養生も必須です。

204（38×89mm）	206（38×140mm）
208（38×184mm）	210（38×235mm）
212（38×286mm）	404（89×89mm）

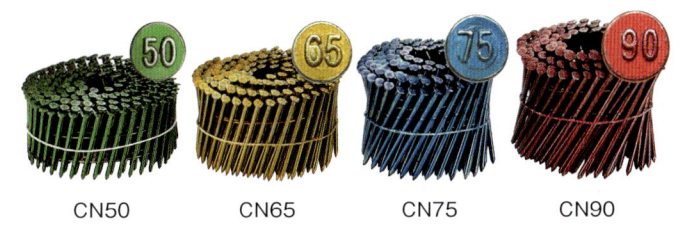

枠組壁工法の釘

枠組壁工法の構造部材の接合部には、釘と金物を使用します。使用する部材の種類は少数で、枠材相互の接合に使用する釘には専用の太め鉄丸釘（CN釘）を使用します。CN釘は4種類に色分けされています。これにより誤使用が予防でき、打ち込んだ後の検査も容易に行えます。

在来軸組工法の接合部には特殊な継手や仕口といった加工があり、柱・梁・筋かい、垂木・根太など部材種も多く、通し柱などでは複雑な加工が必要でした。それほど高度な技術・技能を必要としないことも、枠組壁工法の特徴の一つです。

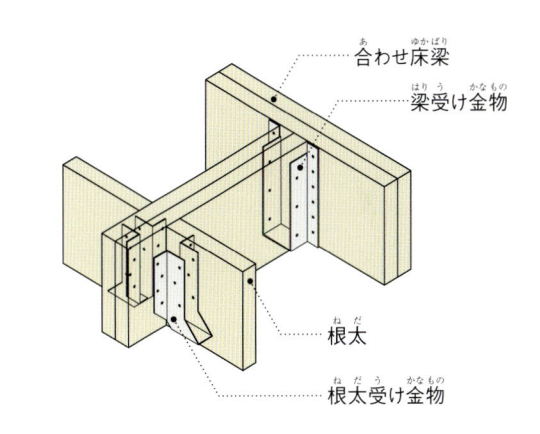

CN50　　CN65　　CN75　　CN90

写真提供：株式会社タナカ

枠組壁工法で使用する接合金物の例

建て方の各段階で、各種の金物を使って、1階床枠組と1階壁枠組、1階壁枠組と2階床枠組と2階壁枠組、2階壁枠組と小屋組、そのほか主要な接合部や隅角部を緊結します。右の図のような場合、在来軸組工法の材には複雑な仕口加工が必要ですが、枠組壁工法では金物を用いることで接合可能としています。

なお、屋根、壁、床を一体化する枠組壁工法は、構造上は有利になりますが、間取りや開口部の設計、あるいは増改築時などの可変性は、その特徴がかえって自由度を奪うことにもなります。

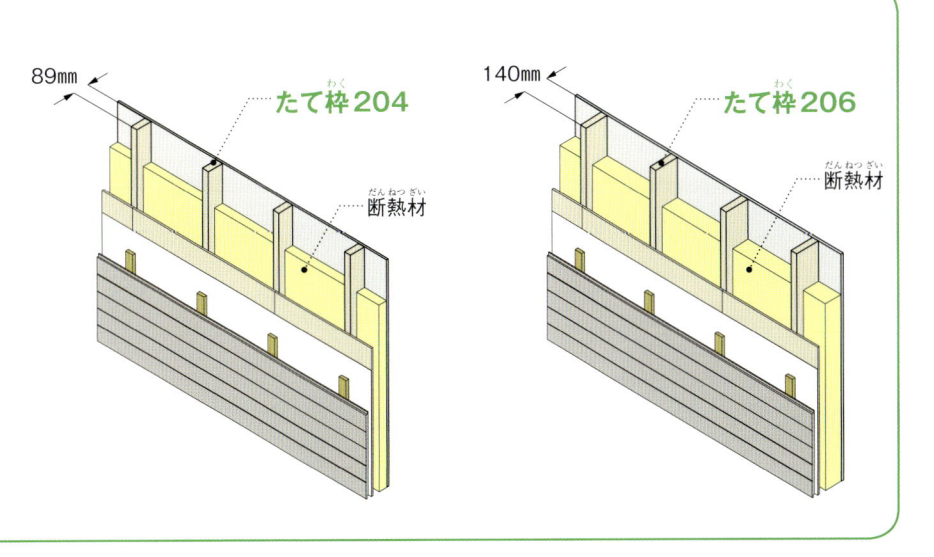

合わせ床梁
梁受け金物
根太
根太受け金物

Point

ツーバイシックスとツーバイフォー

最近は省エネルギーの観点から、より厚い断熱材を採用できるようにと、基本的な枠材をツーバイシックス／206（38×140mm）とするタイプもあります。しかし、206の場合、枠材の断面寸法は1.5倍以上になりますが、耐震性などは面材との関係もあり、それほど性能の向上を期待できません。

89mm　たて枠204　断熱材

140mm　たて枠206　断熱材

索 引